Inhalt

W0190303

Vorwort

Die Verbindung von Theorie und Praxis, die Anwendung und Umsetzung von konzeptionellem Wissen in alltägliche und geplante Handlungssituationen gehört zu einem der Schwerpunkte pädagogischer Kompetenzen. Hierbei können zwei grundlegende Dimensionen unterschieden werden:

- die Dimension der Praxis, welche sich beinahe ständig, quasi alltäglich ergibt und in welcher sich immer wieder neue Handlungen mit scheinbar routinierten Vollzügen abwechseln,
- die Dimension des Projektes, in welchem neue und innovative Aufgaben, Vorgänge und Situationen geplant, durchgeführt und überprüft werden.

Beide Ausrichtungen der pädagogischen Praxis werden in diesem Buch sowohl begründet als auch an konkreten Beispielen ausgeführt. Beide Themen werden hierbei gleichartig gegliedert: nach einer theoretischen Einführung in die grundlegenden Perspektiven sowie mögliche konzeptionelle und methodische Ansätze (Kapitel 1 und Kapitel 3) werden praxisrelevante Inhalte und Realisationsmöglichkeiten vorgestellt und erörtert (Kapitel 2 und Kapitel 4). Die Inhalte der einzelnen Kapitel sind also wie folgt zu skizzieren:

Das erste Kapitel beschäftigt sich grundlegend mit der Frage, was Praxis ist und wie sie im Kontext der Sozialpädagogik beschrieben werden kann. Hierzu wird der Ansatz des Konstruktivismus als eine mögliche handlungsleitende Perspektive beschrieben. Zudem werden erste Ansätze einer handlungstheoretischen Vorgehensweise erläutert. Der zweite Teil dieses Kapitels beschäftigt sich dann mit der Beschreibung und Diskussion möglicher Praxiskompetenzen, -konzepte, -methoden und -techniken.

Im zweiten Kapitel kommt es dann zu einer Umsetzung des bislang Dargestellten: Nach einleitenden Bemerkungen zu den grundlegenden Themen und Fragestellungen, welchen man in der sozialpädagogischen Praxis bzw. im Praktikum in sozialpädagogischen Einrichtungen begegnet bzw. was man zu Beginn einer Tätigkeit dort beachten sollte, werden mögliche Praxisfelder hierzu vorgestellt. Es handelt sich hierbei um die Handlungsfelder der Kindergärten bzw. Kindertageseinrichtungen sowie um das Tätigkeitsfeld der Heimerziehung.

Das dritte Kapitel erörtert grundlegende Aspekte zum Projektbegriff bzw. zum Projektverständnis. Nach ersten Erläuterungen zum Unterschied zwischen Projekt- und Praxishandeln werden die Phasen eines Projektes bzw. einer Projektorganisation vorgestellt. Im Anschluss hieran wird die Methode des Projektmanagements erläutert. Die nächsten Punkte beschäftigen sich mit der Rolle der Lehrenden, der Lernenden sowie mit derjenigen der sozialpädagogischen Einrichtungen in Projekten.

Das abschließende vierte Kapitel konkretisiert die Möglichkeiten der Projektarbeit, indem unterschiedlichste Ansätze hierzu skizziert werden: Beispielhaft werden verschiedenste Projektideen vorgestellt, welche in sozialpädagogischen Einrichtungen realisiert werden können. Der Weg führt hierbei über Naturerlebnisse und Umwelterfahrungen hin zu Bewegungs-, Musik- und Medienprojekten. Die Ausführungen zu diesen Inhalten sind bewusst knapp gehalten. Sie sollen einen Hinweischarakter für die Potenziale und Ansätze eines projektorientierten Arbeitens in der Sozialpädagogik aufweisen. Sie können als Ansätze dienen, selber weitere Projekte in diesen (oder weiteren) Handlungsfeldern zu entwickeln.

An dieser Stelle haben wir eine Bitte an die Leserinnen[1] dieses Buches: Teilen Sie uns doch bitte mit, welche Projekte Sie in der sozialpädagogischen Ausbildung sowie in der Praxis kennen gelernt oder realisiert haben. Wir würden Ihre Hinweise und Impulse gern bei einer Überarbeitung dieses Buches berücksichtigen und verwerten. Die E-Mail-Adresse für Ihre Rückmeldungen finden Sie auf der zweiten Seite.

Die Autoren

---

[1] Die primäre Zielgruppe dieses Buches ist weiblichen Geschlechts. Aus Gründen der besseren Lesbarkeit wurde daher überwiegend die weibliche Form der Berufsbezeichnung gewählt. Gemeint sind selbstverständlich stets auch männliche Personen.

Praxis: Was ist das?

- *Wie lässt sich der Begriff der Praxis definieren?*

- *Welche Rolle spielt der Konstruktivismus in der Beschreibung der Praxis?*

- *Welche Kompetenzen müssen in der Praxis verfügbar sein?*

- *Was ist der Unterschied zwischen Konzepten, Methoden und Techniken?*

In diesem Kapitel werden die grundlegenden Begriffe und Sachverhalte zum Thema der sozialpädagogischen Praxis erläutert. Dieses ist notwendig, da von diesen Definitionen und diesem Verständnis die handlungsorientierten Ansätze des zweiten Kapitels, welche sich mit dem Praktikum beschäftigen, abhängen. Um also die Handlungen und Funktionen in der Praxis erkennen, beschreiben und anwenden zu können, ist ein theoretisches Verständnis dieser Praxis unabdingbar. Dieses Kapitel beschäftigt sich somit mit den Fragen nach dem Praxisverständnis und erläutert die Praxis als, von allen hieran beteiligten Personen, konstruierte Praxis. Im Anschluss hieran werden handlungstheoretische Notizen skizziert, um eine Praxis und Handlung verknüpfende Betrachtungsweise vorzustellen. Die weiteren Kapitel beschäftigen sich mit den Praxiskompetenzen sowie mit den Konzepten, den Methoden und den Techniken in und für eine sozialpädagogische Praxis. Der Weg dieser Kapitel führt also über eher grundlegende Aussagen zu den Kompetenzen zu immer mehr anwendungsorientierten Ausführungen in Bezug auf methodisches und pragmatisches Handeln.

1.1 Praxisverständnis und Praxisbegriff – oder: Worum geht es eigentlich?

Praxis ist ein sehr schillernder und vielschichtiger Begriff. Es begegnet uns in höchst unterschiedlichen Ausprägungen:

- so z. B. in der Ausübung einer Handlung („Meine Praxis besteht darin, Waschbecken und Armaturen anzubringen", sagt der Installateur),

- in der Benennung eines konkreten Praxisortes („Meine Praxis finden Sie in der Schillerstraße", antwortet ein Anwalt auf die Frage eines möglichen Klienten),

- in der Erfahrung der Ausübung eines bestimmten Berufes („Als Schreiner besitzt Fritz Müller eine hervorragende Praxis") oder

- als Hinweis auf die Sprechstunde eines Arztes („Dr. Müller hat am Mittwochnachmittag keine Praxis", gibt sein Anrufbeantworter kund).

Im Ursprung meinte der Begriff der Praxis das bewusste Handeln zwischen Menschen. Dieses lässt sich auch heute noch in den Sozialwissenschaften wiederfinden und firmiert dort unter den Kategorien des sinn- und verständigungsorientierten sozialen Handelns bzw. in den realen Ausprägungen der Interaktion und Kommunikation der Handelnden. Im Unterschied hierzu beschreibt der Begriff der Theorie das geistige Betrachten der Ideen (bei Platon) bzw. (bei Aristoteles) eine wissenschaftliche Einstellung der Erkenntnisgewinnung (vgl. Gröschke, 1997, S. 131). Heute hat sich diese strikte Trennung zwischen „praxisferner Theorie und theorieloser Praxis [überholt] [...] Theorie und Praxis bezeichnen zwei unterschiedliche, aber gleichwertige Lebensformen" (Gröschke, 1997, S. 132). Das Handeln in der Praxis lässt sich hierbei zwar von der wissenschaftlich orientierten Theorie anleiten und reflektieren, es wird jedoch nicht in vollem Umfang von ihr festgelegt. Theorie und Praxis sind somit immer wechselseitig voneinander abhängig und aufeinander bezogen.

In diesem Zusammenhang ist jedoch die eigenständige Werthaftigkeit der Praxis zu betonen: Sie stellt auf den unterschiedlichsten Ebenen ihrer Realisation einen Sinnzusammenhang dar und bereit, einen Sinnzusammenhang, welcher sich mit der konkreten Welt des Menschen auseinander setzt. Das Leben und Handeln des Menschen in eben dieser Welt werden durch diese Art und Weise der Praxis als sinnvoll erfahren und erfahrbar. Diese Sinnhaftigkeit kann als ein Wahrnehmungsmodus bezeichnet werden, welcher höchst individuell ausgeprägt ist und sich an ganz bestimmten Schnittstellen zwischen den einzelnen Personen, als Kommunikation, als Interaktion oder als Verständnis ereignet (dieses wird im Kapitel 1.2 noch weiter ausgeführt werden). Da sich ein solches Verständnis von Praxis im konkreten Alltag und Leben der Beteiligten abspielt, kann man auch von „Lebenspraxis" (vgl. Gröschke, 1997, S. 145) sprechen. Die Lebenswelt der Menschen ist vorhanden und steht allen Personen in Bezug auf ihre konkreten Ausprägungen offen.

> Die Lebenswelt ist empirisch in dem Sinne, dass sie unserer sinnlichen Wahrnehmung unmittelbar gegeben ist [...] Sie ist jedoch nicht empirisch im Sinne von bloßer Faktizität sensorisch gebundener Erfahrung von Tatsachen, denn die Sachverhalte der Lebenspraxis sind symbolisch ‚vorinterpretierte Sachverhalte' [...] Von daher ist die Erfahrung dieser Praxis nicht rein sensorisch fixiert, sondern es ist eine kommunikative Erfahrung wechselseitig aufeinander bezogen handelnder Subjekte.

(Gröschke, 1997, S. 145)

Dieses Praxisverständnis geht somit davon aus, dass der Mensch immer schon einen Begriff von Praxis, von dem was ihm im Leben begegnet, mitbringt. Er versucht, die Welt zu verstehen und sich ein Bild von ihr zu schaffen, damit er in ihr und mit ihr handeln kann. Auf diesem Hintergrund kann Praxis also als gemeinsame Praxis der Handelnden verstanden werden. Praxis findet folgerichtig in einer Lebenswelt statt, ja, sie ist sogar mit dem Begriff der Lebenswelt darstellbar. Diese Lebenswelt kann durch zwei grundlegende Strukturmomente gekennzeichnet werden (vgl. Gröschke, 1997, S. 152–158):

■ durch die räumliche Struktur, in welcher sich die Prozesse des Lebens und des Alltags abspielen (wie ganz konkrete Wohn-, Arbeits- und Lebensräume), und

■ durch die zeitliche Struktur, in welcher sich die Handlungsräume der Personen überschneiden oder aber auch ausschließen (wie die unterschiedlichen Zeiten, in welchen sich die Erzieherinnen und die Menschen, mit welchen sie tätig sind, begegnen oder aber auch nicht begegnen können).

Diese Zusammenhänge können grafisch wie folgt dargestellt werden:

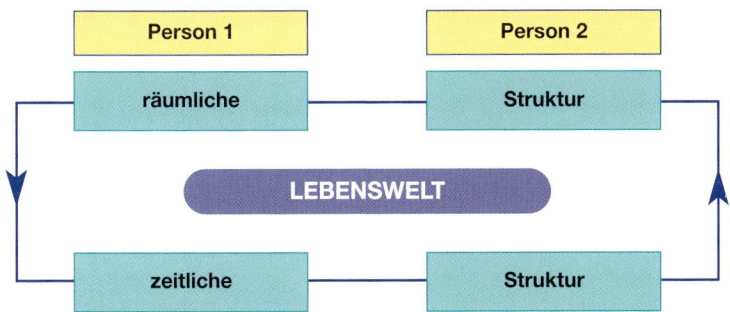

Struktur der Lebenswelt (nach: Gröschke, 1997, S. 144–158)

Aufgaben

1. Stellen Sie an Beispielen aus Ihrer konkreten Arbeit die Verbindungen zwischen Theorie und Praxis dar.

2. Wodurch zeichnet sich die Lebenswelt einer Erzieherin aus? Wie gestaltet sich die Lebenswelt eines Kindes, eines Jugendlichen oder der Eltern dieser Personen?

3. An welchen Punkten kommt es bei der Beantwortung der zweiten Frage zu Überschneidungen bzw. Ausschlüssen der einzelnen Handelnden? Stellen Sie diese im Hinblick auf die räumliche und zeitliche Struktur dar.

4. Welche Kritik kann an diesem theoretischen Modell der Lebenswelt geäußert werden? Begründen Sie Ihre Meinung möglichst ausführlich.

In einem nächsten Schritt kann die Praxis als Berufspraxis (vgl. Gröschke, 1997, S. 169–184) dargelegt werden. Das pädagogische Handeln geschieht immer im Kontext und Umfeld beruflicher Bezüge. In diesen muss sich die Erzieherin bewähren und die Aufgaben des Alltags vollziehen. Praxis in diesem Sinne ist also immer ein Tun unter den Kriterien der Fachlichkeit und der Professionalität. Bestimmte Routinen und Handlungsmuster sind von der Handelnden abzuarbeiten, sie gehören zu ihrer Praxis bzw. zur Praxis der Einrichtung, in welcher sie gerade tätig ist. Die sozialpädagogisch Handelnde hat somit eine Berufsrolle zu erfüllen, für welche sie bezahlt wird. Die Ansprüche der Organisation, die Kriterien ihres Berufes und die Forderungen der Gesellschaft stellen hierbei Eckpunkte dar, zwischen welchen sich das professionelle Tun ausspannt. Praxis in diesem Sinne ist also immer Praxis im Hinblick auf ein Arbeitsfeld, welches so von der Gesellschaft gewollt und mit bestimmt wird. Sozialpädagogische Praxis findet also immer in gesellschaftlichen, kulturellen und politischen Rahmenbedingen statt. Sie hat sich hierbei immer ihrer Grenzen bewusst zu sein, da eine geplante pädagogische Einflussnahme immer auch durch die Nutzer dieser Maßnahmen bestimmt wird (vgl. Kapitel 1.2). Zudem müssen der pädagogisch Tätigen ihre eigenen Motive, zumindest in Ansätzen, bewusst sein:

> Die Professionalisierung des Helfermotivs ist der entscheidende Prozess in der beruflichen Sozialisation von Angehörigen psychosozialer Berufe. Sie ist in ihrer Bedeutung für die Konstituierung der Erwachsenenpersönlichkeit durchaus ambivalent. Einerseits schafft sie auch offiziell sanktionierte Bestätigung, dass persönliche Neigungen zu einer existenzsichernden Grundlage mit der Zusage von Status, Prestige und Einkommen wurde; andererseits bedeutet sie die eingegangene Verpflichtung, sich in seinen subjektiven Wünschen dem Reglement des Arbeitslebens zu unterwerfen.

(Gröschke, 1997, S. 171)

Die sozialpädagogische Praxis spannt sich als Berufspraxis somit aus zwischen der pädagogisch Tätigen, dem Kunden bzw. Nutzer dieser Handlungen und dem berufsorganisatorischen und einrichtungsbestimmten Hintergrund, vor und mit welchem diese Handlungen stattfinden. Dieser Hintergrund kann skizziert und eingenommen werden von direkten Berufs- und Arbeitskollegen, von den Vorgesetzten, von der Organisation als Ganzer sowie letztlich von der Gesellschaft, in deren Auftrag diese Handlungen durchgeführt werden:

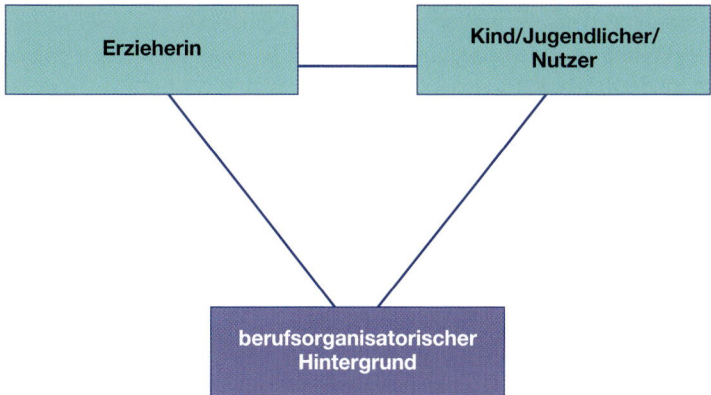

Doppelgleisige Struktur beruflicher Beziehungen in der Sozialpädagogik (modifiziert nach: Gröschke, 1997, S. 172)

Aufgaben

1. An welchen Stellen kann es zu unterschiedlichen Anforderungen zwischen diesen drei Strukturelementen kommen? Erläutern Sie Ihre Aussagen an Beispielen.

2. Wie kann der Prozess der Bewusstwerdung dieser Zusammenhänge, in der Ausbildung und im Berufsalltag, vorangetrieben werden?

3. Zu welchen Problemen kann es hierbei eventuell kommen? Wie könnten diese gelöst werden?

Auf diesem Hintergrund der Vernetzung von beruflichem Tun, Ansprüchen der Nutzer und Forderungen der Gesellschaft hat sich die sozialpädagogisch Handelnde mindestens fünf Fragen zu stellen (vgl. Greving, 1999, S. 92):

1. Worin besteht der, nicht immer deutliche und eindeutige, Zusammenhang von Daseinsmuster und Strukturen der Beteiligten?
2. Wie lässt sich die Komplexität von Erlebens- und Handlungsmustern beschreiben – ohne sie zu reduzieren?
3. Wodurch und wie können mögliche Erlebensgehalte mit dem Ziel, Sinn zu schaffen, ausgewählt werden?
4. Wie lassen sich auf der Ebene der Kommunikation Erleben und Handeln miteinander verknüpfen?
5. An welchen Stellen kommt es zu einer förderlichen oder aber auch blockierenden Vernetzung der unterschiedlichen Systeme?

Die konkrete Beantwortung dieser Fragen findet in den Einrichtungen der Sozialpädagogik häufig an zwei Orten statt (vgl. Klatetzki, 1993, S. 93–96):

- dem dezentralen Ort, an welchem die konkrete pädagogische Arbeit im direkten Kontakt mit dem jeweiligen Nutzer dieser Handlungen (Kind/Jugendlicher/etc.) erfolgt,

- dem zentralen Ort, an welchem diese Arbeit geplant, reflektiert, beraten und gegebenenfalls modifiziert wird.

Beide Orte sind in der Arbeit mit (angehenden) Erzieherinnen wiederzufinden: Sowohl die Ausbildungsstätte (die Fachschule o. Ä.) als auch der eigentliche Arbeitsplatz (Kindergarten, Kindertagesstätte, Jugendheim, Wohnheim u. a.) verfügen über diese Orte. Da beide Ebenen durch die Anleitung und Begleitung der Praxis intensiv miteinander verschränkt sind, besteht eine starke Nutzung dieser Felder durch alle Beteiligten. Dieses führt dazu, dass gegebenenfalls höchst unterschiedliche Vermutungen und Postulate im Hinblick auf die (gemeinsame) Praxis bestehen: Die konkrete Arbeits- und Handlungspraxis einer sozialpädagogischen Organisation kann sich von dem Praxisverständnis der Schule, an welcher die Erzieherinnen ausgebildet werden, unterscheiden. Es kann zu unter Umständen erheblichen Differenzen zwischen dem Praxisverständnis der Nutzer einer Einrichtung und demjenigen der Praktikantin und/oder Schülerin kommen. Zudem kann das Verständnis des Praktikanten ein anderes sein als dasjenige der Schülerin, da beide Rollen (in Bezug auf eine Person) unterschiedliche Anforderungen an die Praxis hervorbringen können. Schließlich bringt auch der Lehrer, welcher die Prozesse der Praxis begleitet, vielleicht ein unterschiedliches Verständnis von eben dieser Praxis mit. Diese differenten Wahrnehmungen von Praxis können dazu führen, dass es im konkreten Fall zu höchst unterschiedlichen Fokussierungen und Bewertungen von Handlungen kommen kann. Die oben dargestellte doppelgleisige Struktur der beruflichen Beziehungen in der Sozialpädagogik führt somit auf dieser Ebene zur Notwendigkeit einer grundlegenden und ständigen Reflektion des wechselseitigen Praxisverständnisses. Zudem nehmen alle Beteiligten im Feld dieser Praxis unterschiedliche Aufgaben und Rollen wahr: Die Schülerin ist am dezentralen Ort dazu genötigt zu handeln, dieses Handeln wird vom Praxisanleiter der Einrichtung begleitet und vom Lehrer der Ausbildungsstätte gegebenenfalls beobachtet. Am zentralen Ort finden unterschiedliche Reflektionsprozesse statt, in welchen die Schülerin diese als Lernen und als Lernfeld verstehen muss. Der Praxisanleiter und der Lehrer werden hierbei mit je unterschiedlichen Gewichtungen Reflektions- und Bewertungsprozesse vornehmen.

Zusammengefasst können diese Aussagen wie folgt dargestellt werden:

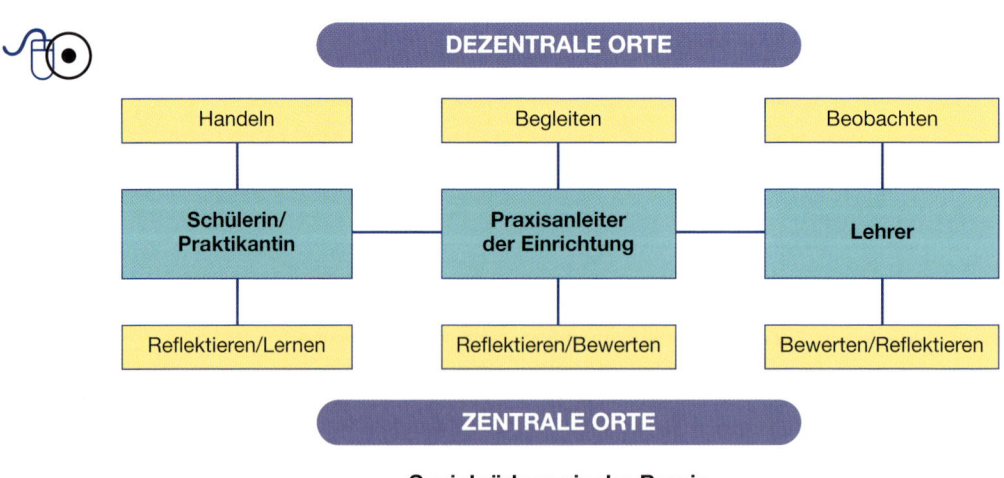

Zentrale und dezentrale Orte in der sozialpädagogischen Praxis

1. *Stellen Sie in einem Rollenspiel die Relevanz von zentralen und dezentralen Orten in den Einrichtungen der Sozialpädagogik dar.*

2. *Wechseln Sie in diesem Rollenspiel mehrfach die Rollen und versuchen Sie, hierbei auch die Perspektive der Nutzer und der Bezugspersonen der Nutzer einzunehmen. Wie verändert sich Ihr Erleben der jeweiligen Rollen?*

3. *Welche Rolle kommt in der konkreten Ausbildung den Lehrkräften in diesem Zusammenhang zu? Diskutieren Sie Ihre Ergebnisse mit Ihren Lehrkräften.*

1.2 Eine mögliche Leitidee: Praxis als konstruierte und konstruierende Praxis – oder: Praxis ist immer das, was ich gerade erlebe, oder?

Wie im vorangegangenen Kapitel schon beschrieben worden ist, ergibt sich die Praxis immer aus einem Geflecht unterschiedlichster Prozesse, Zugänge und Möglichkeiten. In diesem Kapitel sollen diese vielschichtigen Vorgänge auf eine mögliche theoretische Perspektive bezogen werden. Diese kann dann dazu dienen, die eigenen Betrachtungen und Bewertungen von Praxis im Kontext einer vernetzenden Struktur zu reflektieren. Es handelt sich bei dieser Perspektive um den theoretischen Ansatz bzw. die Leitidee des Konstruktivismus. Was sind die grundlegenden Annahmen dieser Möglichkeit, Wirklichkeit zu erkennen und zu beschreiben?

Die Theorie des Konstruktivismus versucht, die Wahrnehmung der Wirklichkeit zu beschreiben. Sie stellt Vermutungen und Hypothesen darüber auf, wie der Mensch die Welt, in welcher er lebt, wahrnimmt und wie er auf diese Wahrnehmungen reagiert. Als Erkenntnistheorie ist der Konstruktivismus ein Ansatz, welcher in den letzten Jahren als Reaktion auf die Unsicherheiten der Gesellschaft entstanden und differenziert worden ist (obwohl die Grundlagen hierzu schon in den 50er-Jahren des 20. Jahrhunderts gelegt worden sind). Die Risiken einer hochkomplexen und verwissenschaftlichten Gesellschaft führten somit dazu, einen theoretischen Ansatz zur Beschreibung dieser Strukturen zu entwickeln, einen Ansatz, welcher die Risiken und Grenzen der Wahrnehmung und Beschreibung in den Mittelpunkt seiner Hypothesenbildung stellt. Die Kernaussagen des Konstruktivismus können wie folgt zusammengefasst werden (vgl. Siebert, 1999, S. 5 f.):

Grundlegend geht der Konstruktivismus davon aus, dass die Menschen selbstbestimmte, in ihren Wahrnehmungen und Handlungen auf sich selbst bezogene und operational geschlossene Systeme sind. Die äußere Wirklichkeit ist dem Menschen im Hinblick auf seine sensorische und kognitive Wahrnehmung nicht zugänglich. Eine Betrachtung und Interpretation der Umwelt geschieht auf diesem Hintergrund ausschließlich durch eine sog. strukturelle Kopplung: Der Mensch wandelt die von außen kommenden Reize in seinem Nervensystem strukturdeterminiert, das bedeutet auf der Grundlage seiner lebensgeschichtlich geprägten psycho-physischen, kognitiven und emotionalen Strukturen, um. Die in dieser Art und Weise entstandenen Wahrnehmungen seiner Wirklichkeit sind folgerichtig keine Abbildungen der Außenwelt, sondern

Konstruktionen, welche in ihrer Wirksamkeit zu funktionieren scheinen und von und mit anderen Menschen geteilt werden können. Da Menschen somit grundlegend als selbstgesteuerte Wesen bezeichnet werden können, sind sie von ihrer Umwelt nicht festzulegen. Vielmehr kann diese sie – über die Wege der Anregung, der Vermittlung u. Ä. – in ihren Wahrnehmungen und Lernprozessen anregen und stören. Der Konstruktivismus bezeichnet diesen Prozess dann als Pertubation. Die grundlegenden Annahmen und Begriffe des Konstruktivismus, auch schon übertragen auf die Prozesse des Lernens, lassen sich wie folgt darstellen:

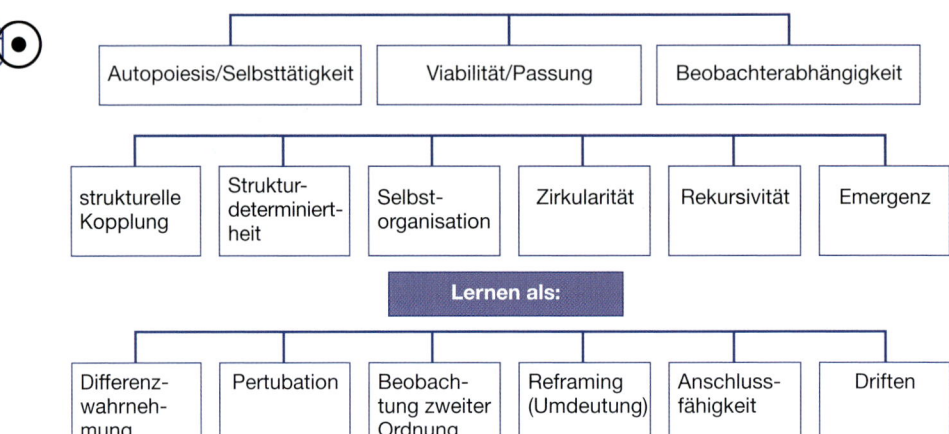

Grundlegende Prinzipien und Begriffe des Konstruktivismus (nach: Siebert, 1999, S. 6)

Der Konstruktivismus stellt somit eine Perspektive oder Leitidee dar, welche sich von Wahrheitsansprüchen distanziert: „Wirklichkeit ist beobachterabhängig – dies ist der kleinste gemeinsame Nenner […]" (Siebert, 1999, S. 7).

Aufgaben

1. *Stellen Sie die einzelnen Begriffe des Konstruktivismus an Beispielen dar. Versuchen Sie, hierbei die unterschiedlichsten Bereiche des Lebens und des Alltags zu berücksichtigen.*

2. *Wenn das Lernen tatsächlich als Wahrnehmung von Unterschieden und als Störung bezeichnet werden kann, Lernprozesse zudem in der Umdeutung von Wirklichkeit sowie in der Gestaltung von driftenden (also frei zu gestaltenden) Momenten des Anschlusses von Inhalten geschehen, hat dieses nicht geringe Konsequenzen für die Ausbildung in der Sozialpädagogik. Stellen Sie mögliche Konsequenzen für die Ausbildung in der Praxis und im Praktikum dar.*

3. *Welche Kritik könnte am Modell des Konstruktivismus geübt werden? Begründen Sie Ihre Meinung möglichst ausführlich.*

Der Konstruktivismus stellt also einen Beitrag zu einer veränderten Weltsicht, zu einem Perspektivwechsel auf die Wirklichkeit dar. Es kommt in seiner Nachfolge und Umsetzung somit zu einem Wechsel von einer normativen (auf tatsächlichen und faktischen Normen begründeten) zu einer interpretativen (auf subjektiven Interpretationen beruhenden) Weltanschauung und Weltsicht. Dieser Wechsel weist eine intensive Bedeutsamkeit für die Wahrnehmung der Praxis auf, denn wenn die unterschiedlichen Anschauungen nicht deutlich formuliert und reflektiert sind, kann es zu einer höchst chaotischen und unscharfen Beschreibung eben dieser Praxis kommen. Im Vollzug einer sozialpädagogischen oder erzieherischen Praxis oder eines Praktikums in einer solchen Einrichtung ist es somit relevant, die unterschiedlichen Sichtweisen zu kennen und in den wechselseitigen und gemeinsamen Prozess (zwischen Schülerin, Praxisanleiter, Lehrer und Kind/Jugendlichem/Nutzer) einzubeziehen. Diese beiden Sichtweisen lassen sich folgendermaßen gegenüberstellen:

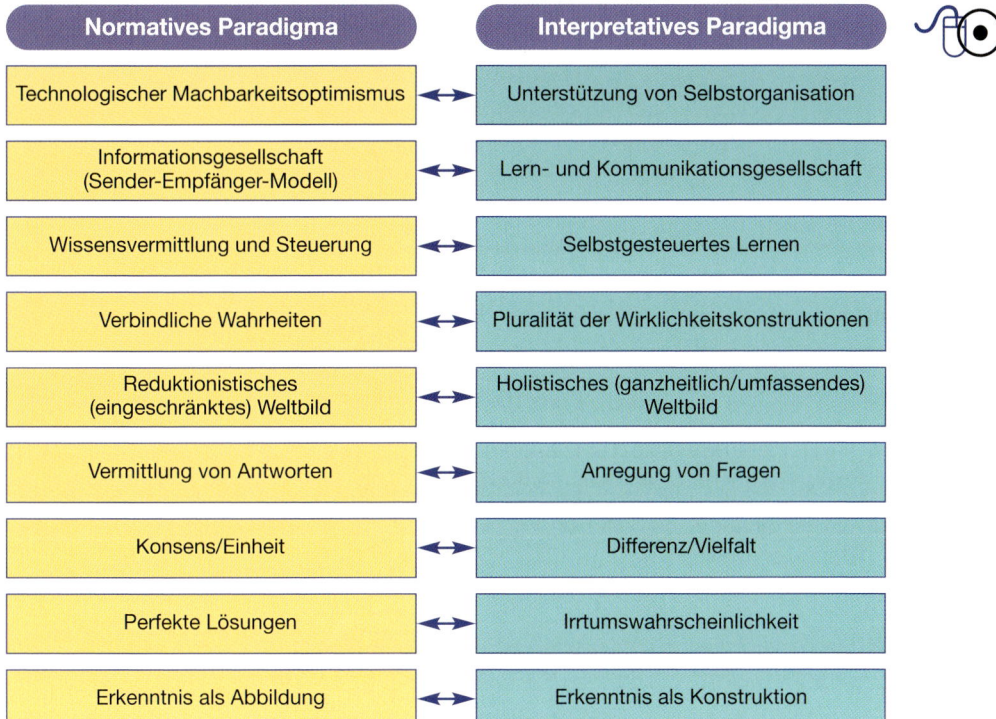

Normatives Paradigma	Interpretatives Paradigma
Technologischer Machbarkeitsoptimismus	Unterstützung von Selbstorganisation
Informationsgesellschaft (Sender-Empfänger-Modell)	Lern- und Kommunikationsgesellschaft
Wissensvermittlung und Steuerung	Selbstgesteuertes Lernen
Verbindliche Wahrheiten	Pluralität der Wirklichkeitskonstruktionen
Reduktionistisches (eingeschränktes) Weltbild	Holistisches (ganzheitlich/umfassendes) Weltbild
Vermittlung von Antworten	Anregung von Fragen
Konsens/Einheit	Differenz/Vielfalt
Perfekte Lösungen	Irrtumswahrscheinlichkeit
Erkenntnis als Abbildung	Erkenntnis als Konstruktion

Normatives versus interpretatives Paradigma (nach: Siebert, 1999, S. 15)

Aufgaben

1. *Stellen Sie jedes Element dieser beiden Paradigmen (also dieser Leitideen) an Beispielen aus der sozialpädaogischen Praxis dar.*

2. *Setzen Sie Ihre Ergebnisse zur ersten Frage in Rollenspielen um und vergleichen Sie diese miteinander.*

3. *Erarbeiten Sie auf diesem Hintergrund mögliche Bewertungskriterien von Praxis (also: Wann ist ein Praktikum gelungen, wann nicht? Wann kann welche Tätigkeit als gut oder als durchschnittlich bezeichnet werden? Wie lässt sich ein Austausch hierbei zwischen allen beteiligten Personen realisieren?).*

4. *An welche Grenzen stoßen Sie bei der Erarbeitung dieser Bewertungskriterien? Wie könnten diese mit Blick auf die beiden Paradigmen überwunden werden?*

Auf diesem konstruktivistischen und interpretativen Hintergrund stellen sich die Praxis- und Lernfelder in der Sozialpädagogik als Konstrukte dar: die Schule, die Klassengemeinschaft, das konkrete Praxisfeld, die Bedingungen und Bedingtheiten des Praktikums sind unterschiedliche Konstrukte, welche von unterschiedlichen Personen unterschiedlich hervorgebracht und wahrgenommen werden. Eine Eindeutigkeit von Positionen erscheint somit weder möglich noch notwendig zu sein. Lernen, also auch das Lernen in der Praxis und durch sie, geschieht somit immer als Veränderung der – wechselseitig voneinander abhängigen – Strukturen, „das heißt, Veränderung unserer kognitiven Strukturen, unserer Deutungsmuster, unserer Wirklichkeitskonstruktionen, unserer Problemlösungsstrategien. Komplexe Lernprozesse sind zirkuläre, biopsychische Aktivitäten, zu denen unterschiedliche Erkenntnisleistungen gehören [...]“ (Siebert, 1999, S. 17). Diese folgenden Erkenntnisleistungen sind bei allen in diesen Lernprozessen einbezogenen Personen vorhanden. Es handelt sich hierbei um:

■ das Interesse an Lernprozessen

■ das Wissen, welches an schon vorhandenem Wissen anknüpft

■ die Erinnerung eben daran

■ die Gefühle, welche alle Lernprozesse begleiten

■ die unterschiedlichen Vorgänge der Wahrnehmung auf allen Wahrnehmungsebenen

■ die Reflexion dieser Prozesse

■ das Handeln als Grundlage und Begleitung dieser Zusammenhänge und Vorgänge

■ die Homöostase, also das Fließgleichgewicht dieser Prozesse, nichts ist hierbei jeweils völlig starr oder völlig chaotisch

■ die Pertubation, also die Störung, welche von außen die jeweiligen Lernsysteme/ Personen beeinflusst

■ die Rekonstruktion dieser Vorgänge

■ die Transformation auf weitere Lebens- und Lernfelder

In der Zusammenschau dieser Lernelemente kann es zu vielfältigen Überlagerungen und Unschärfen bei den beteiligten Personen kommen: Das, was der Lehrer an Interesse für die Lernprozesse der Schülerin mitbringt und von ihr fordert, muss nicht das Gleiche sein, was diese sich vorstellt, die Interessen der sozialpädagogischen Einrichtung hierzu können noch einmal ganz anders gelagert sein. Ähnliches lässt sich für das Wissen bzw. die Anknüpfung an die Erinnerungen vergangener Lernprozesse skizzieren: Auch hierbei kann es zu höchst unterschiedlichen Wahrnehmungen, Erwartungen und Postulaten kommen. Alle weiteren Elemente können ebenfalls bei allen im Praxisfeld der Sozialpädagogik Beteiligten unterschiedlich ausgeprägt sein, sodass ein gemeinsames Verständnis zur Praxis und zu praxisrelevanten Prozessen (Lernfelder, Beobachtungen, Bewertungen etc.) immer nur annäherungsweise zu erreichen ist. Jede an diesen Prozessen teilnehmende Person konstruiert somit ihre Praxis selbstbestimmt, wobei die Definitionsmacht hierzu immer einmal wieder anders ausgestaltet werden kann: Wer legt z. B. welche Inhalte zum Praktikum fest? Wer kann diese wie diskutieren? Welche Bewertungskriterien sind von wem wie festgelegt worden? Wie relevant sind die Konstruktionsmechanismen und -anteile aller Beteiligten? usw.

Zudem verändert sich die Praxis auch immer wieder, sodass ein Anknüpfen an vorherige Erfahrungen zwar möglich, aber immer auch mit dem Risiko der Unschärfe verbunden ist. Derselbe Praxisanleiter einer Einrichtung wird mit unterschiedlichen Praktikantinnen und unterschiedlichen Lehrern höchst differenzierte Erfahrungen machen. Dem Lehrer und der Schülerin wird es ähnlich ergehen. Verallgemeinerungen sind somit nur mit dem Preis einer Entdifferenzierung zu haben. Wahrnehmungen, Beobachtungen, Reflektionen und Bewertungen einer Praxis sind immer nur annäherungsweise möglich. Lernen in und mit einer Praxis ist somit „kein mechanischer, quantitativ messbarer Prozess des Wissenserwerbs nach dem Motto ‚je mehr, desto besser'. Lernen ist – wie Denken und Erkennen – ein selbsttätiger, strukturdeterminierter Prozess der Bedeutungszuschreibung" (Siebert, 1999, S. 19). Alle hierbei Beteiligten schreiben den wahrgenommenen und konstruierten Vorgängen unterschiedliche Wichtigkeiten und Geltungsmuster zu, sodass es zu unterschiedlichen Kreisläufen dieser Bedeutungszuschreibungen kommen kann:

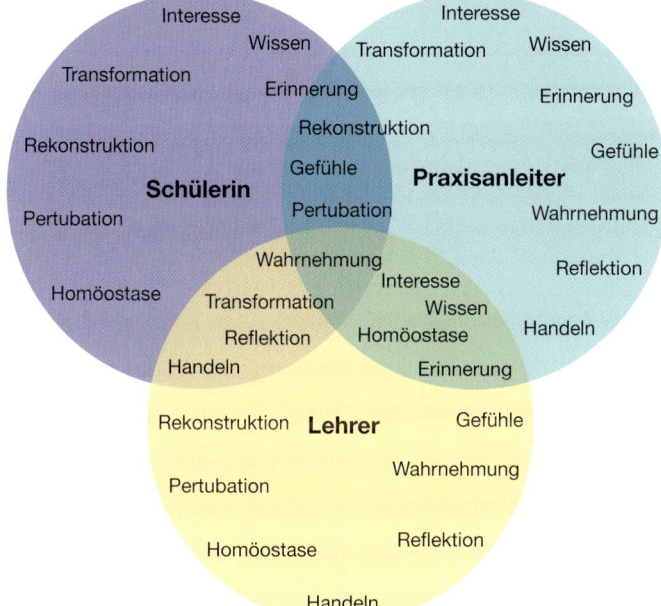

Mögliche Verknüpfung der Lernelemente und Bedeutungszuschreibungen von Schülerin, Praxisanleiter und Lehrer

In der Wahrnehmung der Praxis bzw. in den Lernprozessen in den Feldern der Praxis lassen sich des Weiteren drei Ausprägungen konstruktivistischen Lernens unterscheiden. Es handelt sich hierbei um (vgl. Reich, 2002, S. 118–122; Siebert, 1999, S. 24):

■ Die Ausprägung der **Konstruktion**, in welcher alle Beteiligten fortwährend neue Wirklichkeiten konstruieren, sich neues Wissen aneignen, neue Lösungsmuster und Wissensbestände entwickeln, Passungen und Stimmigkeiten überprüfen etc.

■ Die Ausprägung der **Rekonstruktion**, welche darauf hindeutet, dass die Menschen bei der Konstruktion ihrer Wirklichkeiten auf Traditionen ihrer Kultur und Religion, auf wissenschaftliche Erkenntnisse und Deutungsmuster ihrer jeweiligen Umgebung zurückgreifen. Diese Erfahrungen einer Gesellschaft werden durch die Biografie eines jeden Beteiligten neu interpretiert und gedeutet.

■ Die Ausprägung der **Dekonstruktion**, welche aussagt, dass einmal geprägte Überzeugungen, Ideen, Ideale und Gewissheiten infrage gestellt werden. Diese Neudeutungen können bis hin zur Neudefinition der eigenen Identität gehen.

Auch diese drei Mechanismen verweisen jeweils aufeinander und sind voneinander abhängig:

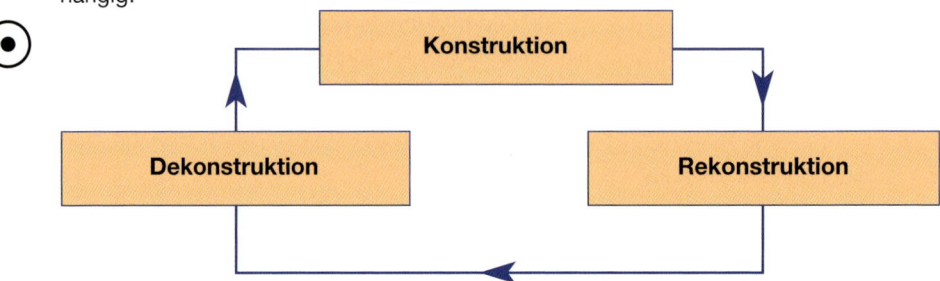

Konstruktion – Rekonstruktion – Dekonstruktion (nach: Reich, 2002, S. 118)

In der Zusammenschau dieser beiden zuletzt beschriebenen Vorgänge entsteht somit das Verständnis einer Praxis, welche immer wieder neu im Prozess der interdependenten Wahrnehmung entsteht. Die sozialpädagogische Praxis ist also nicht vorgegeben, quasi immer schon so und nicht anders vorhanden. Sie wird erst in den Begegnungen, Wahrnehmungen, Strukturierungen und Veränderungsprozessen aller hieran beteiligten Personen konstruiert und entwickelt. Hierbei kommt es dann erneut zwischen den einzelnen Momenten der Konstruktion, der Dekonstruktion und der Rekonstruktion zwischen den beteiligten Schülerinnen, Praxisanleitern und Lehrern zu höchst unterschiedlichen Konstruktionspotenzialen und -möglichkeiten. Dieses kann in einer abschließenden Grafik folgendermaßen zusammengefasst werden:

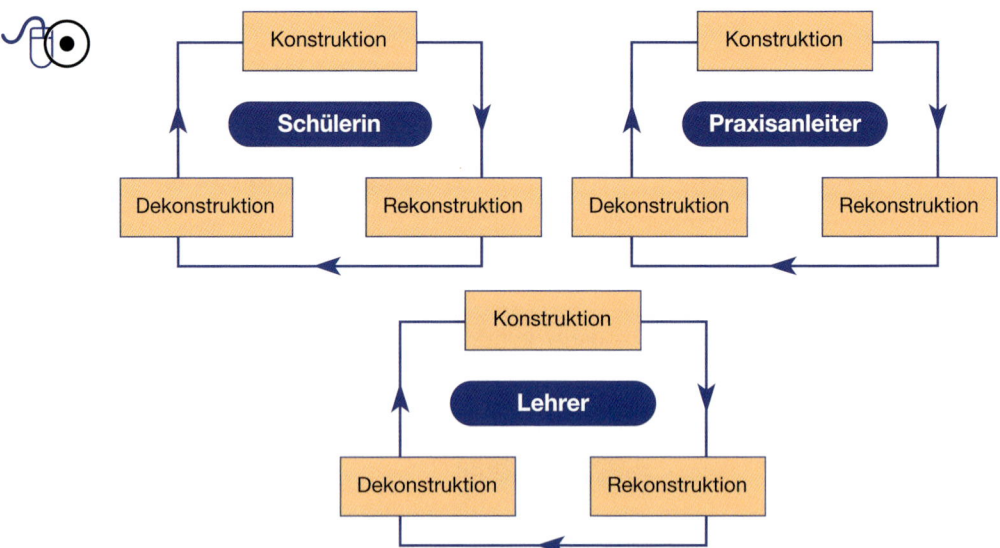

Zusammenhang von Bedeutungszuschreibungen und Konstruktionsprozessen

1. Erläutern Sie die in der vorangegangenen Grafik dargestellten Zusammenhänge anhand von Beispielen aus der sozialpädagogischen Praxis.

2. Zu welchen Schwierigkeiten kann es hinsichtlich der Strukturierung und Bewertung einer gemeinsamen Praxis kommen?

3. Wie könnten diese Schwierigkeiten gelöst werden?

4. Fassen Sie Ihre Ergebnisse im Hinblick auf mögliche Ansprüche und Forderungen zusammen, welche die unterschiedlichen Beteiligten an und in dieser Praxis (Schülerin, Praxisanleiter, Lehrer, Nutzer, weitere Personen in diesem Praxisfeld) haben könnten.

1.3 Praxis und Handlung – oder: Vom Leben der Praxis

Wurde im vorangegangenen Kapitel ein Weg der Erkenntnis von Praxis beschrieben, soll in den folgenden Ausführungen das Handeln näher in den Blick geraten. Welche Grundlagen können zum Handeln in der Sozialpädagogik benannt werden? Wie lassen sich diese zu theoretischen Ansätzen abgrenzen? Wodurch können die lebendigen Vollzüge der Praxis konkretisiert und für die Ausbildung in den unterschiedlichen Praxisfeldern der Sozialpädagogik aufbereitet werden?

Auch das Handeln kann durch theoretische Aussagen fokussiert werden. So ist es vor allem den Sozialwissenschaften darum getan zu erforschen, wie sich soziales und professionelles Handeln verstehen und erklären lässt. Mögliche Antworten auf die hierin involvierten Fragen liefern die Theorien des Handelns. „Deren Grundfrage lautet: Sind die von Menschen gesetzten Regeln und Normen diejenigen Momente, die das Handeln bestimmen, oder wird menschliches Handeln durch äußere Gesetzmäßigkeiten und Mechanismen bestimmt, denen es unterworfen ist?" (Miller, 2001, S. 11). Fasst man die Antworten auf diese Fragen zusammen, so lassen sich zwei Positionen benennen: diejenige des Individualismus und diejenige des Holismus. Der Holismus bettet hierbei die individuellen und persönlichen Handlungen und Tätigkeiten in einen größeren Zusammenhang ein. Sie sind auf diesen bezogen und finden sich in ihm wieder. Der Individualismus nimmt im Unterschied hierzu die einzelnen Personen (Individuen) in den Blick. Diese schaffen nach dieser Perspektive in ihrer Summe Strukturen und gesellschaftliche und historische Ganzheiten, weisen hierbei jedoch keine Eigendynamik auf (vgl. Miller, 2001, S. 12):

Holismus ⟶	**strukturierte Ganzheiten bestimmen individuelle Handlungen**

Individualismus ⟶	**individuelle Handlungen bestimmen Ganzheiten**

Holismus und Individualismus: gegensätzliche Annahmen zur Handlung

Unter einer konstruktivistischen Perspektive, so wie diese im vorangegangenen Kapitel eingenommen worden ist, lassen sich beide Ansätze miteinander verbinden: Sowohl die holistische als auch die individualistische Sichtweise tragen dazu bei, dass Handeln begründet und beschrieben werden kann:

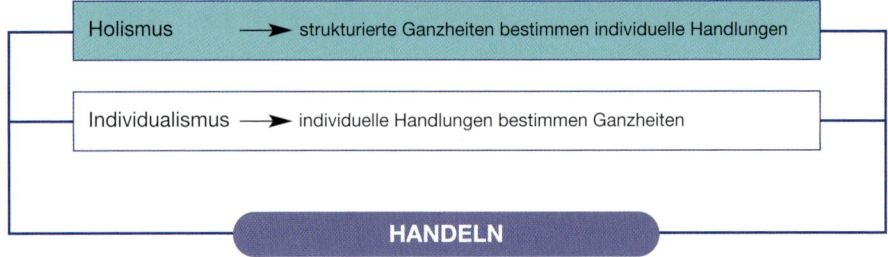

Handeln im Kontext von Holismus und Individualismus

Um dieses Handeln näher zu präzisieren, müssen folgende Annahmen und Inhalte konkretisiert werden (vgl. Miller, 2001, S. 13–25; Gröschke, 1997, S. 105–114):

■ das Menschenbild
■ die Dimensionen einer Handlungstheorie
■ die Wissensebenen einer Handlungstheorie

Zum Menschenbild

Das Bild, welches der Mensch von sich selber hat, und das Bild, welches er einem anderen oder grundsätzlich der Welt zuschreibt, prägen in nicht geringem Ausmaß sein Handeln und seine professionellen Tätigkeiten. Welche Grundannahmen können zu einem Menschenbild, welches für die Sozialpädagogik relevant ist, benannt werden? Mit Miller (vgl. 2001, S. 13) kann davon ausgegangen werden, dass der Mensch grundlegend ein vernunftbegabtes, soziales, kulturelles und auch religiöses Wesen ist. In der Realisation dieser Bereiche kann er als autonomes und autopoetisches Lebewesen dargestellt werden – dieses gilt für alle Menschen. Die Umsetzung dieser Potenziale geschieht durch die **Reflektionsfähigkeit**, durch die **Kommunikationsfähigkeit** und durch die **Handlungsfähigkeit** des Menschen. Hierbei und hierin hat er sich zusätzlich und grundlegend mit ethischen Fragen auseinander zu setzen. Mehr noch: Diese ethischen Positionierungen tragen zu einer Verbindung zwischen Theorie und Praxis auf der Ebene des konkreten Handelns bei. „Das ethische Moment liegt also Theorie und Praxis zugrunde, oder, anders formuliert, ist das bewegende Moment, das hinter das Spannungsverhältnis von Theorie und Praxis zurückgreift" (Gröschke, 1997, S. 107). Konkret bedeutet dieses Folgendes (vgl. Miller, 2001, S. 13f.):

Im Rahmen der **Reflektionsfähigkeit** besitzt der Mensch die grundlegenden Potenziale des Denkens in Begriffen. Dieses kann er dazu benutzen, sich selbst in den Mittelpunkt seiner gedanklichen Prozesse zu versetzen, über sich selber im Kontext seines geschichtlichen Gewordenseins und seines aktuellen Zustands sowie einer für ihn bedeutsamen Gesellschafts- und Zeitstruktur nachzudenken. Eine so verstandene Reflektivität ist nicht allein kognitiv gesteuert und verortet. Vielmehr fließen in ihr auch Emotionen mit ein. Das an diesen Reflektionsprozess anschließende Handeln versetzt den Menschen in den Zustand der Gestaltung eben dieser gesellschaftlichen Wirklichkeit, welche auch ihn wiederum prägt und geprägt hat. Die Vernetzung des ethischen Moments mit den Potenzialen der Reflektion versetzt den Menschen in die Möglichkeit, ein Bewusstsein eben dieser Normen zu entwickeln.

> Der Mensch erwirbt ein Bewusstsein über gültige Normen im Kontext seines sozialen Eingebundenseins, über Richtig und Falsch und über Sein und Sollen. Dies alles fließt in sein Handeln ein und versetzt ihn in die Lage, allgemeine Normen und Werte kritisch zu prüfen. Ebenso ist dem Menschen die Fähigkeit eigen, über Gegenwart hinaus zu denken, d. h., Zukünftiges zu antizipieren und zu prognostizieren. Er verfügt über ein Zeit-Bewusstsein, d. h., er kann frühere Erfahrungen vergegenwärtigen und sie in aktuelles Tun einfließen lassen. Dies ermöglicht ihm, sein Handeln zu planen und Folgewirkungen vorwegzunehmen.

(Miller, 2001, S. 13 f.)

Diese Reflektionsprozesse vollziehen sich nie allein, der Mensch ist immer darauf angewiesen, sie mit anderen zu teilen. Ja, sogar die Entwicklung dieser Fähigkeit der Reflektion geschieht im Rahmen **kommunikativer Vorgänge**. Die Kommunikation stellt somit das verbindende Moment zwischen den reflekiven Prozessen eines Menschen und den Handlungsprozessen – mit anderen, im Kontext der Gesellschaft – dar.

Reflektivität und Kommunikation bilden somit die Grundlagen für die Handlungsfähigkeit des Menschen. In dieser realisiert der Mensch eben diese interaktiv-kommunikativen Elemente, er setzt sich mit inhaltlichen Themen und Verläufen auseinander, zudem agiert er immer – im Rahmen der oben dargelegten ethischen Begründungen – normativ.

Zusammengefasst bedeutet das, dass der Mensch, da er grundlegend autonom ist, eine soziale und kulturelle Umwelt benötigt, um in dieser seine Fähigkeiten auszuprägen und zu modifizieren, um dann selber auf diese Umwelt einwirken zu können. „Der Mensch verfügt über das Potenzial, sich von sozialen Vorgaben zu distanzieren bzw. diese zu interpretieren, und das Soziale verfügt über das Potenzial, Menschen zu prägen" (Miller, 2001, S. 14). Der Mensch ist somit ständig potenziell frei und potenziell eingebunden. Dieses gilt natürlich auch für die Praxis, in welcher er tätig ist. Der in der Sozialpädagogik Tätige erfährt sich somit immer als eingespannt in einen ganz bestimmten gesellschaftlichen und organisatorischen Rahmen. Zusätzlich und gleichzeitig ist er aber auch eine autonome Person, welche ihre eigenen Vorstellungen und Ideen von Welt, von Persönlichkeit und Professionalität entwickeln kann und muss. Sozialpädagogisches Handeln erscheint in diesen Begründungszusammenhängen als immer eingespannt zwischen sozialen und individuellen Annahmen und Forderungen.

Diese Elemente zum Menschenbild als Grundlegung einer Handlungstheorie können folgendermaßen dargestellt werden:

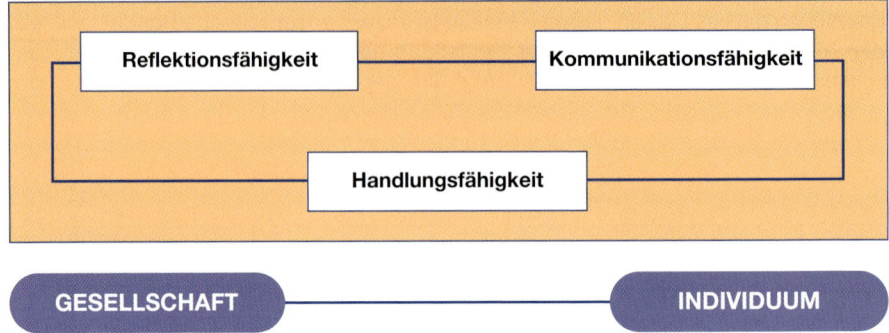

Grundlagen eines Menschenbildes für eine Handlungstheorie

Aufgaben

1. *Erläutern Sie die einzelnen Fähigkeitsbereiche an Beispielen aus der sozialpäda-gogischen Praxis.*

2. *Wie nimmt die Gesellschaft Einfluss auf das Individuum? Zu welchen Span-nungsverhältnissen kann es hierbei unter Umständen kommen?*

3. *Tauschen Sie sich über Ihr Menschenbild bzw. über die Entstehung und mög-liche Veränderung Ihres Menschenbildes in Kleingruppen aus. Welche Überein-stimmungen und welche Unterschiede stellen Sie hierbei jeweils fest? Wie könn-ten diese entstanden sein?*

Zu den Dimensionen einer Handlungstheorie

Das Handeln im Kontext sozialer und/oder professioneller Vorgänge kann als ab-sichtsvolles Handeln beschrieben werden. Die Absichten richten sich hierbei sowohl auf eigene Ziele und Perspektiven als auch auf den jeweils anderen, auf den Hand-lungspartner. Zudem ist dieses Handeln – wenn auch nicht immer bewusst – gewollt. Diesem Willen liegt die subjektive Annahme eines Sinnes zugrunde: Das Handeln, wel-ches ich gerade ausgestalte, ist von mir so gewollt und, zumindest im Moment der konkreten Vollzuges, sinnvoll. Dieses gilt auch für das Handeln des anderen, sodass die Handlungsprozesse immer als mit und durch Sinn begründet beschrieben werden können. „So macht es für eine Person möglicherweise Sinn, sich auffällig zu beneh-men, um dadurch Aufmerksamkeit ihres Gegenübers zu erhalten. Das Resultat der Handlungen der Interagierenden wird immer davon abhängig sein, welche Sinnsyste-me bei den Handelnden jeweils vorliegen, wie sie interpretiert, akzeptiert oder verworfen werden" (Miller, 2001, S. 15). Die drei grundlegenden Dimensionen einer Theorie des Handelns bestehen somit in der **Absicht**, dem **Willen** und dem **Sinn**. Weitere Ebenen dieses Modells bestehen in den Realisationen der Bedeutungssysteme der Handeln-den, also in ihren Fähigkeiten und Fertigkeiten zur **Kommunikation** und **Interaktion**, sowie in den **situativen Kontexten und Rahmenbedingungen**, in welchen das Handeln stattfindet. Des Weiteren ist das Handeln jeweils **wertgebunden**, orientiert sich somit an den Wertüberzeugungen der jeweiligen Person auf dem Hintergrund ihres individuellen Gewordenseins und aktuellen Lebens. Wenn diese Dimensionen vor einem systemischen Hintergrund und im Rahmen konstruktivistischer Annahmen betrachtet werden, können sie folgendermaßen zusammengefasst werden:

> Handeln vollzieht sich nicht nur nach subjektiven Sinnkriterien des Akteurs im Rahmen seiner kulturellen, insbesondere milieuspezifischen Einbettungen, sondern Handeln koppelt sich auch an funktionale Sinnkonzepte von Systemen, in die Akteure eingebunden sind. Funktionales Handeln bündelt sich in der Rolle.

(Miller, 2001, S. 17)

Die professionelle Rolle eines sozialpädagogisch handelnden Menschen spannt sich somit immer zwischen diesen unterschiedlichen Dimensionierungen aus. Eine Strukturierung, Beobachtung, Reflektion und Bewertung dieser Praxis im Rahmen der sozialpädagogischen Ausbildung hätten sich hierauf zu beziehen und diese Elemente einzeln wie aber auch in ihren wechselseitigen Abhängigkeiten zu fokussieren:

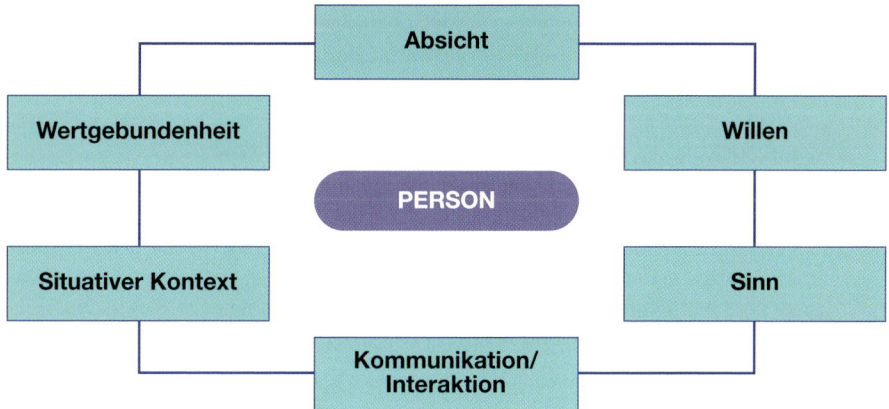

Dimensionen einer Handlungstheorie

1. *Stellen Sie diese Dimensionen an Beispielen dar.*

2. *Welche Forderungen ergeben sich aus diesen Dimensionen für professionelles sozialpädagogisches und erzieherisches Handeln? Begründen Sie Ihre Meinung ausführlich.*

3. *In welchen sozialpädagogischen Konzepten oder Methoden sehen Sie bestimmte Elemente dieser Dimensionen, welche dann von der Person im konkreten Fall realisiert werden müssten, bereits verwirklicht? In welchen nicht? Worauf führen Sie das jeweils zurück?*

Zu den Wissensebenen einer Handlungstheorie

Damit die bis hierher skizzierten Ansprüche und Anforderungen an eine Handlungstheorie realisiert, aber auch überprüft werden können, bedarf es unterschiedlicher Wissensebenen. Diese müssen im Kontext einer Theorie-Praxis-Vernetzung im Rahmen einer Ausbildung in und für die Praxis der Sozialpädagogik berücksichtigt werden, damit es zu einer möglichst umfassenden Wahrnehmung und Gestaltung eben dieser Ausbildungsprozesse kommt. Nach Miller (vgl. 2001, S. 17–25) handelt es sich hierbei um folgende Wissensbereiche:

■ Das **Erklärungswissen**, welches beschreibt, wie sich das je individuelle und konkrete Verhältnis einer Person zur Umwelt realisiert. Zudem erfolgen auf diesem Hintergrund die Beschreibung und Analyse von Handlungsakten, also eine differenzierte Sichtweise, wie das Handeln und Verhalten des Menschen sich auf dem Hintergrund sozialer Systeme und Strukturen ereignet und welche Einflussfaktoren hierbei wirksam sind. Des Weiteren klärt dieser Wissensaspekt, wie Menschen sich zwischen den Polen des Gewordenseins und Bewahrens einerseits und des Entwickelns und Veränderns andererseits orientieren. Zudem setzt sich der Bereich des Erklärungswissens mit dem Gegenstand des jeweiligen Wissensbereiches (hier der Sozialpädagogik), seinen Aufgaben und gesellschaftlichen Funktionen auseinander. Bei einer Betrachtung des Erklärungswissens für die Sozialpädagogik müssen somit die Theorie der Sozialpädagogik sowie die individuelle Realisation und Reflektion von Praxishandlungen berücksichtigt werden. Erklärungswissen ereignet sich somit für die Sozialpädagogik an den Schnittstellen zwischen beruflichem Wissen, beruflichem Können und persönlicher Reflektion.

■ Das **Wertewissen**, welches die Werte und Handlungsziele für die Sozialpädagogik benennt und Kennzeichen zur Beurteilung und Bewertung von Handlungen, gesellschaftlich-sozialen Strukturen und Vorgängen anbietet. Im Rahmen einer sozialpädagogischen Ausbildung müssen also eine intensive Diskussion und Reflektion über die Werte und Ziele der jeweiligen Institutionen (sozialpädagogische Organisation, Ausbildungsstätte) und Personen (Schülerin, Praxisanleiter, Lehrer) erfolgen. Diese müssen aber auch immer wieder im Rahmen des gesellschaftlich-historischen Eingebundenseins dieser Handlungsfelder und Handlungspartner betrachtet und ausgestaltet werden.

■ Das **Verfahrenswissen**, welches konzeptionelle, methodische und praxisrelevante Vorgehensweisen in Bezug auf den erzieherischen und sozialpädagogischen Prozess grundzulegen und anzubieten hat. Hierbei handelt es sich um eine bewusste Begründung und Umsetzung sozialpädagogischer Methoden, wie z. B. der Einzelfallarbeit, der Gruppenarbeit, der Beratung usw.

■ Das **Evaluationswissen**, welches Kriterien benennt, welche das konkrete Handeln in der Sozialpädagogik im Hinblick auf ihre Ergebnisse, Wirkungen und Folgen überprüft und bewertet. Hierzu ist es notwendig, im Rahmen der Möglichkeiten einer Ausbildungsstätte, in der Kommunikation mit einer Einrichtung der Sozialpädagogik Parameter zu entwerfen und umzusetzen, welche Aussagen darüber treffen, wie das jeweilige Handeln realisiert wird, wie es sich auf den unterschiedlichsten Ebenen (in Bezug auf den Nutzer, das Team der Einrichtung, den sozialpädagogisch Tätigen etc.) auswirkt und wie es bewertet werden kann. Die hierzu erarbeiteten Merkmale müssen für alle Beteiligten transparent und nachvollziehbar dargestellt und selber wieder einem kontinuierlichen Evaluationsprozess unterzogen werden.

Diese vier Wissensbereiche sind nicht isoliert von anderen Wissens- und Handlungsebenen zu betrachten. Vielmehr muss der hierin Handelnde über eine **„Schnittstellenkompetenz"** (Miller, 2001, S. 18) verfügen, um auch die Inhalte und Muster anderer Wissensbereiche in sein konkretes Planen, Tun und Überprüfen einzubeziehen. Diese praktische Schnittstellenkompetenz

> umfasst die Fähigkeit, den Bedeutungsgehalt allgemein formulierter theoretischer Konzepte und Aussagen in situative Bedeutungshorizonte zu übertragen, oder anders formuliert: Sie setzt die Fähigkeit voraus, das Allgemeine (Theorien) auf das Besondere (Situation) zu transportieren, und zwar dergestalt, dass das Besondere nicht verloren geht. Umgekehrt: Das Besondere ist wiederum auf dem Hintergrund des Allgemeinen zu betrachten.

(Miller, 2001, S. 22)

Diese Schnittstellenkompetenz in der praktischen Tätigkeit zu realisieren stellt einen eminent wichtigen Anspruch professionellen Handelns in der Sozialpädagogik dar. In ihr und durch sie realisiert sich das an der Praxis ausgerichtete und für sie relevante Handeln. Zudem liefert sie vielfältige Begründungsmuster für die Konstruktion sozialpädagogischer Lernfelder und für die Ausarbeitung möglicher Bewertungskriterien der Praxis- und Lernprozesse. Die Ausbildung der erzieherisch und sozialpädagogisch Tätigen in und für die Praxis hat somit immer eine genuine Ausrichtung an der Vermittlung von Schnittstellenkompetenz aufzuweisen. Die potenzielle und aktuelle Fähigkeit des Perspektivwechsels stellt somit eine wichtige Basis für die Begründung, Entwicklung und Überprüfung sozialpädagogischer Professionalität dar. Im permanenten Versuch der Wahrnehmung und Berücksichtigung der unterschiedlichen Wissensebenen, Schnittstellen und Handlungsmuster ereignet sich ein pädagogisches Handeln, welches bewusst geschieht und sich selber immer wieder zu überprüfen in der Lage ist. In diese Prozesse sind alle hieran beteiligten Personen und Institutionen einzubeziehen. Diese Zusammenhänge können in folgender Grafik dargestellt werden:

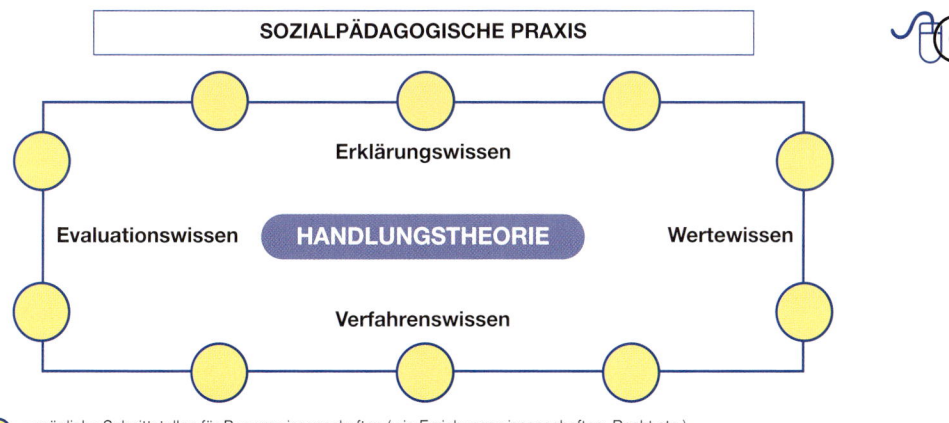

Modell einer Handlungstheorie für die Sozialpädagogik (modifiziert nach: Miller, 2001, S. 24)

1. *In welchen Fächern Ihrer Ausbildung erhalten Sie zu welchen Wissensbereichen welche Inhalte? Welche Inhalte fehlen Ihnen gegebenenfalls?*

2. *Stellen Sie mögliche Vernetzungen und Schnittstellen an Beispielen aus Ihrer Ausbildung und an Beispielen aus der sozialpädagogischen Praxis dar.*

3. *Welche Anforderungen ergeben sich aus den Wissensbereichen für die Gestaltung der Praxisphasen in der Ausbildung zur Erzieherin?*

4. *Welche Aufgaben kommen hierbei den Praxisstellen bzw. den Praxisanleitern zu?*

Diese Grundlagen zum Handeln in der Sozialpädagogik können abschließend im Hinblick auf sechs Rahmenkriterien gebündelt werden (vgl. Speck, 2003, S. 377 f.):

- **Professionalität**, als Forderung an sozialpädagogisches Handeln nach bestimmten fachlichen Kriterien und Standards zu agieren. Diese sollten auch im konkreten Praxisfeld umzusetzen sein.

- **Personalität**, als grundlegende Wahrnehmung der Selbstorganisation und Autonomie aller Handelnden.

- **Kommunikativität**, als ein Handlungsmodus, welcher emotional auf Beziehungen ausgerichtet ist, sich auf die Wechselwirkungen und Abhängigkeiten von Erleben und Verhalten im konkreten Handlungsfeld einstellen kann und auf einen gegenseitigen Verständigungsprozess (gemeinsamer) Interessen zielt.

- **Ganzheitlichkeit**, als holistische Wahrnehmung und holistischer Prozess, welche alle Ebenen und Zusammenhänge einer Praxis und eines Handlungsfeldes umfasst.

- **Wissenschaftlichkeit**, als Beobachtung und Überprüfung der Praxis nach wissenschaftlichen Maßstäben, aber auch als Orientierung der Wissenschaft an den Notwendigkeiten der Praxis.

- **Ethische Verantwortlichkeit**, als Auseinandersetzung mit den Sinndimensionen des Lebens und Handelns, als Achtung vor dem Leben des anderen.

Diese Kriterien stellen in der Realität ein integratives und vernetztes Modell dar, welches „vor allem der wachsenden Komplexität der professionellen Situation heute entspricht" (Speck, 2003, S. 378):

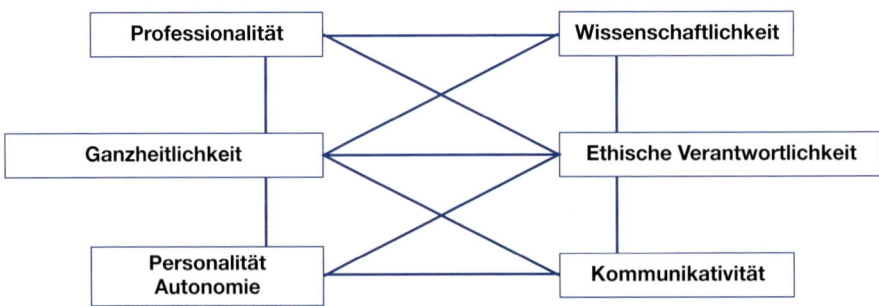

Rahmenkriterien für professionelles Handeln (in: Speck, 2003, S. 378)

1. *Stellen Sie diese Rahmenkriterien in einen Zusammenhang mit den Aussagen des Kapitels 1.2. Was fällt Ihnen hierbei auf? Wo gibt es Überschneidungen? Wo Unterschiede?*

2. *Wie kann in der Sozialpädagogik das Kriterium der Wissenschaftlichkeit realisiert werden? Stellen Sie mögliche Ideen hierzu an Beispielen dar.*

3. *Welche Kritik kann an dem Kriterium der Ganzheitlichkeit geübt werden? Begründen Sie Ihre Meinung möglichst ausführlich.*

1.4 Praxiskompetenzen – oder: Was muss ich in der Praxis alles können?

Im Mittelpunkt der Erfahrungen und Lernfelder der sozialpädagogischen Praxis stehen der Erwerb und die Modifikation von Kompetenzen. Der Begriff der Kompetenz beschreibt hierbei das Wissen und Können, somit die Befugnis, welche eine Person im Hinblick auf ein bestimmtes Tätigkeitsfeld mitbringt bzw. im Vorfeld erlernen sollte. Welche Kompetenzen sind für die Praxis der Sozialpädagogik relevant? Mindestens folgende Kompetenzen sollten in den Praxisfeldern beschrieben und verfolgt werden (vgl. Gröschke, 1997, S. 119):

■ Die **instrumentelle Kompetenz** oder auch die **Methodenkompetenz**; hierbei handelt es sich um das Beherrschen von Methoden und beruflichen Fähigkeiten sowie um das Ausübenkönnen von Verhaltensroutinen und Techniken.

■ Die **soziale Kompetenz**, welche das Verstehen des anderen im Prozess des gemeinsamen sozialpädagogischen und erzieherischen Handelns beschreibt. Es geht hierbei vor allem darum, sich in den Handlungspartner hineinzuversetzen, also empathisch zu sein. Auf der anderen Seite sind aber auch das Einhalten der beruflichen Rollen und somit der Erhalt der Rollendistanz relevant. Das Problem der Nähe und Distanz im sozialpädagogischen Alltag muss an dieser Stelle thematisiert werden. Die sozialpädagogisch Tätige darf somit nicht zu sehr in ihren beruflichen Prozessen aufgehen, sie sollte sich nicht zu stark von den Erfahrungen und Erlebnissen der Praxis vereinnahmen lassen. Auf der anderen Seite ist aber auch eine zu starke Distanz nicht sinnvoll, da sie im direkten Kontakt mit den Kindern und Jugendlichen tätig werden muss. Eine ausgewogene Beziehungsgestaltung stellt somit eine notwendige Basis und Voraussetzung für dieses Handeln dar.

■ Die **reflexive Kompetenz** oder auch die **Selbstkompetenz**; diese Kompetenz zielt auf den bewussten Umgang mit den intersubjektiven Anteilen in den professionellen Handlungen. Hierzu ist eine Kenntnis der eigenen biografischen Anteile und Merkmale unabdingbar. Die Intersubjektivität und das Wissen um die eigene Geschichte verwirklichen sich durch die Prozesse der Selbstreflektion der Person. Hierdurch ist die sozialpädagogisch Tätige dazu in der Lage, eine fachlich begründete Position einzunehmen, aber auch in bestimmten Situationen mögliche Widersprüche des beruflichen Alltags aushalten zu können.

■ Die **Fachkompetenz**; diese Kompetenz fasst sozusagen die anderen drei Kompetenzbereiche zusammen. Die sozialpädagogisch Tätige ist also in der Lage, fachliches Wissen aus den unterschiedlichsten Referenzwissenschaften und Fächern anzuwenden sowie spezifisches Wissen für ihr konkretes Handlungsfeld abzurufen. Zudem verfügt sie hierbei und hierdurch über die schon oben skizzierte Schnittstellenkompetenz.

Diese grundlegenden Kompetenzen sind nicht getrennt voneinander zu sehen, sondern sie verweisen im konkreten Praxisvollzug aufeinander und gehen ineinander über:

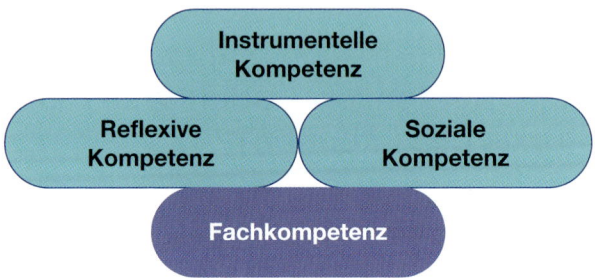

Grundlegende Kompetenzen der sozialpädagogischen Praxis

Zu diesen Kompetenzen können jetzt weitere Bausteine aufgeführt werden, mit welchen diese in der Praxis der Sozialpädagogik realisiert werden.

Im Hinblick auf die **soziale Kompetenz** ist z. B. an folgende Umsetzungsmöglichkeiten zu denken (vgl. Wellhöfer, 2004, S. 116–220):

■ Wie kommunizieren und interagieren alle Beteiligten miteinander?

■ Wer steuert wie welche Gespräche?

■ Welche Beziehungsmuster werden hierbei unter Umständen deutlich?

■ Wie wird mit Konflikten und Krisen umgegangen?

■ Welche Vermeidungsstrategien gibt es bei der einzelnen Mitarbeiterin oder in der Gruppe?

■ Wer leitet ein Team oder eine Gruppe und mit welchem Stil findet diese Leitung statt?

■ Wie werden Mitarbeiterinnen motiviert? Wie werden sie demotiviert?

■ Wie wollen Mitarbeiterinnen motiviert werden?

■ Wie geben Mitarbeiterinnen ihre Bedürfnisse an die Leitungsebene weiter?

■ Wie erleben sich die einzelnen Gruppen oder Teams?

■ Wie und wodurch entstehen Teil- oder Projektgruppen?

■ Wer sorgt sich wie um die Verbindung dieser Gruppen zur Gesamtorganisation?

Zum Bereich der **reflexiven Kompetenz** lassen sich folgende Themen benennen (vgl. Wellhöfer, 2004, S. 17–115):

■ Wie erlebt die einzelne Mitarbeiterin Stress?

■ Wie kann sie diesen im Kontext ihres Handlungsfeldes artikulieren?

■ Wie und wodurch erfährt die Gruppe oder das Team Stress? Wie drückt sich dieses wiederum aus?

■ Wie geht die einzelne Mitarbeiterin mit ihrer Zeit um? Bringt sie sich ohne Rücksicht auf sich und ihre Außenwelt in die Arbeit ein oder ist ihr der Umgang mit der Zeit, im Sinne eines eher unkontrollierten Umgangs hiermit, scheinbar egal?

■ Wie und wodurch organisiert das Team die gemeinsame Zeit?

■ Wie gelingt es der Mitarbeiterin, die Situationen des Alltags realitätsgerecht und professionell zu bewerten und mit diesen Bewertungen perspektivisch tätig zu werden?

■ Wie nehmen sich die einzelnen Mitarbeiterinnen und Nutzer einer Einrichtung gegenseitig wahr?

■ Wie und wodurch werden diese Wahrnehmungen zum (gemeinsamen) Gegenstand professioneller Reflektion?

■ Wodurch bekommt die Kreativität der einzelnen Mitarbeiterinnen im Kontext einer Einrichtung ihren Raum?

■ Wie trägt diese Kreativität dazu bei, die Probleme des Alltags zu lösen?

Im Bezug auf die **instrumentelle Kompetenz** lassen sich folgende Themenbereiche skizzieren:

■ Welche Methoden bringt eine Mitarbeiterin für eine bestimmte Aufgabe mit?

■ Welche werden aber gegebenenfalls von ihr in der Einrichtung erwartet?

■ Wie hoch sind die Ansprüche an einer Methode oder einer Methodenkompetenz in einer Einrichtung?

■ Welche Methoden sollen gegebenenfalls wie verändert werden? Und wodurch kann dieses geschehen?

■ Gibt es in einer Einrichtung unterschiedliche Ebenen und Wichtigkeiten der methodischen Kompetenz und wie werden diese kommuniziert?

■ Wie und wodurch werden diese Methoden evaluiert?

■ Wie werden methodische Ergebnisse dokumentiert?

Die Fachkompetenz einer Mitarbeiterin bündelt jetzt die unterschiedlichen Teilkompetenzen. Zudem kann aber auch die Fachkompetenz einer gesamten Einrichtung betrachtet und ausgearbeitet werden.

Aufgaben

1. *Stellen Sie zu jedem Kompetenzbereich Beispiele aus der sozialpädagogischen Praxis vor.*

2. *An welchen Schnittstellen kann es zwischen diesen Kompetenzbereichen gegebenenfalls zu Problemen kommen? Wodurch könnten diese entstanden sein? Wie lassen sich diese beheben?*

3. *Was erwarten Sie von einer sozialpädagogischen Einrichtung im Hinblick auf die Unterstützung Ihrer Kompetenzen? Was muss in einer solchen Einrichtung schon an Kompetenzen vorhanden sein? Welche würde Sie gern einbringen oder modifizieren? Wovon ist dieses jeweils abhängig?*

Übung

Stellen Sie in einem Rollenspiel folgende Situation dar: Sie sind zu einem Vorstellungsgespräch geladen. Es soll in einer Kindertagesstätte eine Gruppenleiterstelle besetzt werden und Sie sind in die engere Auswahl gekommen. Am Gespräch nehmen die Leiterin, ein Vertreter der Elternschaft und zwei eventuell zukünftige Teamkollegen teil. Versuchen Sie, die Gesprächspartner von Ihren umfangreichen Kompetenzen zu überzeugen. – Wechseln Sie nach jedem Durchgang des Rollenspiels die Rollen und tauschen Sie sich über Ihre Erfahrungen aus.

1.5 Praxiskonzepte – oder: Welche Konzepte gibt es in der Praxis?

Die Handlungen, welche in den unterschiedlichsten beruflichen Feldern als Fähigkeiten angewendet werden, können in Konzepten zusammengefasst werden. In diesem Kapitel werden zuerst grundlegende Erörterungen zum Konzeptbegriff vorgenommen. Im Anschluss hieran wird das Selbstkonzept der sozialpädagogisch Tätigen konkreter erläutert, da dieses eine unabdingbare Grundlage für die dann folgenden Aussagen der Kapitel 1.6 (Praxismethoden) und 1.7 (Praxistechniken) darstellt.

Zum Konzeptbegriff

Der Begriff des Konzeptes stammt ursprünglich aus dem Lateinischen (conceptum) und bezeichnet hier die Dinge und Inhalte, welche in Worten abgefasst und ausgedrückt werden können. Das Verfassen eines Planes oder eines Vorhabens kann somit als die eigentliche Wortbedeutung skizziert werden. Auch der Begriff der Konzeption deutet hierauf hin, bezeichnet er doch u. a. den Entwurf eines noch zu schaffenden Werkes. Die Bezeichnung „Konzept" wird somit zuerst vielfach und eher wenig systematisch dort verwandt, „wo Aussagen über ein umgrenztes Gebiet mehr oder weniger regelhaft strukturierter sozialer Handlungsmuster in gegebenen sozialstrukturellen und institutionellen Verhältnissen gemacht werden" (Gröschke, 1997, S. 115). Konzepte fassen also, auf dieser ersten Stufe der Definition, Absichten, Ziele und Begründungen von Handlungen in bestimmten Kontexten zusammen.

Wird jetzt eine Erzieherin danach gefragt, was sie gerade mache und worauf sie dieses zurückführe, so hat sie Stellung dazu zu beziehen, ihre professionellen Handlungen systematisch und strukturiert darzustellen und deren Sinnhaftigkeit zu begründen. Dieses sollte auf dem Hintergrund von wissenschaftlichen und für die Alltagsgestaltung relevanten Grundlagen geschehen. Des Weiteren sollte dieses so vorgestellte Konzept zur Person, welche es ausfüllt und lebt, passen. Es sollte, konstruktivistisch gesprochen, viabel sein. Mit Gröschke müssen solche Konzepte dazu beitragen, die Lebenswirklichkeit der betroffenen Personen zu erleichtern und sie in schwierigen Situationen zu begleiten. Er definiert Konzepte wie folgt:

> Konzepte, wie ich sie [...] verstehe, als Brücken zwischen (wertabstinenter) allgemeiner Theorie und wertgeleiteter konkreter Berufspraxis, bilden eine Einheit von an Personen gebundenen Kognitionen (Fachwissen), wertenden Stellungnahmen (‚Gewissen'), Motiven (Absichten, Zielen) und Interaktionsbeziehungen zwischen mindestens zwei Personen. Diese beiden Personen sind nicht beliebig austauschbar; vielmehr ist das Handlungsergebnis (Zielkomponente des Konzepts) wesentlich von der ‚Stimmigkeit' des Passungsverhältnisses zwischen Person und Konzept (‚Authentizität') abhängig.

(Gröscke, 1997, S. 115)

In der Darstellung und Realisation von Konzepten geht es somit primär um die Bewusstwerdung, Klärung und Darstellung von personenbezogenen und -relevanten Zielen und Inhalten des je konkreten professionellen Handelns. Erst in der Folge können dann mögliche didaktisch-methodische Anwendungen erarbeitet und umgesetzt werden. Es erscheint beinahe paradox, dennoch ist die Reflektion der konzeptionellen Schritte vor deren Umsetzung eine unabdingbare Notwendigkeit des professionellen Handelns. Werden also die (persönlichen und organisationsbezogenen) Inhalte und Ziele auf diesem Hintergrund in den Blick genommen und geklärt, schützt dieses das fachliche Tun vor kurzschlüssigen Handlungen (vgl. Gröschke, 1997, S. 115 f.). Diese Aussagen können grafisch folgendermaßen wiedergegeben werden:

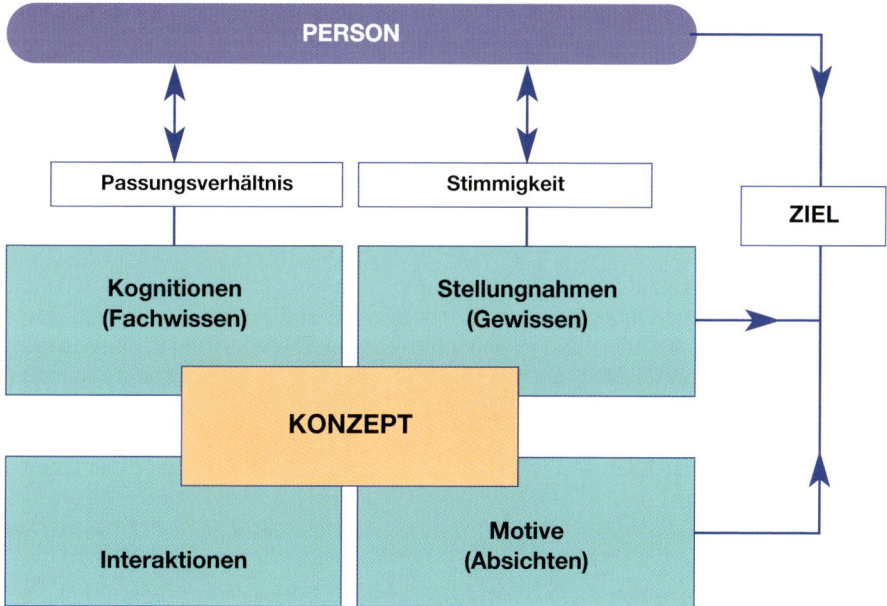

Verhältnis zwischen Konzept und Person

An dieser Stelle schließt sich erneut die Argumentation zum Handeln und zum Handlungsbegriff an (vgl. Kapitel 1.3): Eine professionelle Handlung sollte bewusst und zielgerichtet sein, sie verfolgt einen Plan und ist in einem sozialen Geschehen eingefasst.

Eine Handlungsfolge (welche dann wiederum konzeptionell begründet ist) verbindet äußere Aktivitäten und innere kognitive Abbildungen (Repräsentationen), sodass zwischen beiden eine ausgeprägte Wechselbeziehung entsteht. Die Kognitionen repräsentieren hierbei die Informationen aus den unterschiedlichen Systemebenen des Menschen (wie Wahrnehmungs-, Denk-, Gefühls-, Wertesystem und Körperempfinden), sie sind sozial vermittelt, da sie immer in sozialen Kontexten erfahren und mit weiteren Personen geteilt worden sind. Auf diesem Hintergrund erfährt dann das konzeptionelle Handeln drei relevante Aspekte und Ausprägungen:

- den **manifesten Aspekt**, also das, was eine Person konkret macht

- die **kognitive Repräsentation**, also was sie sich dabei denkt und was sie fühlt

- die **soziale Bedeutung**, also die Bewertung der Handlung durch die Umwelt (vgl. Gröschke, 1997, S. 116)

Diese drei Aspekte gehen im konkreten Vollzug ineinander über und sind wechselseitig miteinander verschränkt:

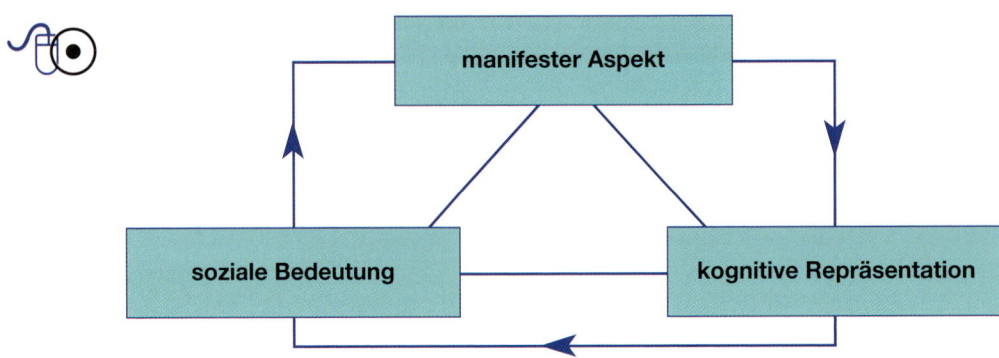

Drei Aspekte konzeptionellen Handelns

Konzeptionelles Handeln in der Sozialpädagogik ereignet sich somit immer in einem gesellschaftlich-historischen Kontext zwischen zwei Personen (der sozialpädagogisch Tätigen und dem Kind/dem Jugendlichen/dem Nutzer). Die Handlungen dieser beiden sind immer aufeinander bezogen, sodass „jeder der beiden Partner seine Lebensgeschichte, seine Wahrnehmungen, seine Situationsdeutungen, Gefühle, Motive und Werte einfließen lässt. Im Falle einer ‚Passung' kooperieren beide im gemeinsamen Prozess [...]" (Gröschke, 1997, S. 118). Dieses Verständnis eines Handlungskonzeptes in der Sozialpädagogik hat für die konkrete Praxis mindestens zwei Vorteile (vgl. Gröschke, 1997, S. 118):

- Der Mensch, mit welchem die Kommunikation im Feld der Pädagogik erfolgt, erfährt sich nicht in einer ausschließlich passiven und abhängigen Rolle, er ist nicht das Objekt des Handelns eines anderen;

- auf der Seite der sozialpädagogisch Tätigen sorgt dieses Verständnis des Handelns dafür, dass die Inhalte und Ziele ihres professionellen Handlungskonzeptes (Wissen, Gewissen und Motive) von ihrer Person zusammengefasst und getragen werden.

1. *Stellen Sie an Beispielen die Vernetzung von Kognitionen, Stellungnahmen, Motiven und Interaktionen dar. Beziehen Sie sich hierbei auf unterschiedliche Konzepte der Sozialpädagogik.*

2. *Diskutieren Sie die Möglichkeit oder Unmöglichkeit, auf diesem Hintergrund konkrete Ziele zu formulieren und umzusetzen.*

3. *An welchen Stellen und wie kann es zu einer Unstimmigkeit, also zu keiner Passung, zwischen Person und Konzept kommen? Worauf kann dieses zurückgeführt werden? Wie lässt sich diese Problematik lösen?*

4 *Stellen Sie an konkreten Konzepten die drei Aspekte konzeptionellen Handelns (manifester Aspekt, kognitive Repräsentation, soziale Bedeutung) dar. Sind diese drei Aspekte gleichrangig oder überwiegt ein Aspekt in einer bestimmten Handlungssituation? Wovon ist dieses jeweils abhängig? Begründen Sie Ihre Meinung ausführlich.*

5. *Wodurch können die o. g. Vorteile eines solchen Konzeptverständnisses zu Nachteilen werden? Begründen Sie Ihre Aussagen auch anhand von Beispielen aus der Praxis.*

Zum Selbstkonzept

Ein relevanter Aspekt des Konzeptbegriffes stellt die Differenzierung und Konkretisierung des Selbstkonzeptes dar. Dieses wirkt ein auf die schon genannten Ebenen der Person und der Bedeutungen und Repräsentationenbildungen. Worum handelt es sich hierbei aber konkret? Um das Selbstkonzept einer Profession zu bestimmen, erscheinen (mindesten) zwei Fragen relevant (vgl. Greving, 2002, S. 14–24):

■ Was ist ein „**Selbstkonzept**"?

■ Was ist ein „**Selbst**"?

Zur ersten Frage: **Was ist ein „Selbstkonzept"?** Eine mögliche Antwort hierauf besteht in der Selbstwahrnehmung und Reflektion folgender Ebenen:

■ „Ich **habe** ein Selbst-**Konzept**"; dieses beschreibt die eher abstrakten Symbole einer Selbstwahrnehmung. Obwohl sie symbolisch abstrahiert sind, stellen sie das konkret wahrnehmbare Selbst einer Person nach außen hin dar (wie der Beruf, die äußere Erscheinung, mögliche Rollen, der Status, der Habitus etc.).

■ „Ich **bin Selbst**-Konzept"; dieser Ansatz bezeichnet die subjektive Seite eines Selbstwerdungsprozesses. Hierbei steht die Erlebensseite eines Menschen im Mittelpunkt: seine individuelle Geschichte, sein persönliches Erfahren von Echtheit, seine affektiven Prägungen, seine Krisenmomente etc.

■ „Ich **entwickle** ein Selbstkonzept"; dieses beschreibt die fortwährende und sicherlich z.T. auch diskontinuierliche Entwicklung des Selbst eines Menschen auf dem Hintergrund der ersten beiden Ebenen.

■ „Wir **kommunizieren unsere** Selbstkonzepte"; dieses deutet auf die sich nie allein vollziehende Entwicklung des Menschen hin. Dieser ist in allen Phasen seiner Entwicklung und Lebensvollzüge auf Interaktion und Kommunikation, auf Begegnung und Beziehung angewiesen und verwiesen.

Eine Betrachtung und Ausformung des Selbstkonzeptes von Erzieherinnen und Sozialpädagoginnen haben also immer die unterschiedlichen, aber kommunizierbaren Betrachtungen auf dem Hintergrund der historischen Entstehung und geschichtlichen Verfasstheit dieser Selbstkonzepte zu bedenken. Geschieht dieses nicht, kommt es unter Umständen zu Einseitigkeiten oder schlimmstenfalls zu Dogmatisierungen, welche Innovationen und Modifikationen verhindern können. Selbstkonzepte würden in einem solchen Fall an den gesellschaftlichen oder organisatorischen Klippen zerschellen. Eine authentische Entwicklung und Abstimmung professioneller Selbstkonzepte wären nur noch mit Einschränkungen möglich.

Zur zweiten Frage: **Was ist ein „Selbst"?** Hierauf hat die Psychologie im Verlauf der letzten Jahrzehnte vielfältige Antworten versucht. Erkenntnisleitend waren hierbei die Ansätze der Entwicklungs- und der Persönlichkeitspsychologie. Diese können folgendermaßen zusammengefasst werden:

Das Selbst stellt das Fundament der Entwicklung eines Menschen dar. Bestimmte Selbstempfindungen sind erheblich früher als die konkrete Selbstbewusstheit und die Sprache verfügbar. Diese Empfindungen beeinflussen die Entwicklung und die Selbstsicht einer Person. Zudem begründen sie die Bildung früher Kommunikations- und Repräsentationsstrukturen. Dieses Fundament des „Selbst" ist selbstverständlich nicht als abgeschlossen zu betrachten, im Gegenteil: Es bildet sich weiterhin durch Erfahrungen fort, welche als aktive Selbsterfahrungen beschrieben werden können. Hierbei wird einerseits das Selbst stabilisiert. Dieses ereignet sich natürlich vor allem dann, wenn eine positiv zu beschreibende Entwicklung stattgefunden hat. Andererseits verändert es sich jedoch auch permanent. Dieser Prozess geschieht mehr oder weniger unbewusst und in seinem Vollzug erschafft sich das Selbst als ein mögliches Zentrum der inneren Welt der Person. Es wird zum Mittelpunkt ihrer Wahrnehmungen und Empfindungen.

Auf dem Hintergrund dieser kurzen psychologischen Skizze kann das Selbst somit als ein aufgegebener Prozess der personalen Entwicklung bezeichnet werden:

■ aufgegeben, da der Mensch diesen Prozess zu realisieren hat und ihn auch in hohem Maße selber prägen muss;

■ personal- und entwicklungsgebunden, da er zwar individuell und subjektiv bestimmt, aber beständig in geschichtliche und gesellschaftliche Verhältnisse eingebunden ist und durch diese Entwicklungsmomente beeinflusst wird.

In Bezug auf ein professionelles Selbstkonzept für die Sozialpädagogik ist abschließend also festzustellen, dass das Selbstkonzept als prozessorientiertes Handlungsmodell im Spannungsfeld individueller und berufsfeldspezifischer Ansprüche realisiert wird und sich immer wieder in diesem bewähren muss:

Selbstkonzept als prozessorientiertes Handlungsmodell

Aufgaben

1. *Welche Elemente Ihres Selbstkonzeptes sind Ihnen bekannt?*

2. *Wie und wodurch möchten Sie Ihr professionelles Selbstkonzept entwickeln und erweitern? Was möchten Sie keinesfalls in und mit Ihrem Selbstkonzept realisieren?*

3. *Stellen Sie individuelle und berufsfeldspezifische Ansprüche eines Selbstkonzeptes anhand von Beispielen Ihrer Praxis dar.*

4. *Welche Kritik ist an diesem Modell des Selbstkonzeptes zu üben? Begründen Sie Ihre Meinung ausführlich.*

Welche Elemente können grundlegend bedacht und realisiert werden, um ein professionelles Selbstkonzept für die Sozialpädagogik zu begründen? Wenn Konzepte als Brücken zwischen theoretischen und praktischen Elementen und Aspekten verstanden werden, so müssen die folgenden Aspekte eben diese Brückenfunktion konkretisieren. Der Entwurf eines Selbstkonzeptes für sozialpädagogisch Tätige hat hierbei folgende vier Dimensionen zu beachten und weiter zu konkretisieren:

■ **die historische Dimension**, in und durch welche das Bewusstsein der Sozialpädagogik begründet und fortgeführt wird. Das Selbstkonzept der sozialpädagogisch Tätigen hätte hierbei Erziehung und (Sozial-)Pädagogik als ein nie abgeschlossenes Projekt an und mit den Entwicklungen, aber auch den Grenzen und Begrenzungen menschlichen Lebens zu begreifen;

■ **die sozialpolitische Dimension**, in welcher das Mandat der Sozialpädagogik in den Blick genommen wird. Sozialpädagogik ist also immer eine sozialpolitische Tätigkeit im historischen Kontext. Sie hat beständig Stellung zu beziehen zu den gesellschaftlichen Fragen und Themen in und mit welchen sie tätig wird;

■ **die bildungspolitische Dimension**, in welcher ausbildungspolitische Fragen zu stellen und zu beantworten sind. Sozialpädagogik konkretisiert sich hierbei in der Verknüpfung der Ebenen der „Theorie", der „Konzepte" und der „Persönlichkeit" – sie hat hierbei sowohl die Vollzüge dieser Elemente bei den Lehrenden als auch bei den Lernenden zu bedenken;

■ **die berufspolitische Dimension**, in welcher die eigentliche Professionalität konkretisiert und aktualisiert wird. Sozialpädagogik realisiert sich hierdurch als Beruf in immer wieder neu gelebter und gestalteter Interdisziplinarität.

Diese Dimensionen können grafisch wie folgt dargelegt werden:

Dimensionen eines Selbstkonzeptes in der Sozialpädagogik (stark modifiziert nach: Greving, 2002, S. 24)

Aufgaben

1. Wie und wodurch erfahren Sie in Ihrem beruflichen Selbstkonzept die vier oben dargestellten Dimensionen?

2. Wie werden diese Dimensionen in den Ihnen bekannten sozialpädagogischen Einrichtungen realisiert?

1.6 Praxismethoden – oder: Wie viele Wege führen zum Ziel?

Der Begriff der Methode stammt ursprünglich aus dem Griechischen und bezeichnet dort (als „methodos") einen Weg oder eine Straße, welche zu einem ganz bestimmten Ziel führt. Diese Bedeutung hat sich bis heute erhalten, sodass eine Methode als geregelte Art und Weise, welche ein konkretes Ziel verfolgt, bezeichnet werden kann. Diese Methode kann gelehrt und erlernt werden und setzt in der praktischen Umsetzung eine gewisse Übung voraus.

In diesem Sinne sind Methoden eingrenzbare, wiederholbare spezifische Handlungsmuster, in denen Wissen, Können und Sollen eingeschlossen sind:
– Wissen: Worauf beruht die Wirkung der Methode?
– Können: Wie wende ich sie erfolgreich an?
– Sollen: Was soll sie bezwecken/bewirken?
Dabei ist das Ziel/der Zweck absolut vorgängig.

(Gröschke, 1997, S. 260 f.)

Methoden können auf diesem Hintergrund als Mittel des Handelns bezeichnet werden. Sie sind hierbei gegenstands- und bereichsspezifisch, d. h., sie sind immer auf eine konkrete Fragestellung oder Thematik des professionellen Handelns bezogen und hierauf anzuwenden. Zudem gehen sie von einem je subjektiven und individuellen Selbstverständnis des Handelnden aus. Des Weiteren sind Methoden, auf dem Hintergrund ihrer Ziel- und Zweckorientierung, erfolgskontrolliert. Das Problem, welches hierbei entsteht, ist, dass sie recht rasch zu strategischen und instrumentellen Verfahren werden können, welche ausschließlich bestimmten Nützlichkeitskriterien unterliegen (vgl. Gröschke, 1997, S. 264). Der Weg von einer (so falsch verstandenen) Methode zu einer Sozialtechnologie ist somit ein recht kurzer. Damit der erzieherisch oder sozialpädagogisch Tätige nicht dieser Gefahr unterliegt, hat er seine Methoden immer wieder auf dem Hintergrund der konkreten Interaktionen zu überprüfen. Diese Interaktion stellt somit das Bewährungsfeld der Methode dar: Der Erzieher „muss sich von dem Interaktionsprozess, den seine Methode initiiert, mitreißen lassen, gleichzeitig im Sinne methodischer Selbstkontrolle jedoch stets den Überblick über das Geschehen behalten […] Die Qualität und Intensität dieser Wechselwirkung, dieser Interaktion, ist das allen […] (heilerziehungspflegerischen) Methoden gemeinsame (meta-)methodische Wirkprinzip, ihr gemeinsamer Nenner" (Gröschke, 1997, S. 266).[1]

Wie können die unterschiedlichen Methoden in der Sozialpädagogik zusammengefasst werden? Kobi (vgl. 2004, S. 342–359) macht hierzu (für die Heilpädagogik) einen Vorschlag. Diesem soll im Weiteren – mit einigen Modifikationen – gefolgt werden. Er bezeichnet Methoden als Umgangsformen und unterteilt sie in vier grundlegende Richtungen (wobei die erste nicht von ihm benannt wird; er setzt für die Heilpädagogik hierbei die „Behandlung" bzw. die Therapie an diese Stelle):

■ Methoden der Erziehung, welche darauf ausgerichtet sind, einen (zumeist jungen) Menschen in seiner Entwicklung zu begleiten und sein Verhalten (in Teilen) zu modifizieren.

■ Methoden der Organisation, welche darauf ausgerichtet sind, „die Umweltverhältnisse (hauptsächlich im Nahbereich) nach Art und Umfang an die funktionelle Beeinträchtigung zu adaptieren, sodass die störende Diskrepanz zwischen Anforderungen und Bedürfnissen einerseits und Kompetenz und Befriedigungsmöglichkeiten andererseits aufgehoben oder doch abgeschwächt wird" (Kobi, 2004, S. 349).

■ Methoden der Schulung, welche darauf ausgerichtet sind, einem Menschen die wichtigen und notwendigen Kompetenzen zu vermitteln. Dieses geschieht durch das Bereitstellen und Überprüfen von Wissen und Fertigkeiten.

■ Methoden der Erfahrungsannäherung, in welchen es zu einer Annäherung der Erfahrungen zwischen allen am sozialpädagogischen Prozess beteiligten Personen kommt.

---

[1] Dies gilt in gleichem Maße für sozialpädagogische Handlungsweisen.

Diese vier methodischen Ausrichtungen können wie folgt in einen gemeinsamen Kontext gesetzt werden:

Akkomodation der zu Erziehenden an die vorgegebene Personen- und Sachwelt durch ■ Merkmalsveränderung und/oder ■ Kompetenzerweiterung	**Assimilation** der Sach- und Personenwelt durch ■ Umgebungsanpassung und/oder ■ Einstellungs- und ■ Verhaltensänderung an die Bedürfnisse und Möglichkeiten der zu Erziehenden
Objekt-Sach-Ebene Objektivierter Merkmalsbestand **Adaptive Methoden:** Zielen auf Kongruenz	Entwicklung begleiten und Merkmale positiv verändern druch **Erziehung**	spezifische Umgebungsgestaltung durch **Organisation**
Subjekt-Person-Ebene Subjektivierte Erfahrungsweisen **Diskursive Methoden:** Zielen auf Konkordanz	Beeinträchtigungen überwinden oder mildern durch **Schulung/Unterricht**	Interpersonale Einstellungs- und Verhaltensänderung durch **Erfahrungsannäherung**

Mögliche methodische Ausrichtungen (stark modifiziert nach: Kobi, 2004, S. 343)

Aufgaben

1. *Stellen Sie diese methodischen Ausrichtungen an Beispielen aus der sozialpädagogischen Praxis dar.*

2. *Welche Methoden kommen in den Ihnen bekannten sozialpädagogischen Einrichtungen recht häufig vor, welche sind dort kaum zu finden? Worin könnte das jeweils begründet sein?*

3. *Welche Methoden bevorzugen Sie und warum?*

4. *Kann „Erziehung" tatsächlich als Akkomodation auf der Objekt-Sach-Ebene bezeichnet werden? Was spricht dafür? Was spricht eher dagegen? Begründen Sie Ihre Meinung ausführlich.*

Welche Methoden werden in der Sozialpädagogik realisiert? Mit Galuske (vgl. 2003, S. 161 ff.) können folgende Methoden benannt werden:

- **Sozialpädagogische Beratung**; hierunter ist das Verändern von belastenden Situationen gemeint. Diese Form der Beratung beginnt zwar bei zwei Personen, bezieht aber die Lebensumstände der Handelnden mit ein.

- **Klientenzentrierte Gesprächsführung**; dieses ist ein psychotherapeutisches Verfahren, welches ohne Deutungen versucht, Voraussetzungen für eine verbale Selbstanalyse des Klienten zu schaffen.

■ **Multiperspektivische Fallarbeit**; diese Methode geht davon aus, dass sozialpädagogisches Handeln einen bewussten Perspektivenwechsel zwischen unterschiedlichen Bedingungen und Bedingtheiten (wie z. B. den pädagogischen, den therapeutischen, den organisatorischen eines sog. „Falles") verlangt.

■ **Case-Management**; diese Methode hat die Kernfunktion, den Klienten in koordinierter Art und Weise für sie relevante Dienstleistungen (welche zur Lösung von Problemen beitragen können) zur Verfügung zu stellen.

■ **Mediation**; diese relativ neue Methode beschreibt die Lösung eines Konfliktes durch einen zumeist neutralen Dritten, welcher die Parteien im Hinblick auf ihre Lösungsversuche unterstützt.

■ **Rekonstruktive Sozialpädagogik**; diese zielt auf den Zusammenhang aller Methoden, welche im Feld der Sozialpädagogik das Verstehen und die Interpretation der Wirklichkeit in den Mittelpunkt des Interesses stellen.

■ **Familientherapie**; diese Bezeichnung ist der Sammelbegriff für die pychotherapeutischen Ansätze, welche zu einer Veränderung problematischer Familiensysteme und -situationen beitragen.

■ **Familie im Mittelpunkt**; dieses ist ein Programm zur Krisenintervention, um die Herausnahme von Kindern aus Familien zu vermeiden bzw. einer möglicherweise kriminellen Laufbahn von Jugendlichen vorzubeugen.

■ **Erlebnispädagogik**; diese Methode zielt auf die Erweiterung des Handelns von Personen unter der Prämisse einer möglichst hohen Echtheit und Ernsthaftigkeit der jeweiligen Situation.

■ **Themenzentrierte Interaktion (TZI)**; dieses ist eine pädagogisch-therapeutisch orientierte Methode der Gruppenarbeit. Ihr zentrales Strukturprinzip ist die Balance zwischen Subjekt, Gruppe, Thema und Umwelt.

■ **Empowerment**; diese methodische Orientierung bezieht sich auf alle Prozesse der Ermächtigung von Personen in für sie ohnmächtig machenden Situationen. Sie sollen lernen, ihre eigenen Kräfte und Kompetenzen (wieder) zu entdecken, um so selber Lösungen zu erarbeiten.

■ **Streetwork**; diese klassische Methode der Sozialpädagogik beschreibt eine aufsuchende Arbeit, d. h., die Sozialpädagogin begibt sich in die Lebensumfelder ihrer jeweiligen Zielgruppe, indem sie deren informelle Treffpunkte (Parks, Kneipen, Discos etc.) aufsucht, um dort mit ihnen tätig zu werden.

■ **Soziale Netzwerkarbeit**; hierunter versteht man ein Handlungsmodell, welches auf die Verbesserung der Unterstützungsnetzwerke der Klienten ausgerichtet ist. Hierdurch sollen die Selbsthilfemöglichkeiten der Klienten erweitert werden.

■ **Supervision**; dieses bezeichnet einen Beratungsprozess, in welchem ein Berufserfahrener einem nicht so Erfahrenen zu einer erweiterten Professionalität verhilft.

■ **Selbstevaluation**; dieses bezeichnet den Prozess der Untersuchung der Ergebnisse des eigenen beruflichen Handelns.

■ **Sozialmanagement**; dieses Konglomerat an methodischen Orientierungen bezeichnet das Erlernen von Kompetenzen in den Bereichen der Organisationsentwicklung, des Controllings sowie des Qualitätsmanagements.

■ **Jugendhilfeplanung**; diese wird verstanden als Methode zur Gestaltung und Entwicklung der Handlungsfelder in der Jugendhilfe. Sie verfolgt das Ziel, positive Lebensbedingungen für Jugendliche und ihre Familien zu realisieren.

Diese Methoden können des Weiteren in einen sinnvollen Zusammenhang gestellt, d. h. geordnet, werden. Galuske (vgl. 2003, S. 165–170) geht hierbei von folgender Aufteilung aus:

■ Direkt interventionsbezogene, d. h., klientenbezogene Konzepte und Methoden; diese lassen sich aufteilen in die Felder

■ der einzelfall- und primärgruppenbezogenen Methoden und in diejenigen

■ der gruppen- und sozialraumbezogenen Methoden

■ Indirekt interventionsbezogene Methoden sowie

■ Struktur- und organisationsbezogene Methoden

Diese Aufteilung kann grafisch folgendermaßen dargestellt werden:

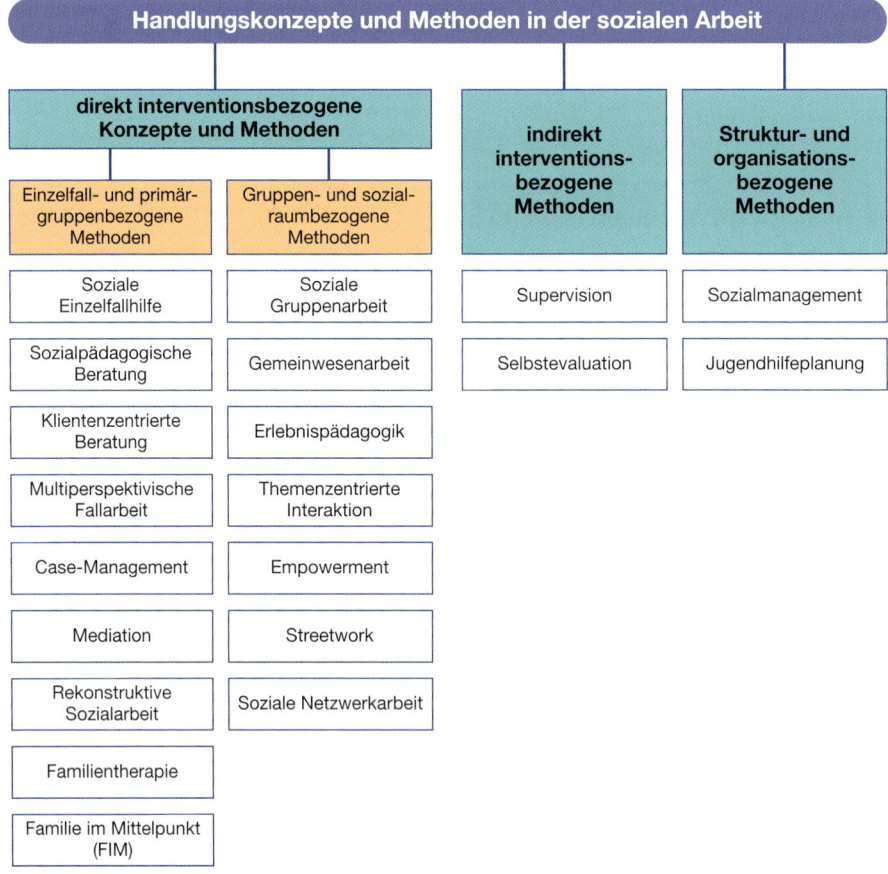

Handlungskonzepte und Methoden in der Sozialen Arbeit (in: Galuske, 2003, S. 167)

1. Welche dieser Methoden haben Sie in Ihren Praxisfeldern bereits kennen gelernt? Stellen Sie diese im Klassenverband (als Referat) vor.

2. Informieren Sie sich über die Ihnen nicht bekannten Methoden. Vergleichen Sie Ihre Ausarbeitungen miteinander. Was stellen Sie hierbei fest?

3. Welche Kritik kann gegebenenfalls an welchen Methoden geübt werden? Begründen Sie Ihre Meinung ausführlich.

4. Vergleichen Sie diese Methoden mit dem oben dargestellten Modell nach Kobi (vgl. S. 37/38). Welche Übereinstimmungen und welche Unterschiede fallen Ihnen auf? Welche Methoden lassen sich welchen methodischen Ausrichtungen zuordnen?

1.7 Praxistechniken – oder: Was jemand tatsächlich kann

In diesem Kapitel soll abschließend kurz auf die Techniken in und für die sozialpädagogische Praxis eingegangen werden. Der Technikbegriff erscheint im Kontext des Verständnisses von Praxis als recht problematisch, deutet er doch hin auf das Machen an und mit dem anderen. Der Irrweg zu einer Sozialtechnologie ist hierbei nicht sehr fern. Die pädagogisch Tätige hat sich somit in den konkreten Ausprägungen immer wieder mit dem eigentlichen Tun auseinander zu setzen, damit dieses eben nicht zu einem rein technischen Vollzug gerät, pädagogische und pflegerische Prozesse sozusagen in der Routine des Alltags erstarren. Was ist denn aber eigentlich eine Technologie? Mit Gröschke können folgende Punkte hierzu benannt werden (vgl. Gröschke, 1997, S. 139):

Eine Technologie ist der gesamte Bestand an Wissen, welcher mit den Kenntnissen der Wissenschaft übereinstimmt und der mithilfe von wissenschaftlichen Methoden überprüft werden kann. Zudem kann eine Technologie dazu verwendet werden, bestimmte Vorgänge oder Objekte für den Zweck der Erreichung eines relevanten Zieles zu kontrollieren, zu modifizieren oder zu erschaffen. Damit aber eine Technik abgewendet werden kann, benötigt der Handelnde/der Praktiker bestimmte Regeln. Hierunter können Handlungsmaximen bzw. Aufforderungen verstanden werden, in ganz bestimmten Situationen so und nicht anders tätig zu werden, damit bestimmte Ziele erreicht werden können. Die Praxistauglichkeit der einzelnen Techniken oder Technologien „lässt sich in Form bedingter Wahrscheinlichkeiten als ‚Effektivitätswerte' berechnen" (Gröschke, 1997, S. 139). Auch hierbei muss der heilerziehungspflegerische Praktiker die Gefahr im Blick haben, dass sein Tun, wenn es zu sehr technologisch dominiert ist, zu einem reinen instrumentellen Handeln zu werden droht. Dieses ist mit den beziehungsorientierten Tätigkeiten sowie mit den Prämissen einer konstruktivistischen Sichtweise von Praxis nicht vereinbar. Eine ausschließlich an Techniken orientierte Praxis schließt somit eine Beziehungsgestaltung weitestgehend aus:

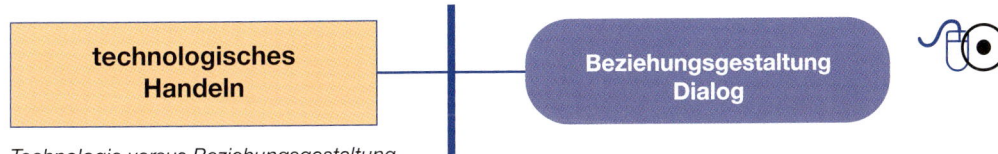

| technologisches Handeln | Beziehungsgestaltung Dialog |

Technologie versus Beziehungsgestaltung

Techniken weisen in der Sozialpädagogik somit eine Ambivalenz auf: Auf der einen Seite wird an ihnen und durch sie deutlich, was jemand tatsächlich kann (welche Techniken er beherrscht), auf der anderen Seite führen sie gegebenenfalls aber auch dazu, dass die konkrete Beziehungsarbeit mit den Menschen aus dem Blick gerät. Dieses Spannungsverhältnis gilt es in der Praxis der Sozialpädagogik und der Erziehung zu erkennen und auszuhalten – eine vollständige Auflösung dieses Zustandes ist jedoch nicht möglich.

Aufgaben

1. *Welche Techniken beherrschen Sie und an welchen Stellen blockierten diese die konkrete Beziehung zu den Menschen, mit denen Sie tätig waren?*

2. *Wie müssen Techniken modifiziert werden, damit es nicht zu einer Technokratisierung sozialpädagogischen Handelns kommt?*

3. *Stellen Sie mögliche Effektivitätswerte von sozialpädagogischen Techniken dar.*

4. *An welche Grenzen oder Problemfelder sind Sie bei der Beantwortung der Frage 3 gestoßen? Wie könnten diese überwunden werden?*

Praktika – erlebte Praxis!

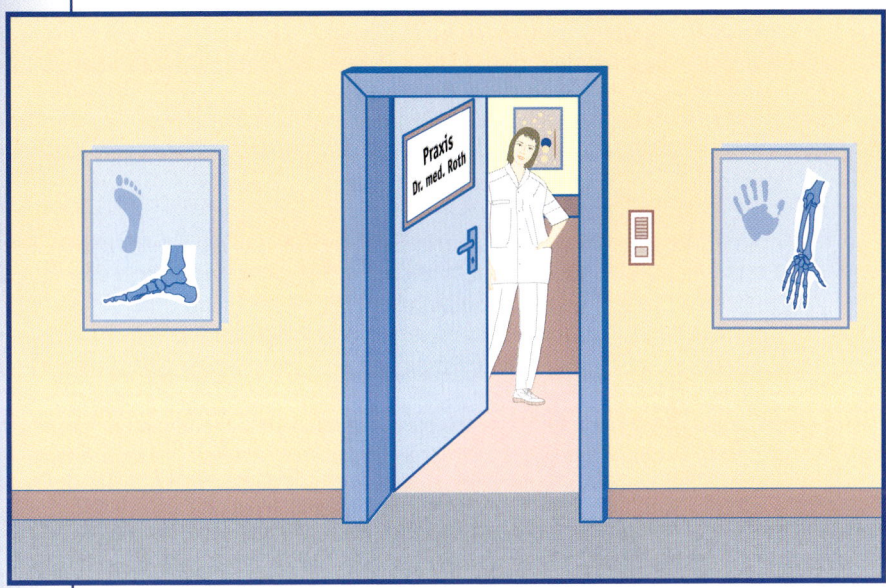

- *Wo kann ein Praktikum geleistet werden?*

- *Was soll vor Beginn eines Praktikums beachtet werden?*

- *Wie werden Praktikantinnen angeleitet?*

- *Wie wird ein Praktikum bewertet?*

In diesem Kapitel werden zunächst einige allgemein gültige **Angaben zu Praktika** gemacht. Anschließend werden mögliche Einsatzorte für mehrwöchige Praktika vorgestellt, und zwar in den Bereichen: **Kindertagesbetreuung und Heimerziehung**. Dabei werden allgemeine Merkmale des jeweiligen Tätigkeitsfeldes erläutert und spezielle Aufgaben für dort tätige Praktikantinnen angeboten.

Inhaltlich zusammengehörende Absätze schließen in der Regel mit **Aufgaben**. Sie sind manchmal so komplex, dass sie für Praktikantinnen den Charakter von **Leistungsnachweisen** haben werden. In diesen Fällen sollen bei den betreuenden Lehrkräften unbedingt zuvor nähere Angaben zu den Kriterien der **Leistungsbewertung** erfragt werden. Definitionen und Erklärungen zu den **Leistungsnoten** von „sehr gut" bis „ungenügend" werden nachfolgend im Kapitel 2.1 gegeben.

In einem **Praktikum** werden sich die Schülerinnen mit einer zukünftigen Berufsrolle als Erzieherin auseinander setzen können. Im Gegensatz zum schulischen, eher theoriegeleiteten Lernen, was sich bekanntlich „Stück für Stück" von einfach bis schwierig entwickelt und sich durch Verbindungen verschiedener Fächer und Inhalte verkomplizieren kann, ist die Realität im Praktikum eine andere: Der Charakter des „Lernfeldes Praktikum" ist, dass hier „das Leben" vom ersten Moment an in seiner gesamten Kompliziertheit und Komplexität erfahren wird. Diese gleichzeitige Fülle von Anforderungen gilt es wahrzunehmen, zu selektieren und zu ordnen. Von Anfang an ergeben sich in einem Praktikum Aufgaben des Erlebens, der Beobachtung, der Beschreibung, der Handlung oder Nichthandlung und schließlich auch Momente des Innehaltens und Reflektierens. Zu Beginn wird eine Fachkraft der Einrichtung der Praktikantin helfend zur Hand gehen. Sie wird während des gesamten Praktikums als Anleiterin fungieren und gleichzeitig als Kontaktperson von der Fachschule regelmäßig angesprochen. Die Fachschule benennt eine Lehrkraft mit den Aufgaben einer schulischen Praktikumsbegleitung und Praktikumsbewertung.

Aufgaben

1. *Was bedeutet für Sie „Praxis in der Sozialpädagogik"?*

1. *Was bedeutet für Sie „Theorie der Sozialpädagogik"?*

2. *Wo haben Sie in der Ausbildung bereits Verknüpfungen von Theorie und Praxis erfahren? Wie hat Ihnen dabei die Theorie in der Praxis geholfen? Wie hat Ihnen dabei die Praxis für die Theorie geholfen?*

3. *Wo bzw. wie informiert man sich über mögliche Praktikumsplätze?*

2.1 Was man vor Beginn eines Praktikums beachten soll

Man sollte wissen, wie man sich bei der gewünschten Praktikumsstelle bewirbt, was man am Einsatzort des Praktikums lernen kann, wie die Leistungen im Praktikum bewertet werden und ob ein persönlichkeitsorientiertes Beurteilungsraster üblich ist.

2.1.1 Schriftliche Praktikumsvorbereitung – ein Leistungsnachweis

Fertigen Sie einen schriftlichen Leistungsnachweis zu Ihrem bevorstehenden Praktikum im ersten Ausbildungsjahr an. Stellen Sie Ihre Gedanken und Vorstellungen, die Sie mit Ihrem Praktikum verbinden, dar. Es ist eher unerheblich, ob Sie bereits wissen, wo Sie Ihr Praktikum ableisten werden. Wahrscheinlich fällt Ihnen der Leistungsnachweis sogar leichter, wenn Sie noch keinen Praktikumsplatz haben. Beschreiben Sie Ihre Erwartungen, Hoffnungen, Wünsche, aber auch die Befürchtungen. Stellen Sie Überlegungen hinsichtlich der Menschen an, die Sie am Praktikumsort erwarten. Folgende Fragestellungen sollen Sie dabei berücksichtigen:

- In welchem Bereich möchten Sie Ihr Praktikum gerne ableisten? Warum?

- Welche Einrichtungen dieser Art sind Ihnen bereits bekannt? Wie haben Sie diese erlebt?

- Was wissen Sie ganz allgemein bereits über Einrichtungen dieser Art?

- Was möchten Sie zuvor noch erfahren?

- Beschreiben Sie den Weg Ihrer bisherigen Bewerbungen. Ist die beworbene Stelle Ihre favorisierte Praxisstelle?

- Welche Wünsche haben Sie an das bevorstehende Praktikum? Was wollen Sie an dieser Praxisstelle lernen?

- Was nehmen Sie sich für dieses Praktikum vor? Was erwarten Sie von sich selbst? Was möchten Sie gerne selber ausprobieren?

- Woran werden Sie erkennen, dass das Praktikum für Sie erfolgreich verlaufen ist?

- Welche Erwartungen und Hoffnungen haben Sie an die zu betreuenden Kinder oder Jugendlichen?

- Was erhoffen Sie sich von den Mitarbeiterinnen?

- Welche Befürchtungen haben Sie? Welche Probleme erwarten Sie? Was soll nicht passieren? Was können Sie tun, wenn ihre Befürchtungen tatsächlich eintreten?

Der Leistungsnachweis wird vom Praxislehrer einige Wochen vor Beginn des Praktikums bewertet. Beschreiben Sie

- anschaulich,
- umfassend,
- inhaltlich bedeutsam und
- nachvollziehbar.

Der Leistungsnachweis ist erfüllt, wenn

- deutlich wird, dass Sie sich intensiv mit dem bevorstehenden Praktikum auseinander gesetzt haben,
- die genannten Aufgaben/Fragen von Ihnen berücksichtigt wurden,
- er zum vereinbarten Termin abgegeben wurde,
- weitere formale Vereinbarungen eingehalten wurden (Mindestseitenzahl usw.),
- die Rechtschreibregeln eingehalten wurden.

2.1.2 Bewerbung

Manchmal genügt ein Telefonat, und schon hat man den gewünschten Praktikumsplatz. Meistens aber will die zuständige Leiterin der angefragten Einrichtung sich ein persönliches Bild von der Bewerberin machen und lädt zu einem Gespräch ein. Manchmal folgt noch eine anschließende Hospitation. Grundlage für dieses Gespräch ist dann in der Regel ein zuvor eingereichtes Bewerbungsschreiben. Falls diese schriftliche Form der Bewerbung gewünscht wird, hier einige Tipps:

- Nicht per E-Mail bewerben
- Bewerbungsunterlagen schriftlich – also „auf Papier" – einreichen
- Keine Fettflecken oder Eselsohren
- Kein liniertes oder kariertes Papier verwenden
- Unterlagen nicht einzeln in Klarsichtfolien stecken
- Keine (gebrauchten) Schnellhefter verwenden – aber auch
- Keine „protzigen" Bewerbungsmappen
- In eine Bewerbungsmappe gehören in der Regel
  - Ein Anschreiben
  - Vorgaben oder sonstige Mitteilungen der ausbildenden Fachschule
  - Ein kurzer Lebenslauf
  - Das letzte Zeugnis
  - Eventuell Dokumente zu Ehrenämtern oder anderen interessanten Engagements, Kurse o. Ä. (Wer sich engagiert oder Talente hat, sollte damit nicht angeben, sie aber auch nicht verbergen!)
- Handschriftliche Anschreiben oder Lebensläufe sind „out"
- Tabellarischer Lebenslauf, auch ein „rückwärts" geschriebener Lebenslauf kann interessant wirken (also zuerst die Gegenwart bis zurück zur Geburt)
- Lebenslauf und Anschreiben nicht kopiert verschicken

- Verwenden Sie ein wenig Mühe für das Anschreiben. In wenigen Sätzen sollen Sie hier deutlich machen:
  - Warum Sie sich in dieser Einrichtung bewerben
  - Welche Tätigkeiten Sie warum interessieren
  - Warum Sie glauben, dass Sie sich für dieses Praktikum eignen
- Zeugnis oder andere Dokumente stets kopiert verschicken
- Unentschuldigte Fehlzeiten oder schlechte Zeugnisnoten nicht übergehen, sondern versuchen zu erklären
- Falls ein Foto dabei liegt, kein altes Foto und auch kein „Automatenfoto" verwenden
- Den Adressaten fehlerlos und exakt anschreiben
- Anschreiben auf eine Seite begrenzen
- Keine Rechtschreib-, Grammatik- oder Satzzeichenfehler
- Keine „flapsige" und auch keine „gestelzte" Sprache verwenden

Wenn man ein großes Interesse hat, einen gewünschten Praktikumsplatz zu erhalten, so kann man es sich in der Regel nicht leisten, nur auf den persönlichen Eindruck in einem Bewerbungsgespräch zu setzen. Erfragen Sie zuvor, wer in der Einrichtung über die Vergabe der Praktikumsplätze zu entscheiden hat, und schreiben Sie diese Person mit Namensnennung direkt an. Falls dem Entscheidungsträger mehrere Bewerbungen vorliegen, und das wird bei interessanten Praktikumsfeldern die Regel sein, so entscheiden manchmal Kleinigkeiten über die Vergabe. Es sollte bedacht werden, dass jemand, der über die Besetzung von (Praktikums-)Stellen entscheidet, in erster Linie an **aussagekräftigen** Bewerberunterlagen interessiert ist. Wer etwas Gutes und Interessantes zu bieten hat, der sollte dies auch bereits in seiner schriftlichen Bewerbung mitteilen. Dabei entscheidet nicht selten der erste Eindruck. Schlechte, schlampige, unvollständige und fehlerhafte Unterlagen gehen schnell zurück an den Absender. Bedenken Sie: Wem viele Bewerbungen für eine Praktikumsstelle vorliegen, der wird sich nicht länger als ein paar Minuten mit jeder einzelnen Bewerbung beschäftigen.

Aufgaben

1. *Wie bewirbt man sich um einen Praktikumsplatz? Informieren Sie sich in einschlägigen Ratgebern zum Thema „Bewerbungen". Genügt ein Telefonat, ein formloses Anschreiben oder soll eine Bewerbungsmappe zusammengestellt werden? Informieren Sie sich bei verschiedenen Einrichtungen in der Umgebung.*

2. *Stellen Sie eine eigene Bewerbungsmappe zusammen. Was muss sie beinhalten? Wie verfasst man ein Bewerbungsschreiben? Wie verfasst man einen Lebenslauf? Welche Dokumente gehören mit in eine Bewerbungsmappe für einen Praktikumsplatz?*

3. *Sollte man in einem Bewerbungsschreiben bereits detaillierte Einsatzwünsche angeben (z. B. „Ich möchte gerne in einer integrativen Kindergruppe arbeiten")? Was spricht dafür, was spricht dagegen?*

4. *„In einem Bewerbergespräch entscheiden Spontaneität, Natürlichkeit und vor allem eine gute Vorbereitung" – Was ist damit gemeint?*

4. *Wie bereitet man sich auf eine Hospitation vor?*

5. *Wie sollte man als Schülerin reagieren, wenn das Bewerbungsgespräch oder die Hospitation während der Schulzeit gewünscht wird?*

2.1.3 Lerninhalte

Ein Praktikum dauert – je nach Vorgaben der Fachschule – mehrere Wochen, einige Monate oder sogar ein ganzes Jahr. Innerhalb dieser Zeit findet nur sporadisch sonstiges Ausbildungsgeschehen wie Unterricht, Lernen in Kleingruppen oder Prüfungen statt. In der Regel werden die Wünsche der Fachschule in allgemeinen Papieren „zum Praktikum" den Schülerinnen und den Einrichtungen zugänglich gemacht. Diese Papiere bieten alle Informationen, die z. B. ein Kindergarten benötigt, um entscheiden zu können, ob die Aufgaben einer Praktikumsanleitung wahrgenommen werden können. Ein solches Informationspapier könnte folgende Inhalte haben:

Die Praktikantin soll in dem Praktikum:

■ Die Einrichtung kennen lernen
   – Zielsetzungen und Konzepte beachten
   – Geschichte zur Kenntnis nehmen
   – Grundlegende Strukturen erfassen – z. B. Trägerschaft, Finanzierung, Leitungen, Befugnisse
   – Nach Möglichkeit in weiteren Bereichen hospitieren oder diese besuchen – z. B.
   – Therapie-, Beratungs-, Freizeit-, Arbeitsbereiche
   – Die umgebenden Gemeinde-, Verkehrs- oder sonstigen sozialen Anbindungen erfassen

■ Die Kinder oder Jugendlichen und deren Leben in der Einrichtung kennen lernen
   – In einer Phase der Einarbeitung größtmögliche Anleitung erfahren
   – Strukturen des Tages oder der Woche kennen lernen und in die eigene Arbeit als Praktikantin integrieren
   – Die Beziehungen, die die Kinder oder Jugendlichen untereinander und zu den Mitarbeiterinnen besitzen, erkennen, respektieren und in der eigenen Arbeit berücksichtigen
   – Die Gewohnheiten und die außergewöhnlichen Besonderheiten aller Kinder oder Jugendlichen beachten

■ Die Arbeit im Team erfahren
   – Die allgemeinen und speziellen Aufgaben aller Teammitglieder kennen lernen
   – An Teamgesprächen und ausgewählten anderen Gesprächsformen teilnehmen
   – Methoden der Teamarbeit und der Zusammenarbeit mit anderen Bereichen in der Einrichtung erfahren
   – Die Bedeutung von Absprachen und Übereinkünften erfassen

■ Sozialpädagogisches Arbeiten kennen lernen
   – Weisungen befolgen
   – Methoden der pädagogischen Anleitung und Begleitung kennen lernen
   – Die sozialpädagogischen Fachkräfte begleitend unterstützen
   – Sich über kurz- und langfristige Ziele informieren, die mit verschiedenen Methoden verfolgt werden
   – Schwierige Situationen (z. B. Konflikte, soziale Isolation oder negativ auffallende Aggressionen) wahrnehmen und sich beim Anleiter im Praktikum über hilfreiche Maßnahmen informieren
   – Beobachtungs- und andere Dokumentationssysteme kennen lernen
   – Verwaltungstechnische Aufgaben kennen lernen

■ Arbeitsabläufe im Praktikumsbereich mitgestalten
  – Nach Absprache mit der Anleiterin in alltagsrelevanten Arbeitsbereichen unter-
    stützend tätig sein
  – In Arbeitsbereichen mit verschiedenen Arbeitszeiten (z. B. Schichtdienste, Wo-
    chenenddienste) die Geschehnisse zu verschiedenen Tages- oder nach Abspra-
    che auch in Nachtzeiten erfahren
  – Eigene Talente, Interessen oder Fähigkeiten (z. B. in gestaltenden, musikalischen,
    spielerischen oder sportlichen Bereichen) nach vorheriger Absprache mit der An-
    leiterin einbringen
  – Nach Absprache mit der Anleiterin in bestimmten Arbeitsbereichen oder in klar
    umrissenen Situationen eigenverantwortlich tätig sein

■ Sozialpädagogisches Handeln reflektieren
  – Unbekanntes hinterfragen
  – Mit der Anleiterin in regelmäßigen Abständen die eigenen Tätigkeiten besprechen
  – Rückmeldungen zum eigenen Tun einfordern, positive und negative Kritik be-
    rücksichtigen
  – Eigene Meinungen begründen und eigene Standpunkte vertreten

---

Aufgaben

1. Was bedeutet „Trägerschaft" einer Einrichtung?

2. Was bedeutet „Finanzierung" einer Einrichtung?

3. „Die Bedeutung von Absprachen und Übereinkünften erfassen" – Was ist damit gemeint?

4. Was bedeutet „Strukturen des Tages und der Woche kennen lernen"? Was könnte unter den „allgemeinen und speziellen Aufgaben aller Teammitglieder" verstanden werden?

5. Nennen und beschreiben Sie „Methoden der sozialpädagogischen Begleitung
   und Assistenz". Informieren Sie sich dazu in der eingeführten Schul- und Fachliteratur.

6. Was bedeutet „Assistenz", insbesondere in der Arbeit mit behinderten Menschen? Informieren Sie sich.

7. Was unterscheidet „besondere" von „allgemeinen oder alltäglichen Maßnahmen"?

8. Was können „schwierige Situationen" in der sozialpädagogischen Arbeit sein?
   Beschreiben Sie einige mögliche Geschehnisse. Was könnte dabei „schwierig"
   für eine Praktikantin sein?

9. Haben Sie selber schon einmal eine „schwierige Situation" durchlebt? Falls ja,
   wie ist sie verlaufen? Wie haben Sie sich verhalten? Was hat man Ihnen danach
   mitgeteilt? Was haben Sie nachvollziehen können? Was war Ihnen neu? Was
   haben Sie daraus gelernt?

10. „Das Erleben einer schwierigen Situation kann prägend sein für den Verlauf ei-
    nes ganzen Praktikums." Warum wohl?

11. Welche „verwaltungstechnischen Aufgaben" könnten Sie als Praktikantin, z. B. in einem Kindergarten, erleben?

12. Was versteht man unter Dokumentationssystemen bzw. unter „Dokumentationssystematik"?

13. Welche Fähigkeiten oder Interessen in Bereichen der Musik, des Spiels oder des Sports haben Sie? Warum könnten diese Fähigkeiten in einem Praktikum von Interesse sein? Falls Sie keine derartigen Fähigkeiten haben bzw. diese bei sich selber nicht vermuten, warum könnten Sie dann trotzdem für einen erzieherischen Beruf geeignet sein?

14. Vor welchen Problemen könnte man stehen, wenn man die eigene Meinung vertreten soll? Welche Fähigkeiten können dann helfen? Wie kann man überzeugend wirken?

15. Was bedeutet eine „Weisung bekommen"? Finden Sie einige relevante Beispiele. Was macht man, wenn man diese Weisung nicht versteht? Und was, wenn man diese nicht akzeptiert?

2.1.4 Leistungsbewertung

Im Praktikum wird sich die angehende Erzieherin mit den typischen beruflichen Anforderungen in einer sozialpädagogischen Einrichtung für Kinder oder Jugendliche vertraut machen. Gleichzeitig wird die Fachschule Praktikumsaufgaben verlangen. Diese Aufgaben werden als Leistungsnachweise mit Schulnoten bewertet. Damit wird ein Praktikum nicht nur zu einer persönlichen Erfahrung der Auszubildenden, sondern auch zu einer sachlichen und zielgerichteten Ausbildungsnotwendigkeit. In der Regel werden die Noten von der praxisbegleitenden Lehrkraft der Fachschule gegeben und verantwortet. Eine Anleiterin der Einrichtung kann bei der Leistungsbewertung eine Rat gebende Rolle spielen, letztendlich wird sie aber nicht die Verantwortung für die Note haben.

In einer Ausbildung müssen Leistungen stets zusammengefasst werden, z. B. als
– Leistung der Mitarbeit am Ende einer Schulstunde,
– Teilleistungen einer schriftlichen Arbeit,
– mündliche Überprüfung,
– Zeugnis am Ende eines Schuljahres,
– als komplexe Leistung einer zuvor bekannten Aufgabenstellung im Praktikum.

Die Leistungsbewertung muss so formuliert sein, dass die Aussage sowohl für die „Beurteilte" als auch für Dritte klar und unmissverständlich erkenntlich ist. Das System, das hierzu benutzt wird, ist das bekannte Notenschema von „sehr gut" bis „ungenügend". Mit diesem Bewertungsschema werden Misserfolge und Erfolge in größtmöglicher Knappheit zum Ausdruck gebracht. Prägnant sollen Leistungen für alle Beteiligten „auf den Punkt" gebracht werden. Die Beurteilungen können sich sowohl nach dem allgemeinen Stand der Ausbildung als auch nach den zuvor geäußerten speziellen Leistungsanforderungen richten. Eine Note ist zunächst einmal das Kennzeichen, ob die Ausbildung überhaupt weitergeführt werden darf oder nicht. Aber vor allem zeigt sie an, mit welcher **Qualität** die gewünschten oder erhofften Leistungen erbracht wurden.

Stets gibt es auf der einen Seite die zu Beurteilende, deren Aufgabe es ist, Leistungen zu zeigen. Auf der anderen Seite steht ein beurteilender Lehrer, dessen Aufgabe es ist, die Leistungsanforderungen zuvor zu benennen und nach Kenntnisnahme begründet zu bewerten. Eine praktikumsanleitende Fachkraft der Einrichtung wird diese Leistungen des Praktikanten ebenfalls zumeist erkennen und wird in der Regel um Meinungen oder Stellungnahmen angefragt.

Die Note in einem pädagogischen Arbeitsfeld ist stets rationaler Ausdruck eines eher „*irrationalen*", weil subjektiven oder lediglich intrasubjektiv überprüfbaren Geschehens. Was z. B. als Endresultat einer Aufgabenstellung mit einem „*befriedigend*" objektiv erscheint, ist in der subjektiven Wahrnehmung des „Notengebenden" eine Gesamtheit höchst unterschiedlicher Eindrücke. Hinzu kommen vom Lehrer gern gesehene und damit erwünschte Merkmale der Persönlichkeit der Praktikantin oder bestimmte ethische Grundhaltungen, die erkennbar gezeigt werden sollen. Ob z. B. „Empathie (Einfühlungsvermögen)" oder ein Vorleben bestimmter christlicher Überzeugungen erwünscht ist, sollte in Vorgesprächen zwischen Lehrer, Anleiterin und Praktikantin erfragt werden. Und selbst wenn hier Klarheit herrscht, muss noch Klarheit geschaffen werden, wie diese Anspruchshaltungen in eine Leistungsnote einfließen. Manchmal bringen diese schwierigen Unwägbarkeiten einen Lehrer oder eine Anleiterin bei Bewertungen dahin, die „*Tendenz zur Mitte*" zu wählen (man ist relativ zufrieden mit der Praktikantin). Doch wenn etwas konfliktreich zu sein scheint (und das sind Persönlichkeitsmerkmale oder Grundhaltungen schnell einmal), dann werden viele Lehrer keinesfalls davor scheuen, Eindrücke als überzeugte Meinung auch in *extrem positive* oder in *besonders negative* Noten münden zu lassen. Es bleibt immer und nach wie vor eine Frage der Begründungen wie man ein „*sehr gut*", „*gut*", „*mangelhaft*" oder „*ungenügend*" für die Praxis vertreten kann.

Im erzieherischen Arbeitsfeld gibt es alltäglich eine Fülle von Unwägbarkeiten und Überraschungen, die das eigene Tun stark prägen. Und was im eigenen Selbstverständnis „richtiges" Tun ist, scheint für den einen Beobachter „falsch" zu sein und für einen Dritten irgendwo „dazwischen". Das subjektive und unvorhersehbare Geschehen mit Maßstäben einer Leistungsüberprüfung zu bemessen ist die zu bewältigende Aufgabenstellung für Lehrer, die „Praxis im Praktikum" gerecht und nachvollziehbar benoten müssen.

Manchmal fehlt bei der Praktikantin die Einsicht in die Richtigkeit oder Rechtmäßigkeit der Bewertung. Eine Beurteilung scheint zu einer „Verurteilung" zu werden. Rechtsmittel werden erwogen. Und aus einer Protesthaltung heraus erwächst Energie, die vielleicht besser bereits zuvor in die verlangte Aufgabenstellung investiert worden wäre.

Wie bereits erwähnt, ist es auch im Praktikum üblich, die Leistungen mit Noten von „1" bis „6" zu bewerten. Allgemein gilt für die Notenskala:

- sehr gut: eine außerordentliche Leistung mit Auszeichnung
- gut: eine fehlerlose Leistung
- befriedigend: eine zufrieden stellende Leistung
- ausreichend: eine noch genügende Leistung
- mangelhaft: eine nicht mehr genügende Leistung
- ungenügend: keine oder eine völlig unzureichende Leistung

Noten können dabei wie folgt begründet werden:

„Sehr gut"
wird gegeben, wenn die Leistungen oder Verhaltensweisen den Anforderungen in besonderem Maße entsprechen. Dies ist der Fall, wenn die Praktikantin in ihren Vorbereitungen, ihrem Tun, ihrem Wissen zum Thema, ihrer Reflektionsfähigkeit und ihrer Selbstständigkeit besonders souverän, übersichtlich, detailliert, kenntnisreich und fundiert agiert und damit über die Note „gut" hinausragt. Die Note „sehr gut" ist eine Auszeichnung, die nur selten vergeben wird. Eine bessere Leistung kann nicht erbracht werden.

„Gut"
wird gegeben, wenn die Leistungen oder Verhaltensweisen den Anforderungen im Rahmen des Ausbildungsstandes voll entsprechen. Dies ist der Fall, wenn die Praktikantin die gestellte Aufgabe verantwortungsvoll, zuverlässig, umfassend, selbstständig und im Wesentlichen fehlerfrei erledigt. Die Note „gut" bescheinigt eine hervorzuhebende starke, fehlerlose Leistung.

„Befriedigend"
wird gegeben, wenn die Leistungen oder Verhaltensweisen im Allgemeinen den Anforderungen entsprechen. Dies ist der Fall, wenn die Praktikantin die übertragene Aufgabe weit gehend ordentlich und ohne größere Fehler erledigt. Ein „Befriedigend" bescheinigt eine allgemeine Zufriedenheit mit der gezeigten Leistung und ist eine positive Bewertung.

„Ausreichend"
wird gegeben, wenn die Leistungen oder Verhaltensweisen einige Mängel erkennen lassen, aber im Ganzen gesehen den Anforderungen noch entsprechen. Ein „Ausreichend" bescheinigt noch genügende Leistungen. Fähigkeiten zur positiven Entwicklung können angenommen werden. Die Verbesserung zu einer Leistung, die mit einer positiven Note bewertet werden kann, sollte angestrebt werden.

„Mangelhaft"
wird gegeben, wenn die Leistungen oder Verhaltensweisen den Erwartungen nicht entsprechen. Es ist aber zumindest noch erkennbar, dass die Praktikantin Grundlagen und Interessen vorweisen kann. Die Mängel müssen in absehbarer Zeit behoben werden. Ansonsten wird die Ausbildung nicht in der vorgesehenen Zeit beendet sein. Die Note „mangelhaft" ist ein deutliches Signal, das von allen an der Ausbildung Beteiligten wahrgenommen werden soll. Eine gezielte Beratung durch die Anleiterin und begleitende Lehrkraft ist nötig.

„Ungenügend"
wird gegeben, wenn die Praktikantin trotz Vereinbarung keine Leistungen zum geforderten Zeitpunkt erbringt. Die Note wird auch dann erteilt, wenn die gezeigten Leistungen oder Verhaltensweisen den Anforderungen in keiner Weise entsprechen. Es sind darüber hinaus keine nötigen Grundlagen erkennbar. Die Mängel können aller Voraussicht nach in absehbarer Zeit nicht behoben werden. Die Note „ungenügend" im Praktikum ist gleichzusetzen mit dem dringenden Rat, die Ausbildung nicht weiter zu führen. Die Note kann auch erteilt werden, wenn das Praktikum durch fahrlässiges oder sonstwie schuldhaftes Verhalten der Praktikantin abgebrochen werden muss.

1. *Was kann man tun, wenn man sich ungerecht benotet fühlt? Was sollte man in einem solchen Fall eher nicht tun? Welche Rechtsmittel gibt es gegen eine Note?*

2. *Wenn man sich mit einem Anleiter nicht versteht, was wäre wann dagegen zu tun?*

3. *Wenn man einen Lehrer nicht akzeptiert oder nicht versteht, was wäre wann dagegen zu tun?*

4. *Wie kann es gelingen, die eigenen Anteile am Nichtverstehen oder an der fehlenden Akzeptanz bewusst wahrzunehmen?*

2.1.5 Zwei Einschätzbögen

In manchen Einrichtungen gibt es standardisierte und damit erprobte Raster zur Beurteilung von beruflichen Leistungen. Das kann aus folgenden Gründen geschehen:

- Als Beurteilungsgrundlage am Ende einer Probezeit

- Als jährliches Zielvereinbarungsgespräch zwischen Mitarbeiterinnen und Leiterin

- Als regelmäßiges Gespräch zur Leistungskontrolle (Soll-Ist-Vergleiche) zwischen Gruppenleiterin und Mitarbeiterinnen

- Aus Gründen der Leitungsbeteiligung bzw. Mitsprache an Entscheidungen für Mitarbeiterinnen

- Als Instrument zur Selbstkontrolle

Ein Beurteilungsraster oder Einschätzbogen kann verschiedenen Zwecken im Rahmen eines Praktikums dienen:

- Es kann ein allgemeines Instrument zum Abgleich von der Fremdwahrnehmung einer „Beurteilerin" (hier: Anleiterin) und der Selbstwahrnehmung einer „zu Beurteilenden" (hier: Praktikantin) sein.

- Es kann eine inhaltliche Richtschnur („roter Faden") für ein Reflektionsgespräch am Ende eines Praktikums sein.

- Es kann Grundlage zur Formulierung eines Gutachtens oder einer sonstigen qualitativen Praktikumsbescheinigung sein.

- Es kann für die Praktikantin ein allgemeiner Hinweis auf ihre derzeitige berufliche Eignung sein und ihr Hinweise über noch fehlende Fähigkeiten geben.

- Es kann zuvor mit der Schule vereinbart werden, dass die Anleiterin ein Beurteilungsraster ausfüllt und es vor der Rückgabe an die Schule von der Leiterin der Einrichtung bzw. ihrer direkten Vorgesetzten unterschreiben lässt.

Der Einschätzbogen kann zum Ende des Praktikums ausgefüllt werden. Besser aber ist es, wenn man sowohl zur ungefähren Hälfte (oder zum Ende einer Probezeit) als auch zum Ende des Praktikums je ein Raster ausfüllt. Entwicklungen können damit verdeutlicht und noch ermöglicht werden und bei einer eventuellen Leistungsbewertung durch den Lehrer Berücksichtigung finden.

Nachfolgend werden zwei Einschätzbögen für die Praktikantin, die Anleiterin, die Vorgesetzte der Anleiterin und den Praxislehrer dargestellt; bei der Vorgehensweise ist Folgendes zu beachten:

■ Es wird kurz überlegt, wie man die einzelnen Begriffe versteht und kreuzt dann (nach Möglichkeit) in jeder Reihe einen Kreis nach bestem Wissen und Gewissen an.

■ Der Einschätzbogen wird (als Formular) sowohl von der Praktikantin als auch von der Anleiterin ausgefüllt.

■ Die Anleiterin legt ihr ausgefülltes Formular der Dienstvorgesetzten zur Unterschrift vor.

■ Die Praktikantin legt ihr selbst ausgefülltes Formular dem Lehrer vor. Anschließend kommen Praktikantin, Anleiterin, eventuell auch die Vorgesetzte und der Praxislehrer miteinander ins Gespräch. In dem Gespräch geht es darum, ob und inwieweit die Selbsteinschätzungen der Praktikantin mit der Fremdeinschätzung der Anleiterin übereinstimmen. Natürlich spricht man auch über die Abweichungen:
  – Was wird noch nicht gekonnt? Was muss noch gelernt werden?
  – Was müsste eigentlich bereits gekonnt sein?
  – Wo liegen die Stärken und erkennbares Interesse?
  – Was hat angenehm überrascht?
  – Was wurde „besser"?
  Selbstverständlich soll sich die Praktikantin zu diesen Fragen äußern. Sie hat aber auch negativ abweichende Meinungen von der Anleiterin oder deren Vorgesetzten zur Kenntnis zu nehmen. Von Kritik kann man für die weitere Ausbildung lernen und die eigene fachliche Entwicklung wird dadurch positiv beeinflusst.

■ Die Anleiterin überlässt nach dem Gespräch ihr ausgefülltes und von der Leiterin bzw. Vorgesetzten unterschriebenes Bewertungsraster dem Lehrer. Der Lehrer wird das ausgefüllte Bewertungsraster bei der Gesamtbeurteilung des Praktikums berücksichtigen.

Ausführlicher Einschätzbogen

Zur Bedeutung:

+++	=	☒	☐	☐	☐	☐	☐	Anforderungen <u>stets voll</u> erfüllt
++	=	☐	☒	☐	☐	☐	☐	Anforderungen <u>zumeist voll</u> erfüllt
+	=	☐	☐	☒	☐	☐	☐	Anforderungen <u>häufig allgemein ordentlich</u> erfüllt
–	=	☐	☐	☐	☒	☐	☐	Anforderungen <u>häufig nicht mehr zufriedenstellend</u> erfüllt
– –	=	☐	☐	☐	☐	☒	☐	Den Anforderungen <u>häufig nicht gewachsen</u>
– – –	=	☐	☐	☐	☐	☐	☒	(siehe nachfolgende Anmerkung)

<u>Allgemeine Arbeitshaltung</u>

	+++	++	+	–	– –	– – –	Anmerkung
interessiert	☐	☐	☐	☐	☐	☐	nicht interessiert
Fachwissen erkennbar	☐	☐	☐	☐	☐	☐	Fachwissen nicht erkennbar
fachlich interessiert	☐	☐	☐	☐	☐	☐	fachlich desinteressiert
pünktlich	☐	☐	☐	☐	☐	☐	sehr häufig unpünktlich
höflich	☐	☐	☐	☐	☐	☐	unhöflich, ohne Manieren
freundlich	☐	☐	☐	☐	☐	☐	unfreundlich, oft gereizt
angemessen gekleidet	☐	☐	☐	☐	☐	☐	unangemessenes Auftreten
lernfähig, einsichtig	☐	☐	☐	☐	☐	☐	häufig uneinsichtig
aufmerksam	☐	☐	☐	☐	☐	☐	auffallend häufig unaufmerksam
zuverlässig	☐	☐	☐	☐	☐	☐	unzuverlässig
belastbar	☐	☐	☐	☐	☐	☐	nicht belastbar
ausdauernd	☐	☐	☐	☐	☐	☐	nicht sonderlich ausdauernd
fleißig	☐	☐	☐	☐	☐	☐	eher träge oder untätig
umsichtig	☐	☐	☐	☐	☐	☐	keine Umsicht
konzentriert	☐	☐	☐	☐	☐	☐	unkonzentriert, hektisch
flexibel	☐	☐	☐	☐	☐	☐	unflexibel
engagiert	☐	☐	☐	☐	☐	☐	ohne erkennbares Engagement
strukturiert, ordentlich	☐	☐	☐	☐	☐	☐	unstrukturiert
selbstkritisch, sich hinterfragend	☐	☐	☐	☐	☐	☐	Reflexivität nicht erkennbar
deutlich/sicher im mündlichen Ausdruck	☐	☐	☐	☐	☐	☐	auffällig undeutlich/unsicher
deutlich/sicher im schriftlichen Ausdruck	☐	☐	☐	☐	☐	☐	auffällig undeutlich/unsicher

<u>Haltung gegenüber Kindern, Jugendlichen und deren Eltern</u>

	+++	++	+	–	– –	– – –	Anmerkung
Zum Vorbild geeignet, vorbildlich	☐	☐	☐	☐	☐	☐	häufig mit unerwünschtem Verhalten
mit gewünschtem Respekt	☐	☐	☐	☐	☐	☐	auffallend respektlos
freundlich	☐	☐	☐	☐	☐	☐	häufig unfreundlich
einfühlsam	☐	☐	☐	☐	☐	☐	oft nicht einfühlend
maßvoll	☐	☐	☐	☐	☐	☐	häufig anmaßend/maßlos
mit gewünschter Offenheit	☐	☐	☐	☐	☐	☐	zumeist verschlossen
gewünscht kommunikativ	☐	☐	☐	☐	☐	☐	trotz Aufforderung oft still

Haltung gegenüber Mitarbeiterinnen

	+++	++	+	–	– –	– – –	Anmerkung
mit genügendem Respekt	☐	☐	☐	☐	☐	☐	auffallend respektlos
freundlich	☐	☐	☐	☐	☐	☐	häufig unfreundlich
maßvoll	☐	☐	☐	☐	☐	☐	oft anmaßend
mit gewünschter Offenheit	☐	☐	☐	☐	☐	☐	zumeist verschlossen
gewünscht kommunikativ	☐	☐	☐	☐	☐	☐	trotz Aufforderung oft still
in Teamgesprächen engagiert	☐	☐	☐	☐	☐	☐	ohne Engagement
in Teamgesprächen verständlich	☐	☐	☐	☐	☐	☐	oft unverständlich, niveaulos

Im Praktikum gezeigte Fähigkeiten
Nur ankreuzen, wenn diese Fähigkeiten zuvor von der Anleiterin ausdrücklich erwünscht oder erhofft wurden.
Ansonsten keine Eintragungen.

Erzieherisches Geschick in der Gruppe:

	+++	++	+	–	– –	– – –	Anmerkung
einfühlend, verantwortlich	☐	☐	☐	☐	☐	☐	unverantwortlich, ohne Einfühlungsvermögen

Erzieherisches Geschick gegenüber Einzelnen:

einfühlend, verantwortlich	☐	☐	☐	☐	☐	☐	unverantwortlich, ohne Einfühlungsvermögen

Förderung Einzelner oder Förderung in einer Gruppe:

aktiv, geschickt, fachlich, einfallsreich	☐	☐	☐	☐	☐	☐	zu passiv, ohne Ideen, ungeschickt

Pflege, für körperliches Wohlbefinden sorgen:

versiert und zügig	☐	☐	☐	☐	☐	☐	trotz Anleitung viele Fehler

Hauswirtschaftliches Tun:

geschickt, engagiert, produktiv	☐	☐	☐	☐	☐	☐	ungeschickt, ohne Engagement

Freizeit allgemein gestalten:

mit besonderem Engagement	☐	☐	☐	☐	☐	☐	kein eigenes Engagement

Freizeit speziell gestalten:

Musik	☐	☐	☐	☐	☐	☐	kein Interesse
Spiel	☐	☐	☐	☐	☐	☐	kein Engagement
Sport und Bewegung	☐	☐	☐	☐	☐	☐	keine Fähigkeiten
Werken oder Gestalten	☐	☐	☐	☐	☐	☐	kein Interesse

Andere kreative Talente, und zwar _____

Kompakter Einschätzbogen

Zur Bedeutung:

☒ ☐ ☐ ☐ = Die Bemerkung trifft <u>stets</u> voll zu
☐ ☒ ☐ ☐ = Die Bemerkung trifft <u>häufig</u> zu
☐ ☐ ☒ ☐ = Die Bemerkung trifft <u>manchmal</u> zu
☐ ☐ ☐ ☒ = Die Bemerkung trifft <u>sehr selten oder nie</u> zu

☐ ☐ ☐ ☐ Interessiert
☐ ☐ ☐ ☐ Engagiert
☐ ☐ ☐ ☐ Verlässlich
☐ ☐ ☐ ☐ Freundlich
☐ ☐ ☐ ☐ Umsichtig
☐ ☐ ☐ ☐ Strukturiert
☐ ☐ ☐ ☐ Kommunikativ
☐ ☐ ☐ ☐ Überzeugend im Umgang mit Nähe und Distanz
☐ ☐ ☐ ☐ In pädagogischer Gruppenarbeit methodisch überzeugend
☐ ☐ ☐ ☐ In pädagogischer Einzelarbeit methodisch überzeugend
☐ ☐ ☐ ☐ Deutlich und sicher in Gesprächen
☐ ☐ ☐ ☐ Konfliktfähig und zugleich kritikfähig
☐ ☐ ☐ ☐ Eigene Grenzen erkennend/rollenbewusst
☐ ☐ ☐ ☐ Selbstständig
☐ ☐ ☐ ☐ Verantwortungsvoll

Bei Bedarf:

☐ ☐ ☐ ☐ In pflegerischen Situationen überzeugend
☐ ☐ ☐ ☐ In hauswirtschaftlichen Situationen überzeugend
☐ ☐ ☐ ☐ Im Umgang mit Eltern überzeugend
☐ ☐ ☐ ☐ Im Umgang mit gesetzlichen Betreuern überzeugend

Das sind die Stärken der Praktikantin:

_____
_____
_____
_____

Daran sollte noch gearbeitet werden:

_____
_____
_____
_____
_____

Aufgaben

_____
_____
_____
_____

Aufgaben

1. *Warum sind „Höflichkeit" und „Freundlichkeit" (Leistungs-)Kriterien im Praktikum? Können Sie das akzeptieren? Falls nicht, warum nicht? Wann ist für Sie ein Mensch „höflich" und „freundlich"?*

2. *Fehlt Ihnen in dieser Aufzählung von Eigenschaften vielleicht der Begriff „cool"? Was bedeutet für Sie „cool"? Und warum ist „cool sein" keine erzieherische Fähigkeit?*

3. *Und wie steht es mit „angemessener Kleidung" oder einem angenehmen äußeren Erscheinungsbild? Warum könnten diese Kriterien für einen Kindergarten von alltäglichem Interesse sein?*

4. *Warum hat „Pünktlichkeit" eine nicht zu unterschätzende Wichtigkeit in einer sozialen Einrichtung? (Nebenfrage: Gibt es prinzipielle Unterschiede zwischen „Unpünktlichkeit" am Praktikumsort und „Verspätungen" bzw. „unentschuldigten Fehlzeiten" im Schulunterricht? Falls dies Ihres Erachtens zutrifft, begründen Sie bitte Ihren Standpunkt.)*

5. *Woran könnte man erkennen, dass jemand in der praktischen Arbeit „umsichtig" ist?*

6. *Unter welchen Umständen ist „Flexibilität" eine erwünschte Eigenschaft in der Arbeit mit Kindern und Jugendlichen?*

7. *Woran könnte man ein „strukturiertes" Arbeiten in einem Praktikum erkennen?*

8. *Warum könnte „Sicherheit im schriftlichen Ausdruck" (bereits) in einem Praktikum wichtig sein?*

9. *Was bedeutet „einfühlsam"? Sie können in der Fachliteratur auch unter „Empathie/empathisch" nachschlagen.*

10. *Warum und zu welchen Gelegenheiten sollte man seine Hobbys oder Talente in einem Praktikum einbringen?*

2.2 Kindertagesbetreuung

Unter Kindertagesbetreuung versteht man die organisierte Form der Kinderbetreuung. Sie ist in Deutschland Bestandteil der Kinder- und Jugendhilfe. In vielen anderen Ländern ist die Kindertagesbetreuung Teil des Schulwesens oder des Gesundheitswesens. Hierzulande regeln das Kinder- und Jugendhilfegesetz (KJHG) auf Bundesebene und auf Länderebene die organisierte Kinderbetreuung. Das KJHG betrifft Kinder bis zum vollendeten 14. Lebensjahr. Für Kinder im Kindergartenalter (drei bis sechs Jahre) besteht ein Rechtsanspruch auf einen wohnortnahen Platz in einer Kindertageseinrichtung. Die Möglichkeiten der Betreuung von Kleinkindern sind in den Bundesländern immer noch sehr unterschiedlich (siehe Kinderkrippen, S. 59 f.).

2.2.1 Begriffliches

Kindertagesbetreuung geschieht in Deutschland in Einrichtungen mit verschiedenen Bezeichnungen und mit unterschiedlichen Ausrichtungen. Diese sind nicht einfach auseinander zu halten, denn manchmal versteht man unter demselben Begriff im Norden Deutschlands etwas ganz anderes als im Süden, Osten oder Westen. Und selbst regional und kommunal kann ein Begriff wie „Kindertagesstätte" eine durchaus unterschiedliche Form der Kinderbetreuung bezeichnen. Aufgrund dieser Unterschiedlichkeiten wird Im Verlauf der Kapitel 2.2.2 bis 2.3 und im Kapitel 2.4 zur Vereinfachung zumeist der auch international geläufige Fachbegriff *Kindergarten/Kindergärten* benutzt. Je nach Bedarf kann auch die Arbeit in Einrichtungen mit folgenden Bezeichnungen einbezogen werden: *Kindertagesstätten – Kinderkrippen – Krabbelgruppen/Krabbelstuben – Schulhorte/Ganztagsschulen*. Im Kapitel 2.3 werden sowohl der Begriff *Kindergarten* als auch der Begriff *Kindertagesstätte* benutzt.

Nachfolgend werden in prägnanter Kürze alle genannten Fachbegriffe erklärt. Dabei wird deutlich, dass die verschiedenen Einrichtungsarten zur Kindertagesbetreuung einige Besonderheiten und Eigenheiten haben.

Kindertagesstätten

Der Begriff wird nicht einheitlich benutzt. Dementsprechend unterschiedlich taucht der Begriff Kindertagesstätte auch in den Gesetzen und Verordnungen von Bund und Ländern auf. Mit Kindertagesstätte kann je nach Land, Region oder Kommune Verschiedenes gemeint sein:

- Einrichtungen für Kinder bis drei Jahre (siehe Kinderkrippe)

- Kindergärten für drei- bis sechsjährige Kinder

- Kindergärten für drei- bis sechsjährige Kinder, in denen die Kinder „durchgehend" von morgens bis abends betreut werden

- Einrichtungen, die Schulkinder nach Unterrichtsende besuchen können (siehe Schulhort, S. 61)

- Einrichtungen, die Kinder aller zuvor genannten Altersgruppen (bis zu 14 Jahren) umfassen und von morgens bis abends betreuen

Kinderkrippen

Kinderkrippen sind zumeist Einrichtungen zur Betreuung von Kindern bis zum vollendeten dritten Lebensjahr. In einigen Teilen Deutschlands spricht man von Kinderkrippen nur bei der Betreuung von Kleinkindern bis zu einem Alter von ca. 18 Monaten. Die anderthalb bis dreijährigen Kinder können dort in sog. *Krabbelgruppen* betreut werden. Auch in Kinderkrippen arbeiten vorrangig Erzieherinnen. Reine Kinderkrippen findet man inzwischen selten. Zumeist werden diese jüngeren Kinder in *Kindertagesstätten* mit altersgemischten oder in verschiedenen Altersgruppen betreut. In der DDR gab es ein sehr dichtes Netz von Kinderkrippen. In der Bundesrepublik Deutschland hat die Tagesbetreuung der Kleinkinder keine Tradition. Diese sehr auffälligen Unterschiede in den Bundesländern zeigen sich auch noch in der jüngeren Vergangenheit (Stand: 2004).

Krippenplätze für je 1.000 Kinder			
Sachsen-Anhalt	841	Saarland	70
Brandenburg	663	Hessen	54
Mecklenburg-Vorpommern	556	Rheinland-Pfalz	39
Berlin	538	Schleswig-Holstein	39
Sachsen	433	Baden-Württemberg	34
Thüringen	334	Niedersachsen	34
Hamburg	197	Nordrhein-Westfalen	32
Bremen	147	Bayern	31

Das Tagesbetreuungsausbaugestz (TAG) vom 27.12.2004, ein Gesetz zur Änderung des Sozialgesetzbuchs (SGB) VIII, hat zum Ziel, den Ausbau der Plätze für kleine Kinder zu beschleunigen. Es bleibt abzuwarten, ob und wann diese Gesetzesinitiative auffallende Erfolge zeigen wird.

Krabbelgruppen

Damit bezeichnet man Gruppen, die gemeinsam von Kleinkindern und Müttern oder Vätern besucht werden. Diese Angebote werden selten in Kindertagesstätten gemacht. Vielmehr findet man Krabbelgruppen in Häusern von Kirchengemeinden, Jugendfreizeiteinrichtungen oder Bildungsstätten. Die sog. „PEKIP-Gruppen" („Prager-Eltern-Kind-Programm") sind in diesem Sinne ebenfalls Krabbelgruppen. In Krabbelgruppen werden den Kindern entwicklungsfördernde Angebote, z. B. aus den Bereichen Rhythmik/Musik, Motorik und Psychomotorik, Sinneswahrnehmung oder Spiel gemacht. Ein zweiter Schwerpunkt liegt in der Förderung sozialer Kontakte von Kindern und Eltern. Und drittens erhalten Mütter und Väter in den Krabbelgruppen allgemeine Anregungen für den Umgang mit ihren Kindern.

Krabbelstuben

Manchmal werden Krabbelgruppen auch Krabbelstube genannt. Eine spezielle Bedeutung hat der Begriff Krabbelstube aber als eigenständige Form der Kindertagesbetreuung von Kindern bis zu drei Jahren. Sie ist häufig einer anderen, größeren Einrichtung zur Kinderbetreuung angegliedert (z. B. einer Kindertagesstätte). Eine Krabbelstube wird in der Regel von einer Erzieherin geleitet. Mütter oder Väter sind nur in einer frühen Phase der Eingewöhnung im Gruppenraum anwesend. In Westdeutschland gab und gibt es immer noch die vorherrschende Meinung, dass Kleinkinder in die ausschließliche Betreuung der Mütter gehören und eine Gruppenbetreuung durch Fachpersonal nur in Notfällen eine Alternative sein dürfe. Mittlerweile ist durch viele Veröffentlichungen und Forschungen im In- und Ausland erwiesen, dass die positiven und negativen Aspekte der Kleinkinderbetreuung nicht in der Form, sondern in der Qualität der Betreuung begründet liegen. Das bedeutet, dass eine gute Betreuung in einer Krabbelgruppe für ein Kind ebenso förderlich ist wie eine gute Tagesbetreuung im Elternhaus. Das Angebot an Plätzen für Kleinkinder wird seit 2005 auch außerhalb der Großstädte in Westdeutschland ausgebaut (siehe Kinderkrippen, S. 59).

Schulhorte/Ganztagsschulen

Ein Schulhort ist eine erzieherische Einrichtung, die zumeist Schüler bis zur vierten Klasse nach Beendigung des Unterrichts besuchen. Zwar hat er einen eigenständigen Bildungsauftrag als Einrichtung der Jugendhilfe (wie die anderen hier erklärten Einrichtungen auch), aber tatsächlich liegt der Schwerpunkt eher im
- Mittagessen,
- in der Hausaufgabenbetreuung und der
- Freizeitgestaltung.

Gelegentlich gibt es besondere Angebote für lernschwache oder schwierige Kinder. Die Betreuungszeit erstreckt sich, wie bereits erwähnt, zumeist vom Ende des Schulunterrichts bis zum späten Nachmittag. Es gibt aber auch betreuungsintensivere Schulhorte, in denen Kinder bereits vor Beginn des Unterrichts früh betreut werden. Horte können innerhalb des Schulgebäudes, in einer Kindertagesstätte oder in einem eigenständigen Gebäude betrieben werden. Manchmal bieten Horte spezielle Ferienprogramme an oder sie haben sogar grundsätzlich immer in den Schulferien geöffnet. Dabei ist nicht immer der Begriff Schulhort geläufig. Je nach organisatorischer, inhaltlicher und räumlicher Verzahnung mit anderen Einrichtungen handelt es sich bei einem Kinderhort um eine familienunterstützende Leistung der Kinder- und Jugendhilfe (und liegt damit in der Zuständigkeit des örtlichen Jugendamtes) oder um eine Einrichtung des Schulwesens und liegt damit in der Aufsicht und Zuständigkeit der Schulbehörde. Ein Ausbau dieses sog. Ganztagsangebotes für Schulkinder wird angestrebt. In den meisten Bundesländern sind diese Initiativen unter dem Begriff „Ganztagsschulen" bekannt. Die Ganztagsschulen sind also ebenfalls Schulhorte. In der DDR gehörten Schulhorte zum ganz normalen Schulkonzept hinzu.

Kindergarten

Ein Kindergarten ist ein Haus, oder es sind klar begrenzte Räume in einem Gebäude, in dem Kinder bis zum Schulalter zu ganz bestimmten Zeiten betreut werden. Sie kommen dort in altersgemischten Gruppen von in der Regel 20 bis 25 Kindern zusammen. Die Gruppenräume sind unterteilt in verschiedene Bereiche und Nischen für verschiedene Betätigungen von alleine und ruhig bis ausgelassen in einer Gruppe. Bezugspersonen für die Kinder sind neben den anderen Kindern natürlich in erster Linie die im Kindergarten beschäftigten Erzieherinnen und Kinderpflegerinnen.

Der Begriff *Kindergarten* wurde vom Thüringer Friedrich Fröbel (1782–1852) geprägt. Er gründete den ersten Kindergarten im Jahre 1840 in Blankenburg bei Rudolfstadt. Es trafen sich dort 24 Kinder im Alter von zwei bis fünf Jahren mit ihren Eltern. Zusammen spielte man dort unter Anleitung zweimal in der Woche für ungefähr zwei Stunden. Mit dem heutigen Kindergartenalltag ist das damalige Geschehen also kaum vergleichbar. Dennoch bleiben Fröbels breit angelegte Theorien zur Entwicklung des Kindes und seine damaligen praktischen Umsetzungen immer die Basis heutiger Organisationsformen der Kindertagesbetreuung.

Die überwiegende Mehrzahl der Kindergärten steht entweder in kommunaler oder in kirchlicher Trägerschaft. Vermehrt werden Kindergärten auch von Trägern der Freien Wohlfahrtsverbände unterhalten. Besondere Formen von Kindergärten oder Trägerschaften durch Vereine, Initiativen oder Betriebe sind eher selten, verdienen aber aufgrund ihrer fachlich wertvollen Konzepte und häufig interessanter Strategien zur Umsetzung Beachtung (siehe Kapitel 2.4).

Einen weiteren Bereich stellen die Heilpädagogischen oder Integrativ-Additiven Kindergärten dar. Hier werden insbesondere Kinder mit Behinderungen oder Benachteiligungen betreut. In den meisten dieser Kindergärten findet eine Ganztagsbetreuung statt, sodass hier häufig von einer Tagesstätte (siehe *Kindertagesstätte*, vgl. S. 59) gesprochen wird.

Hinsichtlich der Öffnungszeiten gibt es in Kindergärten zumeist eines der folgenden drei Prinzipien:

■ Teilzeitbetreuung: Betreuung am Vormittag und am Nachmittag – die Kinder gehen zur Mittagszeit nach Hause

■ Betreuung mit Mittagsangebot: Betreuung von Morgens bis nach dem Mittagessen

■ Ganztagsbetreuung vom frühen Morgen bis zum späten Nachmittag möglich. Diese Kindergärten werden, wie bereits beschrieben, zumeist als Kindertagesstätten bezeichnet

In einem Kindergarten werden in der Regel Kinder zwischen drei und sechs Jahren betreut. Seit 1996 gibt es in Deutschland einen Rechtsanspruch auf einen Platz im Kindergarten. In manchen Bundesländern hängt dieser Rechtsanspruch an einer Bedingung, z. B. der Berufstätigkeit der Eltern oder anderen Hinderungen an der Erziehungspflicht. Ein Kindergarten wird hierzulande von der Mehrheit der drei- bis sechsjährigen Kinder besucht und ist damit in der Regel die betreuende Einrichtung für diese Altersgruppe. Daher wundert es auch nicht, dass die Mehrzahl ausgebildeter Erzieherinnen nach der Ausbildung dort arbeiten möchte. Während der Ausbildung erlebt praktisch jede Fachschülerin einen Kindergarten zumindest einmal im Rahmen eines Praktikums.

Aufgaben

1. Was verbindet man in Ihrer Umgebung bzw. in Ihrer Fachschule mit dem Begriff Kindertagesstätte?

2. In welchen Kindertagesstätten der Umgebung könnten Sie ein Praktikum machen?

3. Was ist mit PEKIP gemeint? Informieren Sie sich über das zugrunde liegende Konzept.

4. Welche ähnlichen Programme/Konzepte gibt es noch?

5. Besuchen Sie eine Krabbelgruppe in Ihrer Umgebung. Wer leitet sie? Wer hilft? Wer wird dort für welche Tätigkeiten beschäftigt? Kann man dort als Praktikantin helfen? Kann man dort ein Projekt oder sogar ein anerkanntes Praktikum machen?

6. Informieren Sie sich über das Thema „Ganztagsschulen". Fertigen Sie ein Thesenpapier an. Besuchen Sie für einen Nachmittag eine Ganztagsschule oder einen Kinderhort in Ihrer Nähe. Ist dort ein Praktikum möglich?

7. Wie finden Sie den Begriff „Kindergarten"? Was assoziieren Sie mit „Garten"?

8. Suchen Sie Hinweise auf die Sprachtradition des Begriffs „Kindergarten".

9. Der Begriff „Kindergarten" wird auch in anderen Ländern benutzt, z. B. im angloamerikanischen Raum. Suchen Sie dazu Informationen zusammen.

10. Was bedeutet „Träger" einer Einrichtung?

11. Was bedeutet „Freie Wohlfahrtsverbände"?

12. Was unterscheidet einen kirchlichen von einem kommunalen Kindergarten? Was ist gleich?

13. Darf ein katholisches Kind in einem evangelischen Kindergarten aufgenommen werden? Und wie ist es bei einem Kind, dessen Eltern aus der Kirche ausgetreten sind? Und wie ist es bei einem muslimischen Kind? Gibt es Kindergärten, die ausschließlich für muslimische oder z. B. jüdische Kinder konzipiert sind?

14. Was wissen Sie noch aus Ihrer eigenen Kindergartenzeit? Welche Erlebnisse fallen Ihnen ein?

15. Können Sie sich noch an „Ihre" Erzieherin im Kindergarten erinnern? Wie hat sie auf Sie gewirkt?

16. Welche Bedeutung hatte der Kindergarten in Ihrem Leben? Welche Bedeutung könnte er im Leben Ihrer Eltern gehabt haben?

17. Was haben Sie im Kindergarten gelernt?

18. Haben Sie damals im Kindergarten schnell „Anschluss" gefunden? Gibt es in Ihrem Leben noch eine „Kindergartenfreundschaft"?

19. Wie haben sich Kindergärten im Laufe der Zeit verändert?
    a) Vergleichen Sie Ihre eigenen Erfahrungen mit denen Ihrer Eltern.
    b) Kommen Sie mit der Leiterin eines Kindergartens darüber ins Gespräch.
    c) Recherchieren Sie, und schauen Sie dabei so weit als möglich zurück.

Ein kurzer Vergleich mit einigen anderen Ländern

Schweden

Erzieherinnen werden dort als Lehrerinnen angesehen. Kinder besuchen den Kindergarten dort häufig schon im ersten oder zumindest ab dem zweiten Lebensjahr.

Finnland

Das dortige Betreuungs- und Bildungswesen gilt seit PISA als europaweit vorbildlich. Kindergärten werden von Erzieherinnen mit Hochschulstudium geleitet. Der Kindergartenbesuch ist bereits ab dem ersten Lebensjahr möglich. Die Gruppengröße geht nur in Ausnahmen über 15 hinaus. Fremdsprachen lernen, Übungen in der Muttersprache oder naturwissenschaftliche Experimente sind an Kindergärten Normalität.

USA

Die Kindergärten sind in den Vereinigten Staaten zumeist den Grundschulen (*Elementary Schools*) angekoppelt und damit Teil des Schulsystems. Diese Form des Kindergartens dauert jedoch nur ein Jahr und dort werden u. a. Grundfertigkeiten in Lesen, Schreiben und Rechnen vermittelt. Die Teilnahme ist kostenlos und freiwillig. Ein Schultag in diesem Kindergarten entspricht weit gehend dem Tag in einer *Elementary School*. Zwar folgt nach diesem Jahr erst die offizielle Schulzeit, aber als Datum der Einschulung sehen amerikanische Eltern nicht den Beginn der ersten Klasse, sondern den Eintritt des Kindes in einen Kindergarten, der in Amerika eben genau diese deutsche Bezeichnung trägt: Kindergarten. Vom Kindergarten sind andere staatliche Förderungs- oder Betreuungsprogramme zu unterscheiden, die in den USA sehr verbreitet sind. Unseren Kindertagesstätten wären die amerikanischen *Day-Care-Center* und die *Nursery Schools* vergleichbar. Der Besuch dieser Einrichtungen ist kostenpflichtig und wesentlich teurer als der Besuch einer Kindertagesstätte in Deutschland. Eltern oder Alleinerziehende können jedoch staatliche Förderungen beantragen. In den USA endet der Mutterschutz bereits im vierten Monat nach der Geburt und Erziehungszeiten, wie sie hierzulande gewährt werden, sind nicht üblich. Daher werden in *Day-Care-Centers* häufig ebenso viele Kinder im ersten wie im fünften oder sechsten Lebensjahr betreut. Bedeutsam und beliebt sind auch die von Kirchen, Gemeinden oder z. B. der YMCA (Young Men's Christian Association = Christlicher Verein junger Männer) angebotenen *Preschools*. Sie entsprechen den deutschen Kindergärten mit Betreuung bis nach dem Mittagessen und der Mittagsruhe.

Aufgaben

1. *Sammeln Sie Informationen zur Betreuung der ein- bis sechsjährigen Kinder in Finnland. Gibt es dort eine Ausbildung, die mit der deutschen Erzieherinnen-Ausbildung vergleichbar ist?*

2. *Sammeln Sie Informationen zum System der Nursery Schools in Großbritannien.*

3. *Sammeln Sie Informationen zum System der Day-Care-Center und der Preschools in den USA. Wer betreut diese Kinder?*

4. *Ist ein Auslandspraktikum in der Ausbildung an Ihrer Fachschule möglich?*

5. *Wie werden die ein- bis sechsjährigen Kinder im benachbarten Ausland betreut? Ist eine Besichtigung einer dortigen Einrichtung (als Exkursion) möglich?*

6. *Wäre der Kontakt mit einer vergleichbaren Fachschule für Erzieherinnen (o. Ä.) im Ausland für Sie interessant und möglich?*

2.2.2 Auftrag eines Kindergartens

Ein Kindergarten ist eine pädagogische Einrichtung mit zwei Funktionen:

■ Betreuungsaufgabe

■ Eigenständiger Erziehungs- und Bildungsauftrag

Ein Kindergarten steht im ständigen Kontakt mit der Familie oder einem Erziehungsberechtigten und ist daher die wesentliche Institution zur ergänzenden und unterstützenden Erziehung im Vorschulbereich. Die Motive, warum Eltern oder ein Elternteil ein Kind in einem Kindergarten anmelden, sind ganz verschieden. Zumeist bilden sie einen Mix aus einigen der folgenden Bereiche (vgl. Kühne, 2002, S. 69):

■ Die Einrichtung soll Eltern oder einen Erziehungsberechtigten allgemein entlasten.

■ Alleinerziehende erhalten Zeit, sich um andere Dinge kümmern zu können.

■ Vor allem Mütter nutzen die Zeiten der Betreuung zur beruflichen Entwicklung.

■ Durch die Möglichkeit des „Doppelverdienens" verbessert sich die finanzielle Situation der Familie.

■ Das Kind kann neue Bekanntschaften schließen.

■ „Einzelkinder" erleben regelmäßig andere Kinder.

■ Das Kind soll auf das Schulleben vorbereitet werden.

■ Erziehungsstile und Erziehungsmethoden im Kindergarten werden als Vorbild für erzieherisches Geschehen zu Hause genutzt – man hofft, Erziehungsschwierigkeiten dadurch zu beheben.

■ Es eröffnet sich die Chance für Mütter und Väter, Kontakte mit Gleichgesinnten zu knüpfen.

Der Erziehungs- und Bildungsauftrag des Kindergartens wird auf folgenden Wegen umgesetzt:

■ Berücksichtigung der Lebenssituation des Kindes bei allen Bemühungen

■ Zur Lernfreude anregen

■ Zur Eigenaktivität und Selbstständigkeit verhelfen

■ Dem Kind ermöglichen, emotionale Kraft aufzubauen

■ Begabungen und schöpferische Kräfte ermitteln und fördern

■ Dem Kind Grundwissen über sich selbst und seinen Körper vermitteln

■ Körperliche Entwicklungen berücksichtigen

■ Die geistigen Fähigkeiten unterstützen

■ Ein breites Angebot an Umwelterfahrungen ermöglichen

■ Elementare Kenntnisse der Lebenspraxis vermitteln

Ein Kindergarten hat gegenüber dem Kind folgende Aufgaben:

■ soziale Verhaltensweisen, Situationen und Probleme bewusst erleben lassen

■ es dem Kind ermöglichen, eine eigene soziale Rolle innerhalb einer altersgemischten Gruppe zu erfahren

■ ein partnerschaftliches, gewaltfreies und gleichberechtigtes Miteinander der Kinder ermöglichen

■ die Integration behinderter oder benachteiligter Kinder fördern

■ demokratische Verhaltensweisen einüben

■ Verständnis gegenüber anderen Kulturen und Weltanschauungen entwickeln

Daraus ergibt sich ein Kindergarten-Konzept, wie es das des Evangelischen Kindergartens, Adolfstraße in Mülheim/Ruhr im Folgenden beispielhaft veranschaulicht:

Die Ziele der Arbeit mit den Kindern

Wir schaffen durch gemeinsames Leben in der Gruppe die Voraussetzung für die Kinder, sich als Mitglied einer Gemeinschaft wahrzunehmen, Rücksicht und Toleranz gegenüber Schwächeren und Andersdenkenden zu üben, Regelbewusstsein zu entwickeln und eigene Schwächen zu akzeptieren.

Wir wollen die Kinder heranführen an ein Verantwortungsbewusstsein für Umwelt und Natur. Es werden Themen behandelt wie „Müll", „Erntedank", „Energiebewusstsein", also Natur- und Umweltthemen.

Wir schaffen mit unserem Pfarrer gemeinsam Voraussetzungen, dass die Kinder am Leben unserer christlichen Gemeinde teilnehmen, mit ihr die Feste des Kirchenjahres feiern, Gottesdienste mitgestalten, christliche Lieder, biblische Geschichten und Gebete kennen lernen.

Wir möchten dazu beitragen, dass aus den Kindern lebensbejahende, gemeinschaftsfähige Menschen werden. Wir sehen aber gleichzeitig auch, dass nicht nur Kinder von uns lernen, sondern wir auch von ihnen. In ihrer Spontaneität, Offenheit und Herzlichkeit sind sie uns oft ein Stück voraus. Ihre Empfindsamkeit für Ungerechtigkeit bringt auch uns Erwachsene immer wieder dazu, Schritte in Richtung auf eine gute Zukunft zu tun: Schritte zu mehr Gerechtigkeit, zu mehr Frieden, zu mehr Bewahrung der Schöpfung.

(Hahn/Janssen, 1995, S. 241)

Aufgaben

1. Wie muss man den Begriff „Betreuungsauftrag" verstehen?

2. Was versteht man unter „eigenständigem Erziehungs- und Bildungsauftrag"? Welche Institutionen mit einem solchen Auftrag gibt es noch? Wie unterscheiden sich diese voneinander?

3. Finden Sie zu den zuvor aufgezählten Bestandteilen des Erziehungs- und Bildungsauftrages Beispiele aus einem möglichen Alltagserleben im Kindergarten. Finden Sie zu jedem Bestandteil mindestens zwei Situationen.

4. Welche Meinungen haben Sie zu den aufgezählten elterlichen Motiven zur Aufnahme ihres Kindes in einen Kindergarten?

5. Bilden Sie bzw. berichten Sie über eine Erlebenssituation in einem Kindergarten. Auf welche Art und Weise werden dabei welche Bestandteile des Erziehungs- und Bildungsauftrages umgesetzt?

6. Wie können „demokratische Verhaltensweisen" in einem Kindergarten geübt werden?

7. „Kinder lernen nicht nur von uns – sondern wir auch von ihnen", heißt es im Konzept des Mülheimer Kindergartens. Finden Sie dazu einige Beispiele (Vielleicht aus Ihrem eigenen Erleben?).

8. Christlichkeit erleben in einem Kindergarten – was fällt Ihnen dazu jenseits von Gebeten, Gottesdiensten oder christlichen Festen ein? Was bedeutet „christliches Leben"? Was unterscheidet Christlichkeit von Frömmigkeit?

In Kindergärten arbeiten Erzieherinnen vor allem in gruppenleitenden Funktionen. In diesen sozialpädagogischen Tageseinrichtungen haben sie familienergänzende, familienentlastende oder familienunterstützende Aufgaben zu erfüllen. In modernen Einrichtungen begreift man die Tätigkeiten im Kindergarten bzw. in einer Kindertagesstätte mittlerweile als Serviceleistungen, die sich am Kunden zu orientieren haben. Betreuungszeiten bis in den frühen Abend hinein gehören ebenso zum Angebot wie frühmorgendliche Betreuung oder sehr flexible Bring- und Abholzeiten.

Die Zeiten haben sich geändert. Neue Entwicklungen fordern mehr Angebote:

- Klassische Großfamilienstrukturen sind seltener geworden.

- In vielen Familien wachsen Kinder ohne Geschwister auf.

- Vermehrt gilt es, Kindern allein erziehender und berufstätiger Mütter oder Väter eine Tagesstruktur zu bieten.

- Einrichtungen müssen sich darauf einstellen, Kinder aus unterschiedlichen Herkunftsländern zu betreuen.

- Deutsche Erzieherinnen müssen lernen, sich auf ein kulturell pluralistisches Umfeld im Kindergarten einzustellen.

Zusammenfassend gilt aber nach wie vor, dass Kindern in einem Kindergarten ein vielfältiges, buntes und lebensfrohes Erfahrungsfeld angeboten wird:

- Kinder kommen mit anderen Kindern zusammen, sie lernen voneinander und schließen Freundschaften.

- Kinder erfahren eine professionelle Betreuung durch Fach- und Hilfskräfte.

- Kinder erleben tagtäglich Neues und vertiefen Bekanntes.

- Kinder lernen spielend bzw. spielen dort Lernen.

- Kindern erleben Geborgenheit und Schutz in einer stets vertrauter werdenden Umgebung.

- Kinder werden zunehmend eigenaktiv. Sie handeln vermehrt selbstgesteuert und fassen Mut in die eigenen Fähigkeiten.

Aufgaben

1. *Kindergärten müssen vermehrt als „moderne Serviceleister" auftreten. Was könnte das bedeuten?*

2. *Wie könnte eine moderne und verantwortungsvolle Pädagogik in einer Kindertagesstätte funktionieren, die ganz auf Elternwünsche eingehen möchte (hinsichtlich Betreuungszeiten, Inhalte von Projekten usw.)?*

3. *In einer Kindertagesstätte, die sich zunächst einmal als Dienstleistungsunternehmen versteht, kommt der Elternwille an erster Stelle. Würden Sie dort arbeiten wollen bzw. ein Praktikum machen? Was würde Sie dort besonders interessieren? Was erscheint Ihnen schwierig? Was würden Sie ablehnen?*

4. *Was bedeuten Familienentlastung, Familienunterstützung und Familienergänzung? Und wie können diese drei unterschiedlichen Bereiche in einer Kindertagesstätte wohl umgesetzt werden?*

5. *Was ist „interkulturelle Pädagogik"? Stellen Sie Informationen dazu zusammen. Verteilen Sie anschließend vertiefende Arbeitsaufträge in der ganzen Klasse. Bilden Sie dazu Kleingruppen. Tragen Sie nach einer Woche Ihre Arbeitsergebnisse zusammen. Bündeln Sie Ihre Arbeitsergebnisse in Heftform oder auf einem elektronischen Datenträger.*

6. *Kommen Sie mit einer Leiterin ins Gespräch, in deren Kindertagesstätte zahlreiche Kinder ausländischer Herkunft betreut werden. Bereiten Sie sich auf das Gespräch vor. Erstellen Sie einen Fragenkatalog.*

2.2.3 Tagesprotokoll einer Praktikantin

Katrin A. ist im zweiten Jahr ihrer Ausbildung zur Erzieherin. Sie absolviert ein achtwöchiges Praktikum in einem Kindergarten mit drei Gruppen in einer Kleinstadt. Sie hat sich ganz bewusst an diesem Kindergarten für einen Praktikumsplatz beworben. Er ist sehr beliebt bei früheren Absolventen der Erzieherinnen-Ausbildung, ist modern ausgestattet, und es ist bekannt, dass dort schon viele gute Praktikantinnen später eine Anstellung gefunden haben. Das folgende Protokoll gibt Einblicke in einen Tag zur ungefähren Mitte des Praktikums.

7:00 Uhr	Heute Frühdienst. Ben und Klara werden von ihren Müttern gebracht. Ich lege die beiden in die Betten des Ruheraumes. Meine Schlafwache geht bis 8:00 Uhr. Dann werde ich von einer anderen Praktikantin abgelöst.
8:00 Uhr	15 Minuten Pause. Zeit für eine Tasse Tee im noch leeren Gruppenraum. Kurzes Gespräch mit meiner Anleiterin zum Verlauf des heutigen Tages.
8:15 Uhr	Karim und Sylvie kommen. Die beiden Dreijährigen sollen, wie immer um diese Zeit, frühstücken. Ich helfe ihnen dabei.
8:30 Uhr	Meine Anleiterin oder ich begrüßen die jetzt stetig kommenden Kinder, und eine von uns nimmt Infos von einigen Müttern und Vätern entgegen. Zwischendurch muss ich einen ersten Streit in der Puppenecke schlichten.
8:45 Uhr	Ich gehe in den Ruheraum und wecke Ben und Klara. Sie müssen zur Toilette begleitet werden. Gemeinsam gehen wir anschließend rüber in den Gruppenraum
9:00 Uhr	Morgenkreis mit allen in der Gruppe. Ich übe mit den Kindern ein rhythmisches Klatschlied ein.
9:20 Uhr	Frühstück im Gruppenraum. Anschließend bei den Toilettengängen und beim Zähneputzen und Händewaschen helfen.

10:00 Uhr	Das Wetter ist gut. Viele Kinder gehen auf den großen Spielplatz des Kindergartens. Zusammen mit zwei anderen Praktikantinnen und zwei Erzieherinnen habe ich die erste Aufsicht. Anschließend baue ich mit Paul, Alexandra und Maike aus meiner Gruppe hier draußen eine Stunde lang weiter an meinem großen Praktikumsprojekt: „Ein Garten für die Meerschweinchen".
11:45 Uhr	Die ersten Kinder werden zur Mittagszeit von Müttern und Vätern abgeholt. Ich berichte den Eltern von den Erlebnissen des Vormittags.
12:00 Uhr	Ich helfe bei den Vorbereitungen zum Mittagessen für die hier bleibenden Kinder.
12:20 Uhr	Den Kindern bei den Toilettengängen und beim Händewaschen helfen.
12:30 Uhr	Beim Mittagessen im Gruppenraum helfen.
12:50 Uhr	Beim Zähneputzen helfen.
13:00 Uhr	Mittagsruhe für alle in den Ruheräumen oder in den Nebenräumen. Meine Mittagspause von 75 Minuten beginnt. Ich nutze die Zeit für einige private Besorgungen in der Stadt.
14:15 Uhr	Einige „späte" Kinder werden für den Nachmittag gebracht. Ich gehe zusammen mit ihnen kurz auf unseren Spielplatz zu den anderen Kindern.
14:45 Uhr	Ich helfe in einem Ruheraum: wecken, aufstehen, anziehen, Toilettengänge, Betten wegräumen etc.
15:00 Uhr	Nachmittags haben wir – wie immer – den „offenen Kindergarten" für alle Kinder im Kindergarten. Es gibt verschiedene Angebote in allen Gruppenräumen und draußen auf dem Spielplatz. In diesen Wochen heißt das Thema für alle: „Piraten". Dazu können meine Anleiterin und ich heute die Turnhalle im nebenan liegenden Schulgebäude nutzen. Mit 15 Kindern geht es rüber. Wir bauen dort mit den Kindern unser „Piratenschiff" aus Matten, Decken, Kisten usw. und „stechen in See".
16:15 Uhr	Zurück im Kindergarten. Die Kinder werden in den nächsten 30 Minuten von ihren Müttern und Vätern abgeholt. Drei Kinder aus meiner Gruppe bleiben noch bis 17:30 Uhr oder bis zum Schluss um 18:00 Uhr. Ich aber habe heute um
16:30 Uhr	Feierabend.
	Morgen beginnt mein Arbeitstag erst um 8:30 Uhr. Aber dafür geht er dann bis 18:00 Uhr. Und übermorgen habe ich meinen freien Nachmittag in der Woche. Und am Freitag ist mittags Zeit für eine Stunde „Wochenreflektion" mit meiner Anleiterin. Bin gespannt, ob sie mit mir zufrieden ist. Ich jedenfalls fühle mich prima!

Aufgaben

1. Was haben die aufgezählten praktischen Aufgaben mit fachtheoretischen Inhalten zu tun? Wozu haben Sie was zuvor in der Ausbildung gelernt?

2. Wo vermuten Sie eher selbstständiges und wo eher angeleitetes Erleben von Katrin in ihrem Praktikum?

3. Falls Sie selbst schon einmal in einem Kindergarten gearbeitet haben: Erstellen Sie auch einmal ein typisches Tagesprotokoll. Vergleichen Sie. Was fällt auf?

4. Sammeln Sie Informationen zum Thema „Aufsicht".

5. „Projekt Garten für Meerschweinchen" – was könnte damit gemeint sein?

6. Was bedeutet „offener Kindergarten"? Erstellen Sie dazu ein Thesenpapier.

7. Kindergartenzeit von 7:00 Uhr bis 18:00 Uhr. Wo gibt es das auch in Ihrer Umgebung? Informieren Sie sich.

2.2.4 Schwierige und konfliktreiche Situationen

Erzieherisches Eingreifen

Im Verlaufe eines ganz normalen Tages im Kindergarten gibt es viele Situationen, in denen die Fachlichkeit einer Erzieherin gefragt ist. Auch eine Praktikantin kann bei Geschehnissen wie den Folgenden gefordert werden:

Beispiel

„Ich will mitspielen"
Die Praktikantin spielt mit zwei Kindern am Tisch ein Würfelspiel. Von nebenan kommt Timo hinzu, schaut sich das Geschehen eine Minute lang an und fragt dann, ob er mitspielen könne. „Gleich sind wir fertig", erwidert die Praktikantin, „dann kannst du mitmachen." Er wolle aber jetzt sofort mitmachen, sonst würde er das ganze Spiel auf den Boden werfen. Darauf die Praktikantin: „Wenn das so ist, dann will ich nachher nicht mit dir spielen." Timos Reaktion: Er fegt mit einer schnellen Handbewegung das Spiel vom Tisch und sagt, „Das hab ich doch gesagt", und rennt nach draußen. „Na warte, ...", die Praktikantin wird wütend.

Aufgaben

1. Deuten Sie die Reaktionen der Praktikantin. Wann hätte Sie einmal welche Alternativen versuchen können?

2. Versuchen Sie, Timos Verhalten zu deuten.

Beispiel

„Das kannst du woanders machen"
Die vierjährige Anna rennt auf dem Spielplatz am Kindergarten von Kind zu Kind und schlägt sie mit der Hand überraschend kräftig auf den Rücken. Eine entfernt stehende Erzieherin bemerkt das und ruft laut herüber: „Das kannst du woanders machen, aber nicht hier im Kindergarten." Verdutzt hört die Praktikantin diese Reaktion ihrer Anleiterin. Eine neben ihr stehende Kollegin der Anleiterin flüstert der Praktikantin ins Ohr: „So was höre ich häufiger von ihr."

Aufgaben

1. Wie bewerten Sie die Bemerkung der Erzieherin? Wie bewerten Sie die Reaktion der Kollegin?

2. Warum nehmen vor allem Praktikanten solche Geschehnisse wahr?

3. Welche Möglichkeiten hat eine Praktikantin, solche Situationen anzusprechen? Welche erscheinen Ihnen sinnvoller als andere?

Beispiel

„Was ist denn mit euch geschehen?"
Sven und Raschid raufen. Nach einiger Zeit werden sie wütend und laut. Raschid weint, trotzdem kämpfen beide weiter. Die Praktikantin geht zu den beiden hinüber und fragt, was denn geschehen sei. Die beiden hören kurz auf, sind aber immer noch wütend aufeinander, und keiner von beiden antwortet. Wenn sie nichts sagen wollen, dann sollen sie nicht hier im Gruppenraum raufen, denn das würde die anderen Kinder stören. Sven und Raschid rennen raus. Durchs Fenster sieht die Praktikantin die beiden wieder raufen. Nach einigen Sekunden verliert sie die beiden aus dem Blickfeld. Fünf Minuten später kommen Sven und Raschid gut gelaunt zurück in den Gruppenraum.

Aufgaben

1. Wie bewerten Sie das Verhalten der Praktikantin?

2. Denken Sie sich zwei andere, alternative „Schlusssätze" für diese Situation aus und fragen Sie sich erneut: Wie bewerten Sie das Verhalten der Praktikantin?

Beispiel

„Dann bekommt es keiner"
Lisa und Niklas streiten sich auf dem „Bauteppich". Beide wollen mit dem neuen Feuerwehrauto spielen. Die Praktikantin bemerkt das Geschehen, beobachtet es und entschließt sich, noch nicht einzugreifen. Die Situation löst sich jedoch nicht auf. Lisa und Niklas werden immer wütender. Das Auto wird hin- und hergerissen. Die Praktikantin kommt hinzu und fragt, was denn los sei. Beide reklamieren, dass man das Feuerwehrauto als Erster gehabt habe und deshalb damit spielen dürfe. „Ihr könnt euch doch abwechseln", ist der Vorschlag der Praktikantin. Eine Minute später kommt es erneut zum Streit. Die Praktikantin kommt hinzu, nimmt den beiden das Auto weg und sagt zu ihnen: „Dann bekommt keiner von euch die Feuerwehr."

1. Wie bewerten Sie die Ideen der Praktikantin?

2. Welche alternativen Ideen wären möglich gewesen? Nennen Sie einige Möglich-keiten und besprechen Sie in einer Kleingruppe das Für und Wider.

3. Zu zweit: Schreiben Sie in aller Kürze drei weitere konfliktträchtige Geschehnisse aus dem Kindergartenalltag auf. Stellen Sie jeweils am Ende die Aufgabe: Wie könnte man als Praktikantin in dieser Situation reagieren? Was erscheint sinnvoll, was könnte weniger sinnvoll sein? Tauschen Sie Ihre Zettel mit anderen und be-arbeiten Sie diese. Anschließend tauschen Sie die Zettel wieder zurück. Kommen Sie über die Bearbeitungen miteinander ins Gespräch.

Elternabend

Natürlich ist ein Elternabend stets eher mit guten und positiven Absichten verbunden. Er dient dem Informationsaustausch und dem ruhigen Gespräch in eher entspannter Atmosphäre. Aber wenn Eltern zu wenig über das Geschehen im Kindergarten wissen oder wenn Eltern dem Kindergartenpersonal Schuld zuweisen bei Geschehnissen, in denen ihrem Kind Negatives widerfahren ist, birgt ein Elternabend unweigerlich eine Menge Zündstoff. Im Folgenden finden Sie einige fiktive Situationen, die in dieser Men-ge hoffentlich nirgendwo vorkommen mögen:

Beispiele

„Gestern kam mein Sohn schon wieder mit einer dicken Beule am Kopf nach Hau-se. Wie kommt es, dass er immer dann, wenn er diese komische Bewegungsbau-stelle hinter sich gebracht hat, verletzt ist? Das war schließlich schon zum vierten Mal in diesem Monat. Ihr Glück, dass er sich noch nichts gebrochen hat. So was wie Sorgfalt und Aufsichtspflicht scheinen Sie ja nicht zu kennen, oder?"

„Da gebe ich Max extra viele Sachen zum Frühstücken mit. Und Sie wissen ja schließ-lich, dass er morgens erst im Kindergarten seine erste Mahlzeit einnehmen kann. Er bekommt immer zwei belegte Vollkornbrote, ein Stück Obst und einen Pudding mit für sein frühes Frühstück und das spätere Frühstück mit allen anderen Kindern. Und seit einer Woche bringt er Brote und Obst immer wieder mit nach Hause. Nur den Pudding, den scheinen Sie ihm ja noch geben zu können. Warum fällt Ihnen eigentlich nichts ein, Max das gesunde Frühstück schmackhaft zu machen?"

„Ich erwarte von Ihnen, dass Sie mein Kind ordentlich auf die Schule vorbereiten. Bislang aber kann ich noch nichts erkennen. Und da scheint auch nichts mehr zu kommen. Da fehlt doch was in Ihrem Programm der Vorschulerziehung. Was sagt denn Ihre Chefin dazu, dass Sie lieber immer nur basteln und spielen?"

„Ich habe gehört, dass der Montessori-Kindergarten am Ort viel besser sei als Ihrer hier. Wir denken darüber nach, unser Kind abzumelden. Da drüben wird den Kin-dern scheinbar viel mehr geboten. Und in der Grundschule scheinen die Montes-sori-Kinder einfach besser zurechtzukommen. Das liegt bestimmt daran, dass dort die Erzieherinnen mit mehr Einsatz und Engagement arbeiten."

„Es scheint Ihnen ja völlig egal zu sein, dass mein Kind jeden Tag mit total schmutzigen und sogar zerrissenen Sachen nach Hause geschickt wird. Wenn ich von meiner Arbeit zurückkomme, dann habe ich jedes Mal alle Hände voll zu tun. Und dann immer dieser Ärger mit seinen Hosen und Jacken. Als Alleinerziehende habe ich wirklich viel zu wenig Zeit für alles, das können Sie mir glauben. Und so viele Anziehsachen kann ich meinem Sohn auch nicht kaufen. Das ist alles immer so ärgerlich und mühevoll. Können Sie sich das überhaupt vorstellen?"

„Sandra hat mir schon wieder gesagt, dass Sie Lieblingskinder hier haben und sie selbst nicht dazugehöre. Dieses Wort hat sie wirklich benutzt: Lieblingskinder. Und der Begriff muss einwandfrei von Ihnen stammen. Ich habe schon länger beobachtet, dass hier einige Kinder wirklich bevorzugt werden. Vielleicht ist Ihnen das nicht einmal bewusst. Aber meinem Kind, und auch zwei anderen Kindern und ihren Eltern in meiner Nachbarschaft, ist das schon aufgefallen. Das geht doch nicht so weiter. Kinder wissen schließlich sehr gut, wenn sie unterschiedlich behandelt werden."

„Mein Sohn brachte vorige Woche einen Stock mit nach Hause. Das sei aber kein Stock, sondern eine Pistole, sagte er mir. Und zwar eine ganz besonders gefährliche. Es sei eine Maschinenpistole, und man könne damit ganz viele Menschen ganz schnell töten. Das erzählte er mir alles ganz stolz und mit glänzenden Augen. Was sagen Sie dazu? Dürfen die Kinder bei Ihnen wirklich Mord und Totschlag spielen? Unglaublich."

Aufgabe

Welche Motive mögen jedem einzelnen Elternbeitrag zugrunde liegen? Wie und was kann man an einem Elternabend – also vor allen Anwesenden – in jeder einzelnen Situation erwidern?

2.2.5 Gruppenleitung im Kindergarten

Die gruppenbezogenen Tätigkeiten, die in einem Kindergarten zu bewältigen sind, werden in einer Aufgabenbeschreibung für Gruppenleiterinnen fixiert. Manche dieser Arbeiten können bereits von Praktikantinnen zu Beginn oder zum Ende ihrer Ausbildung übernommen werden.

Eine Aufgabenbeschreibung für eine Gruppenleiterin könnte wie folgt aussehen:

- Aufgaben im Hinblick auf die Kinder und Mitarbeiter in der Gruppe
  - Die erste Zeit in der Gruppe (Aufnahmezeit) besonders beachten
  - Elementarpädagogische Arbeit für den Gruppenalltag erarbeiten
  - Bei Bedarf Förderpläne erarbeiten und realisieren
  - Die verschiedenen Angebote für die Kinder im Hause miteinander koordinieren
  - Absprachen über die Verteilung der Aufgaben
  - Vertrauensverhältnisse aufbauen, Probleme ansprechen und Vermittler sein, unter Umständen Leitung einbeziehen
  - Mit den Kindern Besprechungen durchführen

- Kinder gezielt beobachten, erprobte Beobachtungsverfahren anwenden
- Entwicklungs- oder sonstige Berichte schreiben
- Gruppenbesprechungen ansetzen, Gesprächs- und Protokollführung organisieren
- Besondere Ereignisse (Feste, Projekte, Aktionen) planen, durchführen oder begleiten
- Neue Mitarbeiterinnen einarbeiten
- Anleitung von Praktikantinnen organisieren
- Fortbildungen besuchen

■ Aufgaben im Hinblick auf die Eltern der zu betreuenden Kinder
- Beratung und Information vor und bei der Aufnahme (individuelle Aufnahmegespräche in der Einrichtung und im Hause der Eltern)
- Vertrauen aufbauen
- Regelmäßiger Kontakt mit den Eltern (Mitteilungshefte der Kinder, Einladungen zu Veranstaltungen, Hausbesuche, Gespräche in der Einrichtung)
- Elternabende (o. Ä.) vorbereiten und Durchführung organisieren
- Kontakte der Eltern untereinander ermöglichen oder unterstützen
- Elternmitarbeit und Elternmitverantwortung anregen und unterstützen (Elternrat, Mitwirkungsgremien, Feste, Renovierung und Gestaltung, Projekte usw.)
- Weitergabe von Anfragen an die Leitung

■ Aufgaben im Hinblick auf die Kooperation mit der Leiterin der Einrichtung
- Informationen und Absprachen über die laufende Arbeit in der Gruppe
- Informationen und Absprache über Außenkontakte zu Eltern, Schulen, Kindergärten, Kinderärzten, Zahnärzten, Ämtern o. a.
- Informationen und Absprachen über besondere Ereignisse
- Leitung bei Problemsituationen hinzuziehen
- Abschließende Rückmeldung über Praktikantinnen
- Bei Gesprächen mit Kolleginnen prüfen, ob das Gruppengeschehen dies erlaubt

■ Aufgaben gegenüber den Praktikantinnen
- Die Einrichtung und das Einrichtungskonzept vorstellen
- Vorstellung gegenüber Mitarbeiterinnen
- Einsicht in die allgemeine erzieherische Arbeit bieten
- Erläuterungen zu speziellen erzieherischen Aufgaben bei den einzelnen Kindern geben
- Verantwortlichkeiten und Selbstständigkeiten thematisieren
- Bestimmte Aufgaben nach einer Phase der Einarbeitung delegieren
- Hinführung zur Reflexion
- Hinweise auf wichtige Theorien und Fachliteratur
- Unterstützung bei (zumeist schriftlichen) Leistungsnachweisen anbieten
- Zur aktiven Teilnahme an Gruppengesprächen ermutigen
- Vorschläge von Praktikantinnen entgegennehmen und Rückmeldungen geben
- Probleme frühzeitig ansprechen und eventuell Leitung mit einbeziehen
- Zur ungefähren Mitte und am Ende des Praktikums der Praktikantin qualitative Rückmeldungen über deren Leistungen geben
- Mit der Ausbildungsstätte zuvor vereinbarte Beurteilung mit der Leitung besprechen und erstellen

1. Welche dieser Aufgaben (außer: „Aufgaben gegenüber der Praktikantin") könnten Ihres Erachtens bereits von einer Praktikantin zu welchem Zeitpunkt im Praktikum
   a. nach Absprache <u>ganz</u> übernommen werden;
   b. nach Absprache zu einem großen <u>Teil</u> übernommen werden
   c. nach Absprache <u>begleitend</u> übernommen werden
   d. wahrscheinlich <u>nicht</u> übernommen werden
   Begründen Sie Ihre Auswahl nach Möglichkeit sowohl erzieherisch <u>fachlich</u> als auch mit bereits erlebten <u>beispielhaften</u> Situationen.

2. Welche Aufgaben würden Sie gerne
   a. zu Beginn Ihrer Ausbildung
   b. im weiteren Verlauf Ihrer Ausbildung
   c. zum Ende Ihrer Ausbildung
   übernehmen? Begründen Sie nach Möglichkeit sowohl erzieherisch <u>fachlich</u> als auch mit bereits erlebten Geschehnissen oder mit Ihren eigenen Wünschen und <u>Interessen</u>.

3. Wie finden Sie den Abschnitt „Aufgaben gegenüber den Praktikantinnen?
   a. Was finden Sie interessant?
   b. Was erscheint Ihnen wichtiger als anderes?
   c. Fehlt Ihnen etwas? Wenn ja, was?
   d. Was davon haben Sie in welcher Qualität bereits selber erlebt?
   e. Versetzen Sie sich einmal in die Position einer Gruppenleiterin. Welche der genannten Aufgaben erscheinen Ihnen
      – besonders interessant,
      – besonders wichtig,
      – eher mühsam?

4. Wie sollte Ihrer Meinung nach die Kommunikation zwischen Anleiterin und begleitender Lehrkraft der Ausbildungsstätte aussehen?

2.2.6 Spezielle Anleitung von Praktikantinnen

Wie bereits zuvor erwähnt, wird eine ganz bestimmte Fachkraft des Kindergartens mit den Aufgaben der Anleitung betraut. Im Idealfall sieht die Anleitung wie folgt aus:

Zu Beginn der Einführungszeit werden der Praktikantin

- die Gesamteinrichtung und das Arbeitsfeld bekannt gemacht,
- Aufgaben vorgestellt,
- Aufgaben zugewiesen,
- die Schweigepflicht erklärt,
- die Schutzfunktion des „Praktikantenstatus" erklärt,
- die Verpflichtung zur verantwortungsvollen Einhaltung der üblichen Regeln erklärt,

Darüber hinaus werden

■ Vorstellungen zum Gesamtverlauf des Praktikums erörtert,

■ die Formen der Zusammenarbeit mit der schulischen Ausbildungsstätte thematisiert,

■ Hospitationen oder Informationsbesuche organisiert,

■ die Formen der Reflektion besprochen.

Eigeninitiativen der Praktikantin werden in der Regel gefördert, gefordert und auch zugelassen.

Auch die folgenden Hinweise sind Bestandteile einer verantwortungsvollen Anleitung:

■ Es wird mitgeteilt, dass einer Praktikantin aus verschiedenen rechtlichen Gründen nicht die alleinige Aufsicht über die Kinder übertragen werden darf.

■ Kommunikation und Kooperation als Basis von Teamarbeit werden erörtert.

■ Einer Praktikantin sollen Möglichkeiten geboten werden, Kontakte zu den Kindern und zu allen Mitarbeitern im Team aufzunehmen. Das erleichtert vieles und kann Vertrautheit für alle schaffen.

■ Die Praktikantin soll die Kinder kennen lernen. Das geht

1. durch Beobachtungen,
2. durch Gespräche mit ihnen,
3. durch Gespräche mit den Mitarbeiterinnen,
4. durch gemeinsames Erleben in Spiel und Förderung,
5. mit Akteneinsichten (nach Rücksprache),
6. bei Gesprächen mit den Eltern (nach Rücksprache),
7. vor allem durch gemeinsames Erleben in Spiel (angeleitet oder frei), kreativem Gestalten, Bewegung, lebenspraktischen Erfahrungen oder in vorschulischer Erziehung.

■ Rechtzeitige Rückmeldungen dienen der Orientierung und bieten in der Regel mehr Verhaltenssicherheit.

■ Hauswirtschaftsdienste sind keine vorrangige Praktikantinnenaufgabe.

■ Es gibt nach vier Wochen ein obligatorisches Gespräch über die bisherigen Leistungen der Praktikantin.

■ Verantwortung soll in angemessenem Rahmen abgegeben werden.

■ Welches Können und welche Kenntnisse sind bei der Praktikantin vorhanden?

■ Wie selbstständig agierte die Praktikantin bisher?

■ Was traut sich die Praktikantin zu?

Aufgaben

1. *Wie zuvor gesagt, handelt es sich hier um die idealtypische Form einer Anleitung. Was davon haben Sie bereits in einem Praktikum erlebt? Was haben Sie vermisst?*

2. *Kann Ihres Erachtens eine Anleitung auch dann „gelingen", wenn der Praktikantin die Anleiterin selbst nicht sympathisch ist? Begründen Sie ihren Standpunkt.*

3. *Was kann man versuchen, wenn man zu Anfang eines Praktikums merkt, dass „die Chemie" miteinander nicht stimmt?*

4. *Woran denken Sie, wenn Sie das Wort „Praktikantenstatus" lesen?*

5. *Was fällt Ihnen zum Thema „Akteneinsicht" ein?*

2.2.7 Das kindliche Spiel

Spiel ist ein Grundphänomen menschlichen Lebens, es hat bestimmte **Merkmale**, und es verändert sich im Laufe der kindlichen Entwicklung. Erkennbar ist das an der Zu- oder Abnahme bestimmter Spielformen im Kindesalter. Bis zum Alter von etwa zwei Jahren überwiegt noch das Funktionsspiel beim Kind. Ab zwei Jahren tritt vermehrt das Rollenspiel hinzu, das im Alter von drei und vier Jahren die wichtigste Spielform für das Kind ist. Im Alter von fünf Jahren verbringt ein Kind ungefähr zwei Drittel seiner Spielzeit mit Formen des Konstruktionsspieles.

Aufgaben

1. *Sammeln Sie Informationen zu den genannten Spielformen in der Fachliteratur und stellen Sie sie als Kopiervorlagen zusammen.*

2. *Wie sollen Erwachsene oder Erzieherinnen die Kinder bei den einzelnen Spielformen begleiten, anleiten, beobachten oder alleine lassen? Begründen Sie Ihre Meinungen fachlich.*

Im Verlaufe der Vorschulzeit verändern sich nicht nur die Spielformen, sondern auch die sozialen Komponenten des Spiels. Anfangs spielen Kinder vermehrt alleine oder parallel neben anderen Kindern. Ein Miteinander im Spiel, also der direkte Einbezug eines anderen Kindes in das eigene Spielgeschehen, nimmt mit dem Alter zu. Häufig können regelrechte Diskussionen über die Formen des gewünschten Spiels beobachtet werden. Da mit dem Alter das Sprachvermögen, das Sprachverständnis und die allgemeinen sozialen Fähigkeiten zunehmen, werden Kooperationen mit Gleichaltrigen zur Normalität.

Aufgaben

1. *Wie wird Kommunikation im Spiel erkennbar?*

2. *Wie wird Kooperation im Spiel erkennbar?*

3. *Was versteht man unter Parallelspiel?*

Nach Bunk (2004, S. 95) ist Spiel ein komplexes Geschehen und hat verschiedene Merkmale, von denen hier die wichtigsten genannt werden. Die Merkmale verweisen bereits auf gezielte Einflussmöglichkeiten bei bestimmten Behinderungen oder Beeinträchtigungen:

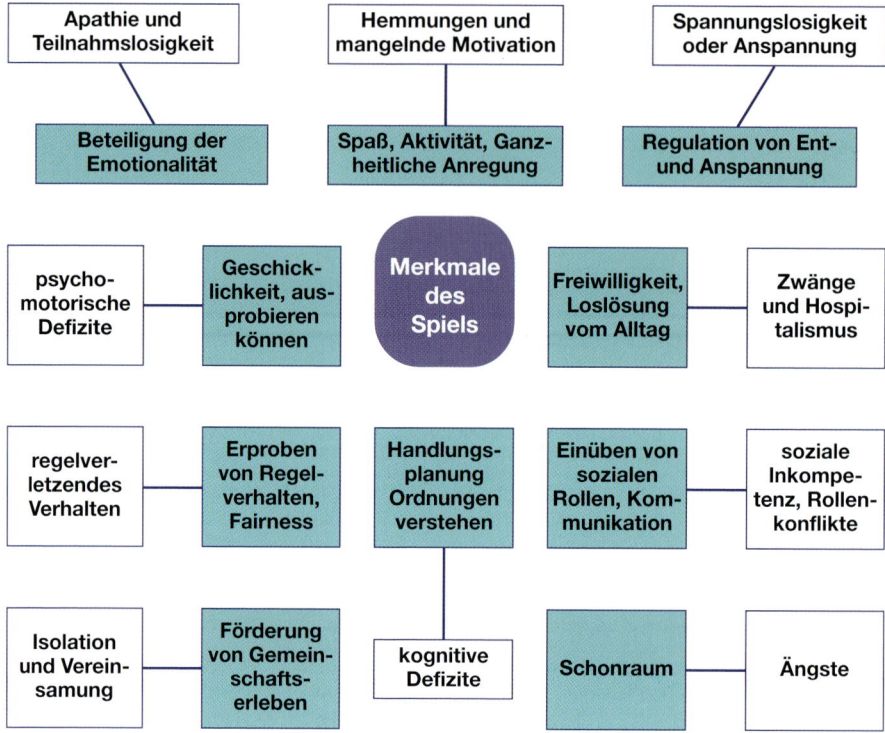

Spiel kann Zeichen kreativer Selbstständigkeit sein. Es ist eine Form der Selbsterfahrung und des Erlebens anderer. In manchen Spielen geht es um die Auseinandersetzung, um soziale Übereinkünfte, um Regelbewusstsein oder um Regelvermittlung. Spiel kann einfach nur dem Vergnügen, der Konzentration, der Materialerfahrung, der Wahrnehmungsförderung, der Fantasie und auch der Konfliktbewältigung dienen.

Spielen steht im Mittelpunkt des Geschehens im Kindergarten. Spiel kann „frei" geschehen, so wie es als fester Begriff der Kindergartenpädagogik definiert ist (Ort, Partner, Zeit, Tätigkeit, Material werden vom Kind selbst gewählt) oder kann als „angeleitetes" Spiel mit engeren Zielsetzungen verbunden sein.

Spiel ist eine sozialpädagogische Handlungsmöglichkeit im Praktikum und wird als sog. **Spielförderung** gezielt eingesetzt:
a. Allgemeine oder spezielle Diagnostik
b. Wahrnehmungsförderung
c. Bewegungsförderung
d. Konzentrationsförderung
e. Allgemeine oder spezielle Verhaltensbeobachtungen
f. Umgang mit Spielmaterialien
g. (Vor-)Übungen für schulische Anforderungen („Kulturtechniken")

Spielförderung kann verstanden werden als:
h. Förderung zum Spiel: Anregungen geben, damit das Kind Spiel als grundlegende Kompetenz erlernt
i. Förderung im Spiel: Spielsituationen gestalten, um vorhandene Spielkompetenzen weiter zu entwickeln
j. Förderung durch Spiel: durch Spiel Lernprozesse anregen, die sich auf andere Lebensbereiche oder Fähigkeiten übertragen (vgl. Bunk, 2004, S. 78).

Aufgaben

1. *Besprechen Sie in einer Lerngruppe die genannten Merkmale im Schaubild. In welchen Spielsituationen erleben Kinder diese einzelnen Merkmale?*

2. *Wie könnte man in einem Praktikum diese Merkmale durch welche Spielsituationen initiieren? Welche Vorbereitungen müssen getroffen werden? Wie „passt" das Geschehen in den Tagesrhythmus einer Kindergartengruppe?*

3. *Wie entwickelt sich Spiel beim Kind? Bearbeiten Sie diese Frage mithilfe von Unterrichtsmaterialen, einem Lehrbuch (z. B. Bunk, 2004) oder anderen Fachbüchern.*

4. *Wie wird Spiel in einem Kindergarten als Förderung gezielt eingesetzt? Informieren Sie sich. Unterscheiden Sie dabei die Förderung zum Spiel, im Spiel, durch Spiel.*

5. *Beim Elternabend beschwert sich eine Mutter über zu viel „Freispiel" für die Kinder. Im Laufe des Beitrags wird erkennbar, dass die Mutter mit „Freispiel" unbeaufsichtigte Situationen und zu wenig Förderung gleichsetzt. Es scheint, dass nicht deutlich ist, was „Freispiel" ist. Was können Sie dieser Mutter entgegnen? Bereiten Sie sich zu Bearbeitung dieser Frage in zwei Kleingruppen („Eltern" – „Erzieherinnen") vor. Spielen Sie diese Situation einige Male mit verschiedenen Grundhaltungen:*
   a. *Vorsichtig („Uns Eltern ist nicht ganz deutlich, was …" – „Das will ich Ihnen gerne erläutern.")*
   b. *Forsch („Sie machen in der Zeit wohl Pause." – „Die Pädagogik müssen Sie schon uns überlassen.")*
   c. *Anklagend („Kein Wunder, dass die Kinder später in der Schule nicht zurechtkommen." – „Was Sie zu Hause falsch machen, können wir hier nicht ausbessern.")*
   d. *Verständnisvoll („Sie haben sich sicher was dabei gedacht, dass Sie unsere Kinder …" – „Ich verstehe Ihre Sorgen. Vielleicht gelingt es mir, Ihnen diese zu nehmen, denn wir …")*

6. *Überprüfen Sie in Ihrer Kindergartengruppe die vorhandenen **Spielmaterialien**. Machen Sie eine (schriftliche) Bestandsaufnahme als Leistungsnachweis. Erfragen Sie zuvor bei ihrer begleitenden Lehrerin die Kriterien der Leistungsbewertung. Ihr Bericht könnte folgende Bestandteile enthalten:*
   a. *Welche Spielmaterialen sind vorhanden?*
   b. *Zu welcher Gruppe gehören diese Materialien (Funktionsspiel, Rollenspiel, Konstruktionsspiel, Materialien zur Bewegung, Regelspiel, usw.)?*

c. *Welche Materialien werden zu ganz verschiedenen Zwecken von Kindern eingesetzt?*

d. *Wie und wo werden die Spielmaterialien bei Nichtbenutzung aufbewahrt? Haben Sie dazu Verbesserungsvorschläge?*

e. *In welchem Zustand sind diese Materialien? Welche Materialien sollten (warum) aussortiert werden?*

f. *In welcher Gruppe fehlen welche Spielmaterialien?*

g. *Welche Materalen werden von welchem Kind bevorzugt?*

h. *Welche ähnlichen Materialien könnten Ihres Erachtens als Neuanschaffung überlegt werden?*

Was erscheint Ihnen wichtiger? Erstellen Sie eine begründete Prioritätenliste.

Übungen

1. *Bereiten Sie eine Situation der* **Spielförderung** *gezielt (schriftlich) vor. Laden Sie Ihre praktikumsbetreuende Lehrkraft zu einer Situation ein. Überreichen Sie ihr zuvor den schriftlichen Bericht. Führen Sie die Situation mit dem Kind (und eventuell mit der aktiv beteiligten Lehrkraft) durch. Reflektieren Sie anschließend mit Ihrer Anleiterin und der Lehrerin darüber. Informieren Sie sich bei Ihrer Lehrerin, nach welchen Kriterien dieser Leistungsnachweis bewertet wird. Fragen Sie auch nach möglichen Kriterien der Reflektion. Wie können Sie sich auf das Reflektionsgespräch vorbereiten? Wie werden die einzelnen Bestandteile (schriftliche Vorbereitung, Durchführung, Reflektion) bei der Leistungsbewertung gewichtet?*

   Allgemein gehört zu einer schriftlichen Vorbereitung Folgendes:

   a. *Beschreiben Sie zunächst das gewählte* **Kind** *und typische Merkmale der Kindergartengruppe. Benennen Sie möglichst exakt, warum gerade dieses Kind diese Spielförderung erhalten soll.*

   b. *Welche Erfahrungen hat das Kind (mit Ihnen) zum Thema bereits zuvor erlebt? Wie häufig kommen Sie mit dem Kind zusammen? Was kennzeichnet* **Ihr Zusammensein**?

   c. *Auf welche fachtheoretischen Grundlagen (Unterrichtsmaterial, Lehrbuch, Fachbücher) können Sie verweisen? Wo hat Ihnen die* **Fachtheorie** *geholfen?*

   d. *Welche Hinweise und Hilfen haben Sie von Ihrer* **Anleiterin** *erhalten?*

   e. *Welche* **Fernziele** *verfolgen Sie mit dem Gesamtgeschehen?*

   f. *Was wollen Sie durch das Gesamtgeschehen der Spielförderung lernen? Was sind ihre* **persönlichen Ziele**?

   g. *Was soll* **heute** *geschehen? Was soll heute erreicht werden (Nahziele)?*

   h. *Wie werden Sie vorgehen? Welche Vorbereitungen müssen Sie treffen? Wie viel Zeit planen Sie wofür ein? Wie wollen Sie beginnen? Womit wollen Sie enden?*

   i. *Welche Unwägbarkeiten scheinen sich einer Planung zu entziehen? Was kann, sollte aber nicht geschehen? Wie wollen Sie auf mögliche Störungen reagieren?*

   j. *Wie werden Anleiterin und Lehrerin eingeplant? Sollen Sie aktiv beteiligt werden oder sollen sie passiv beobachten?*

2. Wie Aufgabe 5, jedoch planen Sie nicht eine Spielförderung, sondern eine Bewegungsförderung/psychomotorische Förderung/sportliches Spiel.

3. Planen Sie wie zuvor. Jedoch planen Sie diesmal eine Förderung im Bereich Werken und Gestalten.

4. Wie in Aufgabe 5, jedoch planen Sie diesmal eine Förderung im Bereich der Naturerfahrungen.

5. Wie in Aufgabe 5, jedoch planen Sie diesmal eine Förderung im Bereich Musik/Rhythmik.

6. Wie in Aufgabe 5, jedoch planen Sie diesmal im Bereich Hygiene/Hauswirtschaft/Lebenspraktischen Erfahrungen.

Weitere Erlebnisbereiche

Neben Spiel kommen noch weitere Erlebnisformen im Alltag des Kindergartens vor. Das Schaubild zeigt die wichtigsten:

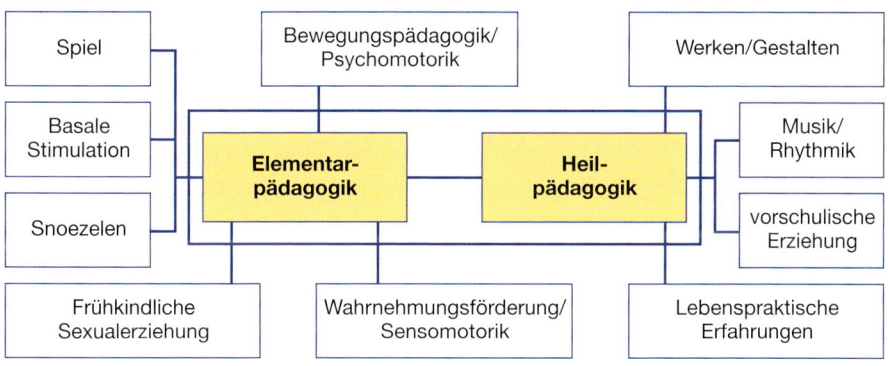

Erlebnisformen im Alltag des Kindergartens bzw. der Kindertagesstätte (in: Greving/Niehoff, 2006, S. 68)

Aufgabe

Fertigen Sie zu jedem der Fachbegriffe bzw. Begriffspaare eine Kopiervorlage (eine Seite) mit den wichtigsten Merkmalen an. Beziehen Sie Ihre Aussagen stets auf den Alltag in einem Kindergarten bzw. einer Kindertagesstätte. Sie können dabei auch bestimmte Situationen Ihrer Wahl beachten.

2.3 Sonderkindergärten, heilpädagogische Kindertageseinrichtungen und integrativ-additive Kindertagesstätten

Der Schaum quillt aus der Spraydose. Auf dem Tisch entsteht eine schneeweiße Gebirgslandschaft. Da lässt Jochen seine Hand mitten rein plumpsen, dass es spritzt. Und gleich noch mal. Man sieht, wie viel Spaß es ihm bereitet, im Schaum zu matschen. „Mit Sahne könnten wir das nicht machen, die würden die Kinder sofort aufschlecken", sagt Dorothee Boonk. Sie arbeitet im Kindergarten von Haus Hall. Dort werden derzeit 21 entwicklungsverzögerte, lern- und geistig behinderte Kinder betreut. Die drei Kindergartengruppen sind in sich sehr unterschiedlich. Einige Kinder lärmen, schreien und toben, andere sind ruhig, zurückhaltend, leise, bewegungsunfähig und deshalb auf intensive Betreuung [...] angewiesen. [...]

Christine hat bisher ihr ganzes Leben lang auf dem Bauch gelegen, sie kann weder sitzen noch stehen. Im Kindergarten von Haus Hall soll sie sich ans Sitzen gewöhnen. Da ihr diese Körperhaltung fremd ist, verkrampft das blonde Mädchen schnell – und weint. Die Momente, in denen sie sich nicht dagegen sträubt, sind selten, aber es gibt sie – immer dann, wenn sie nicht im Stuhl sitzen muss, sondern auf dem Rücken eines Pferdes reiten darf.

Haus Hall, 1994, o. S.

Aufgabe

Sammeln Sie in der Klasse weitere Szenen aus dem Alltag in einem Heilpädagogischen Kindergarten. Wie wurden diese Szenen erlebt? Was war schön, interessant oder reizvoll?

2.3.1 Merkmale

Kindergärten und Kindertagesstätten sind Orte des spielerischen Lernens und Erlebens in der Gemeinschaft mit anderen Kindern. Sind in dieser Gemeinschaft auch einige Kinder mit Behinderungen oder Entwicklungsverzögerungen, so spricht man von einer **integrativen Kindertagesstätte** oder einem **integrativen Kindergarten**. Viele sog. Regeleinrichtungen haben sich im Laufe der letzten Zeit zu solchen integrativen Einrichtungen gewandelt. Das bedeutet u. a. Zuschüsse zu den Personalkosten aufgrund der behinderten bzw. von Behinderung bedrohten Kinder und die Finanzierung behinderungsgerechter Umbauten.

Heilpädagogische Kindergärten, Sonderkindergärten oder **heilpädagogische Kindertagesstätten** sind in erster Linie gestaltete Lebensräume für behinderte oder von Behinderung bedrohte Kinder im Vorschulalter. Diese Kinder haben aufgrund ihrer Entwicklungsverzögerungen oder Behinderungen besondere Bedürfnisse. Zudem unterscheiden sich diese Kindergärten und Kindertagesstätten aufgrund ihrer speziellen Konzepte und Zielsetzungen, durch die baulichen Gegebenheiten und vor allem aufgrund der dort speziell ausgebildeten Mitarbeiterinnen. Dort arbeiten Erzieherinnen häufig zusammen mit Heilerziehungspflegerinnen, Kinderkrankenschwestern und verschiedenen Therapeutinnen. Ein Sonderkindergarten versteht sich niemals als Ort der Aussonderung. Mit dem Wortteil „Sonder" wird vielmehr betont, dass die Kinder aufgrund ihrer Beeinträchtigungen oder Behinderungen ein „besonderes" qualitatives Angebot benötigen. Die Eltern finden dort für ihr Kind grundsätzlich ein durchgehendes Betreuungsangebot von morgens bis zum späten Nachmittag. Falls der Weg zu weit ist, organisiert in der Regel die Einrichtung einen Busdienst. Für jedes Kind wird ein Förder- und Betreuungsplan erstellt. Dort wird festgelegt, welche **allgemeinen Entwicklungsziele** in der pädagogischen Gruppenbetreuung erreicht werden sollen.

Hinzu kommt ein Angebot **besonderer Therapien**, die das Kind erhalten kann. Dabei könnten einige der folgenden Angebote möglich sein:
- Physiotherapie
- Logopädie
- Sprachförderung
- Motopädie
- Psychomotorik

Möglich sind manchmal auch
- Therapeutisches Reiten
- Sensorische Integrationstherapie
- Unterstützte Kommunikation
- Gebärdenunterstützung
- Petö-Therapie
- Kinesiologie

Aufgaben

1. *Sammeln Sie Informationen zu einer der genannten Therapien bzw. einem genannten therapeutischen Verfahren. Erstellen Sie eine Wandzeitung und bieten Sie Wichtiges auf einer Seite als Kopiervorlage.*

2. *Welche Therapien bzw. therapeutischen Verfahren werden in einem Sonderkindergarten in Ihrer Nähe angeboten?*

3. *Wie wird in einem Sonderkindergarten die Zusammenarbeit von Erzieherinnen und Therapeutinnen sichergestellt? Laden Sie eine Fachfrau zum Gespräch in die Schule.*

Aufgenommen und betreut werden
- Kinder mit vorrangig körperlichen Behinderungen bzw. Beeinträchtigungen,
- Kinder mit geistiger Behinderung oder Entwicklungsverzögerung,
- Kinder mit anderen schwerst- und Mehrfachbehinderungen.

Eine Behinderung tritt selten isoliert und klar umgrenzt auf. Bei Kindern mit körperlicher oder mit geistiger Behinderung treten in der Regel weitere Schwierigkeiten auf. Häufig anzutreffen sind:

■ Seh-, Hör- und Sprachstörungen
■ Stoffwechselerkrankungen
■ Verhaltensauffälligkeiten
■ Wahrnehmungsstörungen
■ Chronische Erkrankungen
■ Verschiedene Entwicklungsverzögerungen

Viele Kinder in Sonderkindergärten oder heilpädagogischen Kindertagesstätten zählen zu den schwerst- und mehrfach behinderten Kindern. Hinzu kommen manchmal Gesundheitsprobleme bzw. chronische Erkrankungen, die eine besonders intensive pflegerische Aufmerksamkeit benötigen (z. B. Dauerbeatmung oder Sondierung).

Zunehmend häufiger findet man ehemals heilpädagogische Einrichtungen, die sich in so genannte **integrativ-additive Kindertagesstätten** weiterentwickelt haben. Das bedeutet, dass in einer solchen Einrichtung auch nichtbehinderte Kinder aufgenommen und betreut werden, so z. B. geschehen in der „Integrativen Kindertagesstätte" des Diakoniewerks in Bochum, die bis zum Juli 1997 25 Jahre lang „Sonderkindergarten zur Förderung spastisch Gelähmter und anderer Körperbehinderter" hieß (vgl. Integrative Kindertagesstätte, 1999). Seit 1997 werden dort neben ca. 30 behinderten Kindern ungefähr 20 nichtbehinderte Kinder betreut. Die Kinder sind in vier Gruppen aufgeteilt. In den Alltagssituationen leben und lernen die Kinder mit und ohne Behinderungen gemeinsam. Auftrag ist es, das Zusammenleben dieser ganz unterschiedlichen Kinder zu begleiten und zu fördern. Eine besondere räumliche und personelle Ausstattung ermöglicht eine praktische Förderung nach drei ineinander verzahnten und damit gleich wichtigen und gleich gewichteten Konzepten der Elementarpädagogik, Heilpädagogik, therapeutischen Unterstützungen (Physio-, Ergo- und Logopädie).

Aufgaben

1. *Was könnte Eltern dazu bewegen, ihr nichtbehindertes Kind („Regelkind") in einer integrativ-additive Kindertagesstätte anzumelden? Sammeln Sie verschiedene Beweggründe, und reden Sie darüber.*

2. *Wo würden Sie Ihre eigenen nichtbehinderten Kinder eher anmelden? Was spricht Ihres Erachtens für eine Regeleinrichtung, was für eine integrative Einrichtung und was für eine integrativ-additive Einrichtung?*

In der Bochumer Einrichtung werden Kinder mit folgenden **Behinderungen** oder Beeinträchtigungen und verschiedenen Schweregraden betreut (Stand: 2004/2005):

■ Geistige Behinderung
■ Cerebralparese
■ Muskelerkrankungen
■ Epilepsie
■ Genetische Fehlbildungssyndrome
■ Hydrocephalus
■ Spina Bifida

- Verschiedene Sinnesschädigungen
- ADS, Hyperaktivitätssyndrom
- Autismus
- Chronische Erkrankungen und/oder lebensgefährdende Erkrankungen (z. B. Krebs)

1. Stellen Sie in Kurzform einige besonderen **Merkmale** der genannten Behinderungsarten zusammen.

2. Sammeln Sie allgemeine Erkenntnisse zu den vorgestellten Behinderungen. Stellen Sie eine der Behinderungsarten im Referat vor. Fertigen Sie aus ihrem Referat eine „Wandzeitung". Stellen Sie einen Film oder ein Buch vor, in dem die Behinderungsart eine Rolle spielt. Es kann ruhig ein bekannter Spielfilm, ein Kinderbuch oder ein Roman sein.

3. Welche Menschen mit welchen Behinderungen sind Ihnen persönlich bekannt? Wie gehen diese Menschen mit ihrer Behinderung um? Wie geht man mit ihnen um? Was kann man von Ihrem Bekannten als Nichtbehinderter lernen?

4. Welche besonderen **heilerzieherischen** Aufgaben müssen aufgrund dieser Behinderungsarten beachtet werden? Was gleicht der erzieherischen Begleitung nichtbehinderter Kinder?

5. Geistige Behinderung ist in der Regel eine Mehrfachbehinderung. Warum? Ziehen Sie andere Lehrbücher oder Fachliteratur zurate.

6. Welche chronischen Erkrankungen erfordern welche besonderen Aufmerksamkeiten? Finden Sie zehn verschiedene chronische Erkrankungen, und zählen Sie die daraus resultierenden möglichen Arbeitsaufträge auf.

7. Was versteht man unter Schwerst- und Mehrfachbehinderung? Ziehen Sie Fachliteratur oder Lehrbücher zurate.

In der integrativen Tagesstätte in Bochum setzt sich das **Mitarbeiterteam** zusammen aus (Stand: 2005):
- Leiter (Diplom-Heilpädagoge)
- Vier Gruppenleiterinnen
- Sechs Kinderpflegerinnen
- Berufspraktikantin
- Vier Physiotherapeutinnen (Teilzeit)
- Drei Ergotherapeutinnen (Teilzeit, Vollzeit)
- Logopädin (Teilzeit)
- Praktikantinnen (unregelmäßig)

Die integrative Kindertagesstätte arbeitet mit anderen Institutionen regelmäßig oder nach Bedarf zusammen:
- Frühförderstellen
- Andere Kindergärten und Kindertagesstätten
- Kinderkliniken
- Kinderärzte, Fachärzte

- Therapeutische Praxen
- Schulen
- Gesundheitsämter, Jugendämter, Sozialämter
- Schulamt, Schulverwaltungsamt
- Ausbildungsstätten für alle im Hause vertretenen Berufsgruppen
- Musikschule

Aufgabe

Fragen Sie in einem Kindergarten oder einer Kindertagesstätte Ihrer Wahl nach, mit welchen Institutionen dort zusammengearbeitet wird. Wie sieht dieses Zusammenarbeiten aus? Welche Aufgaben oder Probleme müssen mit welcher Stelle gelöst werden? Wer im Kindergarten ist für die Erledigung dieser einzelnen Aufgaben zuständig?

Die ungefähr 50 Kinder werden in einer großzügigen Anlage (Gebäude: ca. 1.000 m^2 im Erdgeschoss, Untergeschoss: Bewegungsbad und andere Funktionsräume) in einem Wohngebiet Bochums betreut. Zu den Räumlichkeiten zählen:

- Vier Gruppenräume
- Vier Nebenräume
- Vier Toiletten-, Wasch- und Wickelräume
- Bewegungs- und Mehrzweckraum
- Hallenbad (Bewegungsbad) mit Umkleideraum
- Snoezelenraum/Entspannungsraum
- Sechs Räume für Therapeutinnen – drei für Ergotherapie, zwei für Physiotherapie, einer für Logopädie
- Küche
- Personalraum
- Leiterzimmer
- Beratungs- und Arbeitszimmer für schriftliche Arbeiten
- Außengelände mit Spiel- und Bewegungsangeboten

Die integrative Kindertagesstätte ist von Montag bis Freitag geöffnet, und die maximale Betreuungszeit dauert von 7:00 Uhr bis 17:00 Uhr. Für behinderte Kinder steht ein Busdienst zur Verfügung, der sie in der Regel um 8:30 Uhr zur Tagesstätte bringt und um 15:30 Uhr nach Haus fährt. Wegen Teambesprechungen, interner Fortbildungen, Hausbesuchen, Elternberatungen findet einmal pro Woche die Rückfahrt bereits um 13:00 Uhr statt. In den Sommerferien ist die Tagesstätte für drei Wochen geschlossen. Zwischen Weihnachten und Neujahr ist sie ebenfalls geschlossen (Stand: 2005).

2.3.2 Ein typischer Tag

Der Alltag in einem integrativ-additiven Kindergarten mit Ganztagsbetreuung wie in der Bochumer Einrichtung könnte wie folgt aussehen (Stand: 2005):

7:00	Beginn des Frühdienstes
7:45	Arbeitsbeginn für alle anderen Mitarbeiterinnen Planungen, Vorbereitungen
8:30	Ankunft der Busse mit den behinderten Kindern Die anderen Kinder werden von ihren Eltern zu unterschiedlichen Zeiten (von 7:00 bis 9:00 Uhr) gebracht Frühstück in den Gruppen anschließend Toiletten- und Sauberkeitserziehung anschließend Spiel- und Förderangebote in Klein- oder Großgruppen oder Schwerpunktangebotsgruppen oder lebenspraktische Übungen gleichzeitig Einzelsituationen in den Gruppen gleichzeitig und ganztägig Therapien für einzelne Kinder je nach wöchentlichen Therapieplänen oder Naturerleben oder Spiel und Bewegung in der Turnhalle, im Schwimmbad oder auf dem Spielplatz
12:15	Mittagessen in den Gruppen anschließend Toiletten- und Sauberkeitserziehung anschließend Mittagsruhe: Schlafen, Entspannung oder ruhiges Freispiel Für einige Mitarbeiterinnen Vorbereitungs- oder Reflektionszeit
14:00	Sauberkeitserziehung/Hygiene
14:15	Kleine Mahlzeit in den Gruppen
14:30	Verschiedene Gruppenangebote: Spielkreis, Singkreis, Basteln, Rollenspiele, Bewegungsspiele, Projekte
15:30	Heimfahrt der Kinder mit Behinderungen
17:00	Ende der maximalen Betreuungszeit

Die therapeutischen Angebote (Physiotherapie, Ergotherapie, Logopädie) finden für Kinder mit Behinderungen in der Regel zweimal (je nach Verordnungen) pro Woche im Laufe des Tages statt. Eine Therapieeinheit dauert in der Regel 45 Minuten. Alle Therapeutinnen gehören zum Personal der integrativen Kindertagesstätte. Ihnen stehen eigene Funktionsräume zur Verfügung.

Aufgaben

1. *Vergleichen Sie das räumliche, das personelle Angebot und/oder einen typischen Tagesablauf mit anderen Kindergärten Ihrer Wahl. Was **genau** wollen Sie miteinander vergleichen? Machen Sie sich zuvor Gedanken über verschiedene Rubriken. Dokumentieren Sie Ihre Vergleiche*
   a. *als schriftlichen Bericht,*
   b. *als Wandzeitung,*
   c. *mit Bildern.*
   Analysieren und kommentieren Sie Ihre Ergebnisse. Vergleichen Sie mit den Ergebnissen anderer im Klassenverband.

2. *Vergleichen Sie mit einem Regelkindergarten.*

3. *Vergleichen Sie mit einem Kinderhort.*

4. *Vergleichen Sie mit einer anderen integrativen Kindertagesstätte.*

5. *Vergleichen Sie mit einem Sonderkindergarten oder einem heilpädagogischen Kindergarten.*

Zielgerichtete Erziehung in einem Sonderkindergarten, einer heilpädagogischen oder in einer integrativ-additiven Kindertagesstätte unterscheidet sich prinzipiell kaum von den Aufgaben und Zielen in einem Regelkindergarten. Lediglich die Behinderung oder Beeinträchtigung bringt es mit sich, dass diese Kinder eine besondere, manchmal auch eine außergewöhnlich spezielle Aufmerksamkeit benötigen. In Einzelfällen kann diese sogar nur von besonders geschultem Personal geboten werden kann, so z. B. bei bestimmten Ess- oder Schluckstörungen, Sinnesbehinderungen, bei komplexen körperlichen Behinderungen, bei Schwerst- und mehrfacher Behinderung, Stoffwechselstörungen oder bei bestimmten chronischen Erkrankungen.

2.4 Besondere Kindergärten

Die folgenden Kindergärten zeichnen sich durch eine Leitidee aus, die sowohl die Konzeption bestimmt als auch Auswirkungen auf die Abläufe und Angebote im Kindergartenalltag hat. Damit beeinflusst das jeweilige Konzept in deutlicher Weise die Aufgaben und Anforderungen, die an die praktisch tätigen Erzieherinnen gestellt werden. Aus den Leitgedanken lassen sich zudem auch unterschiedliche Schwerpunkte für Projektideen entwickeln. Einige Aspekte von fünf besonderen Kindergartenkonzepten werden nachfolgend dargelegt.

2.4.1 Waldorfkindergarten

Seit 1919 gibt es mittlerweile in aller Welt pädagogische Einrichtungen, die in ihren Überlegungen und Methoden von den geisteswissenschaftlichen Grundlagen der Entwicklung des Menschen nach Rudolf Steiner ausgehen. Sie haben sich eine feste Position im vorschulischen und schulischen Bildungssystem erarbeitet. Insgesamt gibt es weltweit ca. 1.500 Waldorfkindergärten, davon ein Drittel in Deutschland (vgl. Saßmannshausen, 2004, S. 4).

Rudolf Steiner
(© Foto Rietmann, Verlag am Goetheanum)

Aufgabe

Von Waldorfkindergärten oder Waldorfschulen haben viele, die einen erzieherischen Beruf ergreifen wollen, schon gehört oder gelesen. Welche Assoziationen oder Stichworte verbinden Sie mit Waldorfkindergarten?

Grundlagen der Waldorfpädagogik

Das Menschenbild der Anthroposophie, das der Waldorfpädagogik zugrunde liegt, sieht den Menschen gegliedert in Leib, Seele und Geist. Die Erziehenden stellen diese Dreiheit des Kindes von Anfang an in den Mittelpunkt. Die Anthroposophie unterscheidet zudem vier Wesensglieder des Menschen (physischen Leib, Ätherleib, Astralleib und Ich-Leib). Die Entwicklung der einzelnen Wesensglieder erfolgt in einem Siebenjahresrhythmus.

Für die Waldorfkindergärten sind die Erkenntnisse über das erste Lebensjahrsiebt ausschlaggebend. In den ersten sieben Jahren ist das Kind ganz damit beschäftigt, die Welt und sich selbst kennen zu lernen. Es ist die Phase des größten körperlichen Wachstums, und die inneren Organe erhalten ihre endgültigen Formen und Strukturen. Die Kinder nehmen mit ihren Sinnen die Welt wahr, die Eindrücke werden „einverleibt". Das kleine Kind ist aber auch ganz Willenswesen. Das Kind greift mit dem Willen zur Nachahmung das auf, was um es herum geschieht. Es lassen sich in den ersten sechs bis sieben Jahren drei verschiedene Stufen in diesem nachahmenden Verhalten voneinander unterscheiden (vgl. Jaffke, 1996, S. 4f.):

■ Bis etwa zweieinhalb Jahren: Die grundlegenden Fähigkeiten wie Aufrichtung, Laufen und Sprechen lernt das Kind durch Nachahmung. Große Freude hat es auch mit dem Hantieren von (Alltags-)Gegenständen, solche Tätigkeiten hat es an arbeitende Erwachsenen wahrgenommen. Der Sinn und Zweck der Tätigkeit werden nicht durchschaut. Den Kindern wird Zeit gelassen, ungestört jeden Fortschritt aus eigener Kraft zu vollziehen.

- Ab dem dritten Lebensjahr: Gegenstände werden zweckentfremdet und auf vielerlei Art verwendet, die kindliche Fantasie und das kindliche Gedächtnis erwachen. Charakteristisch für das Spiel in dieser Zeitspanne ist, dass es durch Anlässe von außen angeregt wird. Dazu müssen Gegenstände bereitgestellt werden, die ganz einfach sind und solche fantasiereichen Handlungen ermöglichen.

- Vom fünften bis siebten Lebensjahr: Die Anregungen zum Spiel kommen nicht mehr so sehr über Gegenstände von außen, sondern zunehmend von innen, aus dem Vorstellungsbild des Kindes. Situationen und Ereignisse werden nachgespielt. Auch hierfür können benötigte Gegenstände von den Kindern mit einfachen Materialien selbst hergestellt werden.

Diese Erkenntnisse haben große Bedeutung für die Gestaltung des Lebensumfeldes im Kindergarten und Konsequenzen für das Erzieherinnenverhalten.

Grundprinzipien im Kindergarten

Die Erziehung des Kindes im Waldorfkindergarten ruht auf zwei Grundsäulen: Vorbild und Nachahmung – Rhythmus und Wiederholung (vgl. Jaffke, 1996, S. 8):

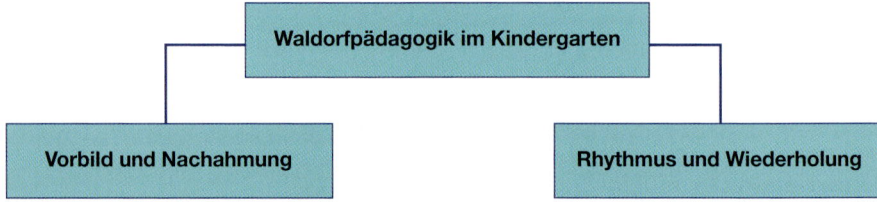

Grundsäulen der Erziehung im Waldorfkindergarten

Lernen in diesem Alter vollzieht sich im Wesentlichen im nachahmenden Tun und nicht so sehr durch Belehrungen oder moralische Appelle, die nur den Intellekt des Kindes ansprechen. Die Kinder haben ein tief greifendes Interesse an den Vorgängen der Welt und eine große Freude oder Befriedigung daran, diese Vorgänge nachzuahmen. Nachahmung setzt Sinneswahrnehmung voraus. Deshalb werden die Sinne und alle ihre Möglichkeiten im Waldorfkindergarten in vielfältiger Weise gepflegt. Nachahmend lernen die Kinder vom Erwachsenen die Arbeiten des Lebens kennen. Dazu gehört beispielsweise das Brotbacken und je nach Jahreszeit das Verwerten von Früchten. Auch die vielfältigen Vorbereitungen für die Feste werden in Gegenwart der Kinder durchgeführt. Dabei erleben Kinder sehr viele verschiedene handwerkliche Arbeiten. Sie werden mit dem Material vertraut und können die notwendige Geschicklichkeit erlernen.

Im Waldorfkindergarten zeigen sich Rhythmen, die Sicherheit geben sollen, vor allem in der wiederkehrenden Zeitstruktur des Tages. Die Erzieherinnen sorgen für einen rhythmisch gegliederten und geregelten Tagesablauf. Er enthält sowohl Haus- und Pflegearbeiten als auch handwerkliche und künstlerische Betätigungen. Dazu kommen Tätigkeiten, die in bestimmten Jahreszeiten anstehen, und die Gestaltung der entsprechenden Feste. Die Kinder erleben dadurch die Vorgänge in der Natur im Wechsel der Jahreszeiten bewusst mit.

Ein normaler Tagesablauf gestaltet sich etwa folgendermaßen (vgl. Jaffke, 2004, S. 21 ff.): Zuerst ist für die Kinder freie Spielzeit bis etwa 9:15 Uhr. Die Kinder können dabei ihren eigenen Spielimpulsen folgen. Nach dem Aufräumen werden die Tische fürs Frühstück gedeckt. Vor dem Frühstück gibt es kleine rhythmische Spiele aus Liedern oder Versen, die das Jahreszeitgeschehen begleiten. Zum Frühstück wird gemeinsam das gegessen, was vorher dafür zubereitet wurde. Anschließend steht die Zeit bis 11:30 Uhr für eine zweite Phase des freien Spiels zur Verfügung, etwa im Garten oder bei einem Spaziergang. Nach dem Aufräumen finden sich alle Kinder in der Erzähllecke ein, dort wird als Abschluss des Vormittags ein Märchen erzählt. Die Zeitgliederung ist täglich die gleiche. Sie wird damit zur guten Gewohnheit. Singen und Musizieren, rhythmische Spiele und künstlerische Tätigkeiten haben einen hohen Stellenwert und häufig einen besonderen Platz im Wochenrhythmus.

Das Freispiel hat durch zwei längere Phasen eine besondere Bedeutung, hier können die Kinder ihrem Alter entsprechend in kleineren oder größeren Gruppierungen ganz ihren spontanen Impulsen folgen. Hier werden der Fantasie Freiräume und Anregungen gegeben. Auch draußen erleben die Kinder dabei wieder den tätigen Erwachsenen, dem sie immer helfen dürfen, z. B. beim Graben, Säen, Pflegen, Ernten. Damit sind auch eine besondere Rolle und eine besondere Verantwortung für den Erwachsenen gegeben. Der Erwachsene ist in dieser Zeit Vorbild. Alles, was dem Kind vorgelebt wird, nimmt es auf und verinnerlicht es. Er richtet seine Tätigkeiten so ein, dass die Kinder diese Tätigkeiten durchschauen und mit vollziehen können. Dies wirkt ordnend auf die Gefühls- und Gedankenwelt des Kindes. Im Kindergarten sollen die Kinder den Erwachsenen als ruhenden Pol erleben können (vgl. Jaffke, 1996, S. 5).

Die Begegnung mit dem Kind wird damit für die Erzieherin auch zu einer Frage der Selbsterziehung. Denn sie soll dem Kind je nach Entwicklungsstand als Vorbild, Autorität oder Partner dienen. Um dem Kind dabei zu helfen, ist die eigene Weiterentwicklung Voraussetzung.

Zu den wichtigsten Aufgaben zählt, Räume zu schaffen, in denen schöpferisches Spielen möglich ist.

> Dazu gehört vor allem eine geeignete Nachahmungsumwelt, d. h. sinnvoll tätige Erwachsene, die ihre Arbeit gern tun und daneben die Kinder zurückhaltend in ihrem Spiel begleiten. Nicht auf viele gescheite Worte, Spielvorschläge oder irgendwelche Belehrungen kommt es an, sondern auf eine ruhige, fröhliche Schaffensatmosphäre.

(Jaffke, 2004, S. 18)

Zu den weiteren praktischen Aufgaben des Erwachsenen zählen die Zubereitung des Frühstücks, die Pflege des Raumes, die Pflege und Herstellung des Spielzeugs und die Vorbereitung der Feste. Die meisten Spielmaterialien sind selbst gemacht, beispielsweise werden sie genäht, geschnitzt, geknüpft, kleine Körbchen werden geflochten.

> Indem die Kinder erleben, dass wir fast alle Spielzeuge selber herstellen, entsteht in ihnen die Lebenshaltung: Was man braucht, kann man sich machen. Auch werden die Kinder dadurch nicht so anspruchsvoll; sie lernen, die Dinge zu schätzen und zu achten, sie werden selbst schöpferisch, und sie werden geschickt.

(Jaffke, 2004, S. 25)

Raumgestaltung und Spielzeug

In der Raumgestaltung sollten die Kinder Klarheit und Ordnung und außerdem ein Geborgenheitsgefühl erleben. Denn nur aus der Geborgenheit heraus kann das Kind tätig werden. Der Kindergarten zeichnet sich durch eine harmonische Umgebung aus (Farben, Proportionen, Möbel, Vorhänge). Die Möbel sind aus Holz, und alle Spielmaterialien bestehen aus Naturmaterialien, die jeweils ihr besonderes Aussehen, ein bestimmtes Gewicht und einen typischen Geruch haben. Der Kindergarten ist klar und übersichtlich gegliedert. Jedes Spielzeug hat seinen Platz.

Das Spiel des Kindes sollte schöpferisch und frei sein. Das Spielzeug sollte Raum für die eigene Fantasie lassen. Im Spiel wollen die Sinne des Kindes angeregt werden, es will mit Händen und Füßen die Welt ergreifen und begreifen können. Je einfacher das Spielmaterial ist, desto vielfältiger ist es zu verwenden.

Beim Spielzeug handelt es sich in der Regel um einfache Gegenstände, welche die Fantasie der Kinder anregen sollen und deshalb sehr einfach gestaltet sind. Es gibt Tücher, Bretter, Holzklötze, Körbe, Muscheln, Kastanien, Steine, Tannenzapfen, ein paar gestrickte oder geschnitzte Tiere, einige einfache Stoffpuppen, Nadel, Faden, Wolle. Daraus kann man fast alles herstellen. Die Sinne der Kinder können dadurch möglichst vielfältig angesprochen werden. Durch diese Auswahl der Spielmaterialien wird im Waldorfkindergarten eine vielfältige Sinnesanregungen ermöglicht.

Aus einfachem, naturbelassenem Spielmaterial kann sich die Fantasie vielfältig betätigen (aus: siehe unten)

Der gesamte äußere Rahmen gibt den Kindern Sicherheit und Halt. Die Räume leben in der Stimmung der entsprechenden Jahres- oder Festezeit. Auf dem Jahreszeitentisch wird das Geschehene in der Natur versinnbildlicht. Auch draußen im Garten wird auf vielfältige Sinneseindrücke geachtet.

Die Puppe ist für die Entfaltung der kindlichen Fantasie eines der wichtigsten Spielzeuge (aus: Freya Jaffke, Spielen und arbeiten im Waldorfkindergarten, S. 51 und 52; © 2004: Verlag Freies Geistesleben & Urachhaus GmbH, Stuttgart).

1. *Stellen Sie einen Waldorfkindergarten vor. Erfahren Sie durch einen Besuch einer solchen Einrichtung etwas über Träger, Konzeption, Raumgestaltung, Spielzeugausstattung, Inhalte, Tagesabläufe, Aufgaben der Erzieherinnen. Stellen Sie die Merkmale oder Ereignisse vor, von denen Sie besonders beeindruckt waren. Oder holen Sie Informationen über die Vereinigung der Waldorfkindergärten ein bzw. schauen Sie ins Internet. Adresse: Internationale Vereinigung der Waldorfkindergärten e.V., Heubergstr. 18, 70188 Stuttgart, Tel.: 0711/925740, Fax: 0711/925747, Internet: www.waldorfkindergarten.org.*

2. *Wie beurteilen Sie die besondere Stellung der Erzieherin und die Aufgaben, die ihr nach der Waldorfpädagogik zukommen? Überlegen Sie selbstkritisch: Wollten bzw. könnten Sie diese Anforderungen erfüllen?*

3. *Vergleichen Sie den Tagesablauf eines Waldorfkindergartens mit den Gewohnheiten in Einrichtungen, die Sie bereits kennen. Stellen Sie Unterschiede und Gemeinsamkeiten heraus.*

4. *Das Spielzeug im Waldorfkindergarten unterscheidet sich stark vom Angebot im Regelkindergarten. Industrielles Spielzeug wird als weit gehend ungeeignet abgelehnt. Wie beurteilen Sie diese Auffassung?*

5. *Erstellen Sie eine Auflistung von geeigneten Spielmaterialien, die Sie mit Kindern aus Naturmaterialien selbst herstellen könnten.*

2.4.2 Waldkindergärten

Aufgrund der veränderten Lebens- und Spielbedingungen der Kinder sind diese Formen von Kindergärten Anfang der 1990er-Jahre nach dänischem Vorbild durch engagierte Eltern und Erzieherinnen entstanden. Ausgehend vom ersten anerkannten Waldkindergarten (1993) in Flensburg – als Privatinitiative gab es dieses Konzept schon seit 1968 in Wiesbaden – ist trotz anfänglicher Skepsis aus diesem Modell eine breitere Bewegung geworden. Mittlerweile ist der Waldkindergarten, wenn er bestimmte Auflagen erfüllt, in den meisten Bundesländern als pädagogische Institution mit eigenem Konzept anerkannt. Es kann davon ausgegangen werden, dass es gegen Ende des Jahres 2000 in Deutschland ca. 150 Waldkindergärten gegeben hat (vgl. Schede 2000, S. 11).

Auch hat diese pädagogische Idee Einfluss auf die Kindergartenpädagogik genommen. Mit der Auseinandersetzung über dieses Konzept verstärkte sich der Druck auf die bestehenden Kindergärten, vielfältige Naturerfahrungen mit in die Angebotsstruktur aufzunehmen. So organisieren viele Kindereinrichtungen Waldprojekte über mehrere Wochen im Jahr oder es werden Gruppen gebildet, die sich den ganzen Tag außer Haus aufhalten.

Wenn Sie sich an Ihre eigene Kindheit erinnern, denken Sie bitte einmal an Ihre Erlebnisse in der Natur. Tauschen Sie Ihre Erfahrungen aus. Diskutieren Sie, inwieweit die Kinder in der heutigen Zeit noch solche Gelegenheiten haben.

Merkmale

Die Kinder eines Waldkindergartens sind täglich bei jedem Wetter in der Natur, sie haben außer einem Bauwagen oder einer Schutzhütte kein eigenes Gebäude wie herkömmliche Kindergärten. Der Waldkindergarten findet also ganzjährig im Wald statt, nur für organisatorische Angelegenheiten oder bei extremen Bedingungen weicht die Gruppe auf wetterfeste Räumlichkeiten aus.

Neben diesen reinen Waldkindergärten ist in den letzten Jahren auch eine Reihe von Mischformen entstanden (vgl. Schede, 2000, S. 13 ff.):

- Kooperationen von Waldkindergarten und Kindertagesstätte

- Erweiterung von Kindertagesstätte um eine Waldkindergartengruppe

- Integration von Teilen des Konzepts Waldkindergarten in den Kindergartenalltag durch die Einrichtung von Wandergruppen

- Zeitlich befristete Waldprojekte in Kindergärten

- Naturkindergärten

Obwohl sich Waldkindergärten auch häufiger Naturkindergarten nennen, gibt es doch Unterschiede im Konzept. Im Waldkindergarten geht man in die Natur hinaus, der Naturkindergarten holt die Natur in die Einrichtung hinein, etwa durch das Anlegen von Spielflächen unter ökologischen Gesichtspunkten, Rekultivierung von Wiesen, Schaffung von Biotopen oder durch das Betreiben von Gemüsegärten. Damit soll Kindern ein ökologisches Bewusstsein vermittelt werden.

Das charakteristische Merkmal am Waldkindergarten ist, dass er weder Wände noch Türen hat. Man kann nicht genau sagen, wo er beginnt und wo er endet. Umgekehrt gibt es keinen Ort im Wald, der nur Kindergarten ist. Aus ökologischer Sicht wird darauf hingewiesen, dass der Kreislauf und der natürliche Rhythmus der Natur mit den Jahreszeiten direkt wahrgenommen und erlebt werden. Die Natur wird unmittelbar begriffen, der behutsame Umgang mit jeder Art von Leben wird erfahren und gelernt.

Als Vorteil wird aus medizinischer Sicht herausgestellt, dass die erholsame Umgebung die körperlich-seelische Gesundheit und das Immunsystem stärkt. Die pädagogischen Aspekte sind vielfältig: Die Möglichkeiten des Spiels sind unbegrenzt, die Kinder können matschen, bauen, sammeln, sich bewegen. Im Wald brauchen die Kinder kein gefertigtes Spielzeug, kein Plastikspielzeug, kein Klettergerüst auf betonierten Plätzen. Der Wald bietet eine unerschöpfliche Vielfalt an Anregungen. Die Dinge im Wald sind schlicht und kostenfrei und noch nicht auf einen Zweck festgelegt. Die

Materialien der Umgebung regen dazu an, Geschichten zu erfinden und in vielfältige Rollenspiele umzusetzen. Die Fantasie und die Kreativität der Kinder werden durch die Vielfältigkeit der Natur und des Waldes angeregt und gefördert.

Die Kinder haben Raum, und der natürliche Bewegungsdrang der Kinder kann ungehindert ausgelebt werden. So kann der Kindergarten ohne Türen und Wände dabei helfen, dass Aggressionen im Körper sich erst gar nicht aufstauen und zu einem Stresszustand führen. Die Kinder können im Wald ihre Kräfte und ihr Geschick erproben, sie üben ihre Geschicklichkeit, es gibt vielfältige Gelegenheiten, motorische Fähigkeiten zu entwickeln. Sie rennen, springen über Wurzeln, balancieren auf Baumstämmen, schleppen Äste herbei, müssen über holprigen Untergrund laufen, können durch ein Dickicht schlüpfen, in einem Bachlauf das Wasser stauen. Die Kinder klettern in Bäumen oder verstecken sich in Büschen.

Gerade der Wald ist auch ideal, Stille zu erleben und zu lauschen. Kinder können lernen, sich für differenzierte Vorgänge und Abläufe zu sensibilisieren, wenn sie beispielsweise konzentriert eine kleine Ameise im Laub beobachten. Dadurch können die innere Ruhe und die Konzentrationsfähigkeit gefördert werden. So schulen die Kinder im Wald ihre Sinne: Sie schauen genau hin, hören aufmerksam zu, ertasten vorsichtig und nehmen viele neuen Eindrücke auf. Ein Beispiel für einen Tagesablauf im Waldkindergarten findet sich bei Schede (2000, S. 66 ff.):

Beispiel

Morgens versammeln sich die Kinder mit den Erzieherinnen am Treffpunkt, z. B. einem Waldparkplatz. Idealerweise befindet sich hier auch die Schutzhütte bzw. der Bauwagen.
Die Ankunfts- und Abschiedszeit wird von den Erzieherinnen mit Begrüßungsritualen, Spielen, Erzählungen oder Liedern besonders gestaltet.
Die Gruppe wandert dann etwa eine Stunde im Wald bis zum ersten Ziel, dem Frühstücksplatz. Auf dem Weg dorthin kommt es immer wieder zu Entdeckungen, Beobachtungen, kleinen Erlebnissen und Spielen.
Am Frühstücksplatz waschen sich die Kinder die Hände, setzen sich auf die kleine Isomatte, holen ihr Frühstück aus dem Rucksack und machen Pause.
Die Zeit nach dem Frühstück steht den Kindern zumeist frei zur Verfügung. Die Gruppe versammelt sich aber auch zu gemeinsamen Aktivitäten, oder sie suchen noch einen anderen Ort auf. Dann geht es wieder zurück zum Treffpunkt. Dort gibt es noch eine kleine gemeinsame Schlussaktion, etwa ein Lied oder ein Fingerspiel.
Gelenkte Aktivitäten stehen ebenfalls nach dem Frühstück auf dem Programm. Hier

können die Erzieherinnen Anregungen, Beobachtungen, Spielideen der Kinder aufgreifen oder zu (jahreszeitlich bedingten) Themen Beschäftigungen anbieten. So kann beispielsweise zum Herbst, zu Schmetterlingen und Raupen ein passendes Lied gesungen, ein Bild gemalt, ein Bilderbuch gelesen werden. Die Gruppe kann sich mit den Bäumen, dem Kreislauf des Wassers, dem Wechsel der Jahreszeiten, mit dem Wachsen der Waldblumen, mit der Erntezeit beschäftigen.

Besondere Aufgaben für die Erzieherin

Die Arbeit in einem Waldkindergarten erfordert Naturliebe. Schlechtes Wetter darf nicht abschrecken. Erzieherinnen, die dort arbeiten, sollten vorher über ihr eigenes Verhältnis zur Natur nachdenken. Sie sollten bereit sein, sich vollständig auf die Erlebnisse in der Natur einzulassen. Erzieherinnen müssen umweltgerechtes Verhalten glaubhaft vorleben und einen längeren Aufenthalt im Wald so gestalten, dass die Lebensräume der Pflanzen-, Baum- und Tierarten nicht gestört werden. Dazu brauchen sie auch das nötige biologische und ökologische Fachwissen.

Durch den Wegfall des Gebäudes ändert sich auch die Rolle der Erzieherin. Es fehlt der Raum, der Sicherheit gibt, in dem die Erzieherin sich auskennt. Der Naturraum ist eine eher unberechenbare Größe, es kann Unvorhergesehenes, Spannendes passieren, für Kinder wie auch für Erzieherinnen. Das bietet sicherlich besondere Chancen, aber auch Schwierigkeiten zugleich.

Die Planungen unterliegen anderen Bedingungen als im Regelkindergarten. Geschlossene Räume erhöhen die Sicherheit, das Risiko Wetter und damit zusammenhängende Faktoren fallen weg. Die freie Natur beinhaltet mehr unkalkulierbare Faktoren, sie erfordert ein höheres Maß an Flexibilität. Desto mehr können sich aber auch die Bedürfnisse der Kinder und auch der Erzieherinnen entwickeln und entfalten.

Weil im Wald kaum das herkömmliche Konstruktions- und Spielmaterial vorhanden ist, ist die Zeit des spontanen Rollenspiels länger und ausgeprägter. Zudem sind die Spielprozesse kommunikativer, weil Kinder sich ständig dabei darüber verständigen müssen, was z. B. ein Stück Rinde oder eine Baumwurzel darstellt und was damit im Spiel geschieht. In diese Prozesse sich einzubringen, die Kinder zu beobachten und sie auf ihrer Entdeckungsreise zu begleiten ist die Erzieherin gefordert.

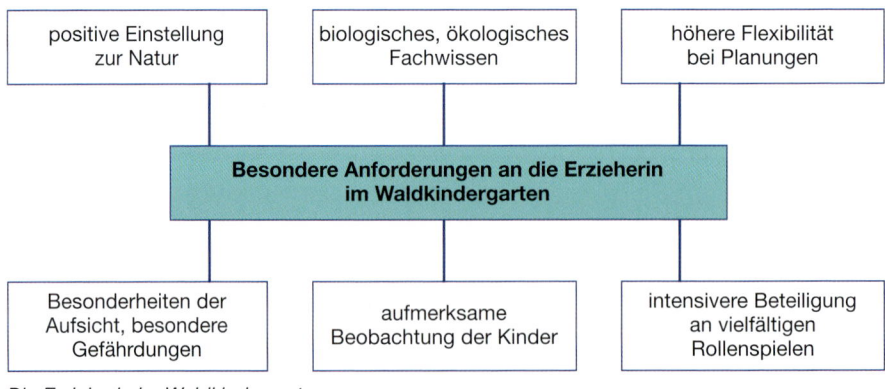

Die Erzieherin im Waldkindergarten

Besondere Gefährdungen ergeben sich sicherlich auch durch den Aufenthalt im Freien. Eine große Schwierigkeit bei der Einrichtung eines Waldkindergartens ist die Schutz- hütte, die von den Jugendämtern gefordert wird. Meist handelt es sich um einen Bau- wagen, der nach den jeweiligen Erfordernissen umgebaut wird. Oder es gibt bereits Schutzhütten oder Ausweichquartiere, die günstig in der Nähe liegen, z. B. die Hütte von anderen Gruppen oder ein Vereinshaus. Günstig ist sicherlich, rechtzeitig Kontakt zum Förster zu suchen und die Regeln abzustimmen, die für den Aufenthalt im Wald gelten.

Die Besonderheiten der Aufsichtspflicht, entsprechende Vorsichtsmaßnahmen und hy- gienische Bedingungen sind zu beachten. Die Erzieherinnen müssen wissen, an wen sie sich in Notfällen wenden können. (z. B. Handy zur Verfügung oder Standort des nächsten Telefons; für Notfälle ein Auto am Treffpunkt; Mitnahme einer Erste-Hilfe-Aus- rüstung). Besondere Bedingungen des Wetters müssen ständig berücksichtigt werden (entsprechende Kleidung, Ersatzkleidung). Jedes Kind muss einige Dinge, die es be- nötigt, in einem kleinen Rucksack täglich mitbringen und im Wald aufmerksam darauf achten (z. B. kleine Isomatte zum Hinsetzen, kleines Handtuch, Verpflegung oder auch eine kleine Lupe oder das Lieblingsspielzeug). Dinge, die für die gesamte Gruppe wich- tig sind, können in einem Bollerwagen mitgenommen werden (Wasserkanister, Isolier- kannen mit heißem Tee, Toilettenpapier, einfache Mal-, Bastel- oder Spielmaterialien, Bilder oder Lesebücher).

Der Wald birgt auch Gefahren für die Gesundheit. Die besonderen Gefahren durch Ze- cken oder durch den Fuchsbandwurm sind sicherlich nicht zu vernachlässigen, aber auch nicht zu dramatisieren. Dazu müssen die notwendigen Informationen eingeholt und auch die Eltern in Kenntnis gesetzt werden. Jedes Kind, das einen Waldkinder- garten besucht, muss unbedingt eine Grundimmunisierung aufweisen, z. B. Schutz vor Wundstarrkrampf (Tetanus). Auch eventuelle allergische Reaktionen sind zu berück- sichtigen.

Aufgaben

1. Stimmen Sie der Kritik an herkömmlichen Kindergärten zu, dass diese zu wenig Naturerlebnisse ermöglichen? Begründen Sie Ihren Standpunkt.

2. Informieren Sie sich in der Umgebung, beim Jugendamt (oder recherchieren Sie im Internet) und stellen Sie einen Waldkindergarten vor (Träger, Konzeption, In- halte, Tagesabläufe, besondere Anforderungen). Einen guten Überblick bieten dazu auch die folgenden zwei Filme: „Waldkindergärten in Deutschland" , Teil 1 (1996), Teil 2 (1999), AV 1 TV & Video-Produktion, Kurt Gerwig, Pfalzstr. 10, 34260 Kaufungen, Tel.: 05605/4321, Internet: www.AV1.de.

3. Entwerfen Sie für eine Kindergartengruppe den Ablauf eines Naturtages im Wald. Stellen Sie dazu eine Auflistung von Aktivitäten zusammen, die im Wald durch- geführt werden können.

4. Informieren Sie sich über besondere Fortbildungen, Seminare bei Naturschutz- verbänden, dem Umweltamt oder Naturschutzzentren. Mittlerweile gibt es eine berufsbegleitende Fachfortbildung „Erzieher/in im Waldkindergarten", die bei- spielsweise die Naturschule Freiburg anbietet.

2.4.3 Bewegungskindergärten

Zum Auftrag des Kindergartens gehört es, Kinder in ihrer motorischen Entwicklung zu unterstützen, Bewegungsfähigkeiten zu fördern und ihnen viele Anlässe zu bieten, ihren Bewegungsdrang auszuleben. Bereits in den 1970er Jahren gründete die Freiburger Turnerschaft den ersten „Sportkindergarten" Deutschlands. Die gesetzlichen Grundlagen, wonach die Kommunen bis 1996 entsprechend dem vorhandenen Bedarf Kindergartenplätze zur Verfügung stellen mussten (Rechtsanspruch auf einen Kindergartenplatz), haben dazu geführt, dass zunehmend Sportvereine und Sportorganisationen sich dieser Aufgabe stellten.

Aufgaben

Denken Sie an Ihre eigene Kindheit im Kindergarten zurück oder an Ihre Erlebnisse in einem Kindergarten, den Sie in der Ausbildung kennen gelernt haben: Welchen Stellenwert hatten dort Bewegungsangebote? Waren dafür genügend Raum und Zeit vorhanden? War in ausreichendem Maße für Bewegung gesorgt? Was fanden Sie nachahmenswert? Was hätte man einmal probieren sollen? Was sehen Sie im Nachhinein eher kritisch?

Befürworter der Bewegungskindergärten sehen in der Förderung der Bewegungsentwicklung der Kinder das zentrale pädagogische Motiv. Sie wollen damit eine Antwort geben auf

- die häufigen Klagen über den Bewegungszustand der Kinder: um aktiv etwas gegen Bewegungsmangel und dessen gesundheitliche Folgen zu tun;

- die besondere Bedeutung, die der Bewegung für die Persönlichkeitsentwicklung des Kindes eingeräumt wird: damit Bewegungsaktivitäten nicht auf einige wenige Wochenstunden beschränkt bleiben;

- auf den Wunsch, eine eigene Profilbildung der Einrichtung vorzunehmen: um sich und die Einrichtung mit einem besonderen Konzept in der (Fach-)Öffentlichkeit präsentieren zu können.

Der hohe Stellenwert der Bewegung

Die Mitarbeiter in den Bewegungskindergärten sehen in den Körper- und Bewegungserfahrungen einen wesentlichen Baustein für die gesamte Entwicklung des Kindes. Es geht nicht nur um die Unterstützung und Förderung der Motorik, sondern sie sind der Überzeugung, dass im Vorschulalter motorische Prozesse Auswirkungen auf alle anderen Persönlichkeitsbereiche des Kindes haben. Zwischen allen Bereichen bestehen wechselseitige Wirkungen und Zusammenhänge.

Wenn die Kinder sich bewegen, wenn sie auf der Bank balancieren, vom Kasten springen, den Ball werfen, werden die Kinder motorisch stark beansprucht. Sie vollziehen zahlreiche verschiedene Bewegungen mit den Armen, mit den Beinen, mit dem ganzen Körper, die Kraft, Schnelligkeit und Geschicklichkeit erfordern. Sie müssen Gleichgewicht halten. Aber sie müssen auch Entfernungen abschätzen, Hindernisse, den Ball,

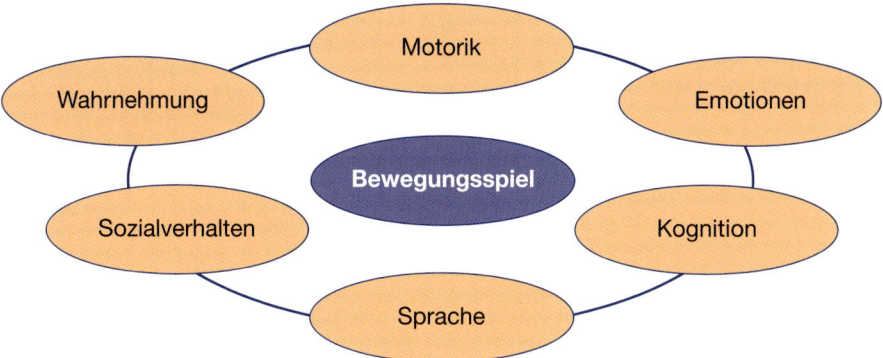

Ganzheitliche Wirkung von Bewegungshandlungen

andere Spielpartner richtig wahrnehmen. Sie müssen mit anderen Beziehungen aufnehmen, sich absprechen und sich auseinander setzen. Sie fühlen, erleben Freude,
Ärger, sind enttäuscht und müssen Misserfolge ertragen. Sie entwickeln Sympathien,
müssen Entscheidungen treffen, sie entwickeln eigene Ideen. All diese Faktoren beeinflussen wiederum die Bewegung, wie gut sie gelingt, ob die Kinder diese überhaupt
ausführen wollen, wie bereitwillig sie mitmachen wollen oder können. Die Entwicklung
des Selbstwertgefühls ist beim Kind wesentlich geprägt von den Körpererfahrungen,
die es in den ersten Lebensjahren macht. Bewegungserfahrungen können somit als
die Grundlagen der kindlichen Identitätsentwicklung angesehen werden und können
somit das Selbstwertgefühl und die Identitätsbildung positiv beeinflussen.

Wie eingangs erwähnt, wird die Notwendigkeit von Bewegungskindergärten darin gesehen, dass die gegenwärtigen Entwicklungsbedingungen für die Kinder häufig nicht
mehr die notwendigen Bewegungs- und Körpererfahrungen bieten. Stichworte wie
Automatisierung, Technisierung, Sitz- und Knopfdruckgesellschaft, Mediatisierung
(Computer, Internet, Fernseher) verdeutlichen diese Bedingungen. Auch wird es eher
kritisch gesehen, dass im Zuge der aktuellen bildungspolitischen Diskussion bereits
im Kindergarten eher die kognitive Förderung und die intellektuelle Leistung in den
Vordergrund gerückt werden. Die vielseitige Bedeutung der ganzheitlichen Körper- und
Bewegungserfahrungen werden dabei zu wenig berücksichtigt.
„Manche mögen zwar nur den Kopf in den Kindergarten schicken, aber immer kommt
das ganze Kind" (Zimmer, 2003, S. 26).

Besondere Merkmale

Soll Bewegungserziehung ein besonderer Stellenwert im Kindergarten eingeräumt
werden und will man dem Anspruch eines Bewegungskindergartens gerecht werden,
müssen dazu einige Voraussetzungen geschaffen sein bzw. herkömmliche Bedingungen verändert werden.

Bewegungsmöglichkeiten werden dazu im gesamten Haus angeboten:

- Im Gruppenraum können weniger Stühle vorhanden sein, da sie auch nur selten alle
  gleichzeitig gebraucht werden.

- Der Flur wird als Aktionsraum mit einbezogen.

- Es gibt vielfältige Hänge-, Schaukel- und Schwunggelegenheiten, Rutschbahnen und Kletterwände, Taue, Matratzen, Schrägen und Höhlen und häufig auch ein großes Trampolin.

- In der Turnhalle werden regelmäßig Gerätelandschaften aufgebaut.

- Es gibt vielfältige Gelegenheiten zur Förderung der Wahrnehmung, beispielsweise Tastbretter, Sinnespfade oder Materialien zum Hören.

- Es gibt auch Zonen, in denen Kinder zur Ruhe kommen und Stille erfahren können, sie müssen sich auch einmal zurückziehen können.

- Auch die Außenanlagen werden umstrukturiert und verändert, um mehr Anreize für Bewegung zu schaffen; es kann kleine Abhänge, eine kleine Hügellandschaft, Gräben, viele Bäume, Gelegenheiten zum Hüpfen und Balancieren geben; auch hier können Tastwände oder Fußfühlstraßen angeboten werden.

- Häufig sind „Bewegungsbaustellen" mit Brettern, Drainagerohren, Leitern, alten Autoreifen, leeren Getränkekästen, abgesägten Baumstammteilen u. a. zu finden.

Ein besonderes Merkmal der Bewegungskindergärten ist die Kooperation mit Sportvereinen und -verbänden. Häufig sind auch diese Vereine selbst Träger eines Kindergartens. Sie haben sich selbst als Träger beworben oder sind von Städten und Kommunen angesprochen worden. Der Vorteil einer solchen Trägerschaft wird darin gesehen, dass Mitarbeiter der Sportvereine eindeutig den hohen Stellenwert der Bewegung sehen, dass sie zusätzlich ein vielfältiges Angebot für Vorschulkinder bereitstellen können, geeignetes Personal und oft auch eigene Sportstätten besitzen. Aber auch „normale" Kindergärten können, ohne anerkannter Bewegungskindergarten zu sein, mehr Bewegungserfahrungen ermöglichen und Kooperationen mit Vereinen suchen. Jeder Kindergarten kann vom Prinzip her ein Bewegungskindergarten sein.

(© Wehrfritz GmbH, Bad Rodau)

Formen des Bewegungsangebots

Insgesamt betrachtet geht es in Bewegungskindergärten um vielseitige Bewegungserfahrungen und um Spaß an der Bewegung. Es geht
nicht um Training bestimmter Sporttechniken
und insbesondere auch nicht um eine Leis-
tungsorientierung. Im Vordergrund steht eine
spielerische, ganzheitlich orientierte Bewegungserziehung. Oft werden auch die Grundlagen der Psychomotorik (Ermöglichung einer
kindgemäßen, spielerisch und ganzheitlich
orientierten Körper-, Material- und Sozialerfah-
rung) als konzeptionelle Grundidee mit aufgenommen. Die Zielsetzungen werden durch verschiedene Formen des Bewegungsangebots
realisiert:

- Das mehr offene, gruppenübergreifende Angebot steht ständig oder einen Großteil
  des Tages zur Verfügung, und die Kinder können je nach Interessenlage Art und Umfang der Aktivitäten selbst wählen.

- Eine weitere Form ist das geplante Angebot, das zu einer festgelegten Zeit, mit einer festgelegten (Teil-)Gruppe oder auch zu einem bestimmten Schwerpunktthema
  stattfindet. Übungs- und Spielformen werden von der Erzieherin vorbereitet, wobei
  die Kinder sich aber auch in vielfältiger Weise einbringen können.

Zum Teil werden auch besondere Fördermaßnahmen für bewegungsbeeinträch-
tige Kinder oder für behinderte Kinder (bei integrativen Gruppen) angeboten. Dabei
werden Kooperationen mit Psychomotorik-Vereinen oder anderen Anbietern angestrebt.

Im Bewegungskindergarten findet aber auch normale Gruppenarbeit statt, d. h. es wird
gebastelt und gemalt wie im herkömmlichen Kindergarten. Häufig wird aber auch versucht, die Themen, mit denen sich einzelne Kinder oder Gruppen beschäftigen, in Bewegung umzusetzen. Die genannten Veränderungen bedeuten, immer wieder zu überlegen, wie Gruppeninhalte mit Bewegung verknüpft werden können. Bewegung läuft
also nicht nebenher, sondern zieht sich wie ein „roter Faden" durch die gesamte Arbeit. Bewegung wird durchgängig in den Tagesablauf einbezogen. Auch Wasserge-
wöhnung steht regelmäßig auf dem Programm, ebenso wie Spaziergänge und Aktivitäten in der Natur und im Wald.

An Materialien und Geräten ist zwar meistens auch in den herkömmlichen Kindergärten genügend vorhanden, aber in Bewegungskindergärten werden sie in verstärktem
Umfang, bewusster und intensiver eingesetzt. Die Vielfalt der Materialien zur Bewegungserziehung ist zudem häufig größer. Besondere psychomotorische Übungsmaterialien wie Rollbretter, Schwungtücher, Sandsäckchen, Schaumstoffbausteine,
Pedalos sind häufig anzutreffen. Auch Alltagsmaterialien werden verstärkt zur Bewegungserziehung genutzt.

Die Mitarbeiterinnen

Als Mitarbeiterinnen in einem Bewegungskindergarten muss man kein besonderes „Sport-As" sein. Aber eine positive Einstellung zur Bewegung müsste schon vorhanden sein; man muss sich selbst auch gerne bewegen, um Begeisterungsfähigkeit ausstrahlen zu können. Natürlich muss man die Zielsetzung der Einrichtung mittragen und von der besonderen Bedeutung der Bewegung überzeugt sein. Für die Praxis werden entsprechende methodisch-didaktische Kenntnisse zur Umsetzung des Zielsetzungen benötigt.

Sind diese nicht im notwendigen Umfang vorhanden, sind Fort- und Weiterbildungen sinnvoll, die von Sportvereinen oder -verbänden angeboten werden. So erwerben Erzieherinnen häufig die Qualifikation „Sport im Elementarbereich". Dabei werden auch Fragen der Sicherheit und der Aufsichtspflicht behandelt sowie Formen notwendiger Hilfestellungen vermittelt. Besonders wichtig sind diese Aspekte z. B. beim Aufenthalt im Wasser oder bei Übungen auf dem großen Trampolin. Es gibt dazu auch Kooperationen zwischen Fachschulen und Sportorganisationen, in denen diese Qualifikation im Rahmen von Projekten an den Fachschulen erworben werden kann.

Aufgaben

1. *Sportverbände bieten Leitfäden mit Informationen für interessierte Vereine als Träger von Bewegungskindergärten an. Stellen Sie die Bedingungen vor, die zu einer Anerkennung als Bewegungskindergarten führen.*

2. *Besuchen Sie einen Bewegungskindergarten in der Umgebung; oder besorgen Sie sich Adressen und entsprechende Informationen über Sportverbände oder Jugendämter. Stellen Sie beispielhaft einen Bewegungskindergarten vor. Videotipp dazu: „Mehr Bewegung in Kindergärten", „Sport- und Bewegungskindergärten in Deutschland", AV1 TV & Video-Produktion, Kurt Gerwig, Pfalzstr. 10, 34260 Kaufungen, Tel.: 05605/4321, Internet: www.AV1.de.*

3. *Nehmen Sie den Grundriss eines Ihnen bekannten Kindergartens. Planen Sie die Gestaltung der Einrichtung und/oder des Geländes unter den Gesichtspunkten eines Bewegungskindergartens. Denken Sie sich einen passenden Namen aus. Planen Sie einen Tag der offenen Tür, und gestalten Sie dazu einen Handzettel oder ein Plakat.*

4. *Es ist notwendig, ständig Kontakt zu den Eltern zu halten. Auch die Eltern müssen dem Anliegen des Bewegungskindergartens positiv und unterstützend gegenüberstehen. Entwickeln Sie dazu Möglichkeiten und Formen der Elternarbeit.*

5. *Überprüfen Sie Regeln, Rituale und Abläufe eines Ihnen bekannten Kindergartens, und beurteilen Sie, inwieweit dadurch Bewegungserfahrungen gehemmt oder Bewegungsaktivitäten eingeschränkt werden.*

2.4.4 Montessori-Kinderhaus

Zu den Anfängen

Maria Montessori wurde am 31. August 1870 in einem kleinen Ort in der Nähe von Ancona in Italien geboren. Sie war die erste Frau, die dort ein akademisches Studium mit der Promotion in Medizin abschloss (1896).
Montessori praktizierte als Ärztin, gleichzeitig arbeitete sie als Assistenzärztin in der Kinderabteilung der psychiatrischen Klinik der Universität Rom (1896–1898). Durch diese Tätigkeit kam sie mit den Erziehungs- und Bildungsproblemen behinderter Kinder in der damaligen Zeit in Berührung. Sie studierte ab 1902 Pädagogik, Experimentalpsychologie und Anthropologie.

Maria Montessori (1870–1952)

Als die eigentliche Geburtsstunde ihrer Pädagogik wird das Jahr 1907 angesehen. Maria Montessori eröffnete im Auftrag einer Wohnungsbaugesellschaft in einem der ärmsten Viertel in Rom die erste Casa dei bambini, ein „Kinderhaus", in dem 50 Kinder im Vorschulalter nach ihren Ideen erzogen wurden. Aus verwahrlosten Kindern entwickelten sich Kinder mit viel Verständnis und Selbstvertrauen, sie zeigten Eigenschaften, die ihnen niemand zugetraut hatte. Die Erfolge führten schnell zu einem hohen Bekanntheitsgrad und zu weiteren Gründungen.

1922 gab es erste Vorträge auch in Deutschland. Es wurden nationale und internationale Montessori-Gesellschaften gegründet und Kongresse durchgeführt. Unter dem faschistischen Regime in Italien wurden ihre Schulen geschlossen, im nationalistischen Deutschland wurden ihre Bücher verbrannt. 1939–1946 lebte Dr. Montessori mit ihrem Sohn und dessen Familie in Indien, auch hier wurde ihre Methode Unterrichtsprinzip an den Schulen. Am 6. Mai 1952 starb Maria Montessori mit 81 Jahren im niederländischen Nordwijk aan Zee. Die Montessori-Pädagogik wird heute in vielen Kinderhäusern und Schulen und in fast allen Ländern der Erde verwirklicht.

Leitidee und Prinzipien der Montessori-Pädagogik

Nach Maria Montessori zu arbeiten, bedeutet weit mehr, als nur die mittlerweile teilweise recht bekannten Montessori-Materialien einzusetzen. Es kommt darauf an, ihre Sichtweise vom Kind zu verstehen und anzunehmen und sich in einer neuen Rolle als Erzieherin oder Lehrerin zurechtzufinden.

Im Zentrum der Pädagogik stehen Begriffe wie Selbstständigkeit, das Kind als Baumeister, freie Wahl der Arbeit, Freiheit und Ordnung, Konzentration, Stille, Selbstentfaltung. Grundlegende Vorstellung von Maria Montessori war, dass Kinder selbst ge-

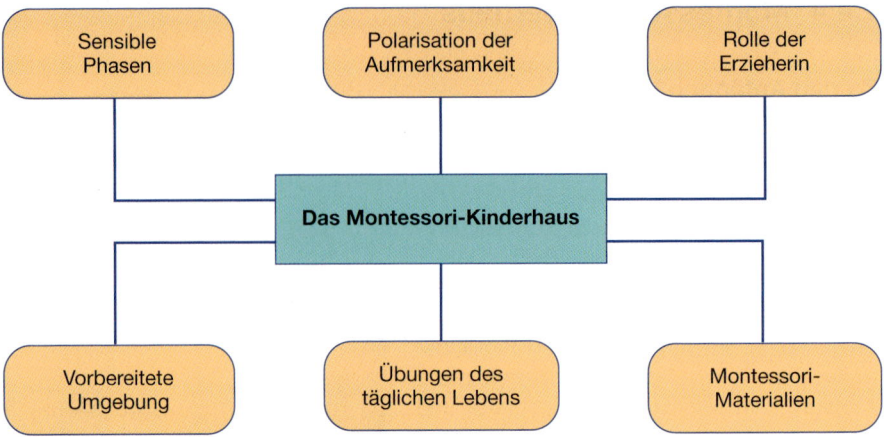

Wesentliche Elemente der Montessori-Pädagogik im Kindergarten

nügend Kraft und Interesse besitzen, sich mit ihrer Welt aktiv und konstruktiv auseinander zu setzen und selbstständig zu lernen. Dazu muss allerdings eine geordnete und entsprechend vorbereitete Umgebung zur Verfügung stehen. In dieser Umgebung kommt dem Montessori-Material eine besondere Bedeutung zu.

Innerer Bauplan und sensible Phasen

Das Kind ist nach Auffassung Maria Montessoris von Anfang an mit einem aktiven Geist ausgestattet. In einem inneren Bauplan sind Entwicklungsmöglichkeiten angelegt, die durch Umwelteinflüsse, insbesondere erzieherische, gehemmt oder gefördert werden können. Daraus folgert sie: Nicht die Erzieherin ist Bildner und Baumeister des Kindes, sondern das Entscheidende geschieht durch das Kind selbst.

Lernen vollzieht sich nach Montessori in „sensiblen Phasen", d. h. Phasen, in denen nahezu mühelos bestimmte Lernerfahrungen möglich sind. Diese Zeiträume müssen erkannt und genutzt werden, um eine optimale Entwicklung zu ermöglichen. Wird die sensible Phase nicht berücksichtigt, so können die Lernprozesse später nur unter großen Mühen nachgeholt werden. Montessori nennt besonders als Beispiel den Spracherwerb im Alter von ca. anderthalb bis drei Jahren, bei dem das Kind in kurzer Zeit seine Muttersprache erlernt. Fehlt dem Kind in dieser sensiblen Phase die Ansprache durch Menschen, so führt dies zu dauerhaften Rückständen. Auffallende sensible Phasen sind auch die für Ordnung bei sehr kleinen Kindern und für Bewegung (Laufen lernen).

Polarisation der Aufmerksamkeit

In den Schriften von Maria Montessori ist ein Grunderlebnis zu finden, das als „Montessori-Phänomen" in die Geschichte der Pädagogik eingegangen ist und ihre heilpädagogische Sichtweise entscheidend geprägt hat. Sie entdeckte, dass Kinder schon im Kindergartenalter in der Lage sind, sich über eine lange Zeit einer Sache hinzugeben und konzentriert zu arbeiten, und dass diese „Polarisation der Aufmerksamkeit" für die Bildung der Persönlichkeit entscheidend ist.

Montessori beobachtete ein etwa drei-jähriges Mädchen, das damit beschäftigt war, die Serie der Holzzylinder in die entsprechenden Öffnungen zu stecken und wieder herauszunehmen. Das kleine Kind wiederholte die Übung wieder und wieder mit tiefem Interesse und gleichmäßiger Bewegung. Auch durch absichtlich herbeigeführte Störungen (die übrigen Kinder sangen und liefen umher; der Stuhl, auf dem das Kind saß, wurde

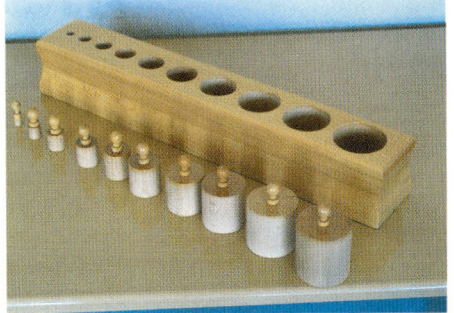

mit dem Kind auf den Tisch gestellt) ließ sich das kleine Mädchen nicht stören. Das Kind wiederholte ihre Übung 42-mal.

Selbstverständnis der Erzieherin

Montessori forderte eine neue Erzieherin, ein völliges Umdenken der traditionellen Pädagogenrolle. Die Erzieherin sollte nicht führen, sondern begleiten, beobachten und helfen und Raum für selbstständige Entscheidungen geben. Hilf mir, es selbst zu tun – diese bekannte Aussage kennzeichnet deutlich die Grundhaltung der Erzieherin.

> Montessori hatte in diesem Zusammenhang keine Scheu, von ‚Bekehrung' zu sprechen. Sie meinte damit, dass der Pädagoge Abschied nehmen müsse von der Vorstellung, er sei der Macher, der Veranstalter, der Erziehungs- und Bildungsprozesse zu gestalten habe. Montessori verlangt eine innere Umkehr, einen Perspektivenwechsel, der nicht den Pädagogen als bestimmenden Mittelpunkt, sondern das Kind als Akteur seiner Bildung wahrnimmt und annimmt. Das verschiebt die Akzente, entlastet und befreit von einem übergroßen Druck, legt aber auch eine neue und andere Verantwortung auf, ein Selbstverständnis, das mit Dienst und Demut, mit Wahrnehmung und Lieben zu umschreiben ist.

(Steenberg, 2002, S. 35f.)

So verstehen die Montessori-Erzieherinnen sich vor allem als Helferin der Kinder. Sie reduzieren ihre Aktivitäten zugunsten der Eigenaktivität der Kinder und bieten Hilfe erst dann an, wenn dies für die Entwicklung des Kindes sinnvoll ist bzw. wo sie vom Kind gewünscht wird, und beachten insbesondere Folgendes:

- ■ Die Erzieherinnen bereiten die Umgebung gut und kindgerecht vor. Sie beobachten die Interessen, Fähigkeiten und Bedürfnisse jedes einzelnen Kindes und finden so Ansatzpunkte für die Arbeit mit den Kindern.

- ■ Mit Geduld erklären sie den Gebrauch der Montessori-Materialien und unterstützen die Kinder, damit umzugehen. Sie bringen das Kind auch in Beziehung zur Ordnung in ihrer Umgebung.

- ■ Wenn sich ein Kind konzentriert mit etwas beschäftigt, sollte es dabei möglichst nicht unterbrochen werden. Andernfalls wird sein natürlicher Tatendrang gestört, der es in der Entfaltung seiner gesamten Persönlichkeit unterstützt.

- ■ Den Kindern wird so viel Freiheit gelassen, wie es die kindliche Umgebung zulässt und ohne dass die anderen gestört werden (vgl. Schäfer, 2004, S. 13).

Die vorbereitete Umgebung und Übungen des täglichen Lebens

Die geistigen Kräfte des Kindes können nach Montessori durch sinnvoll strukturierte Angebote einer „vorbereiteten Umgebung" aktiviert werden. In den Kinderhaus-Räumen ist das Material dem Kind in offenen Regalen zugänglich. Die Umgebung ist von einfacher Struktur und geordnet, alle Gegenstände müssen einen festen Platz haben. Dann kann sich das Kind leicht orientieren und gut zurechtfinden. Das Kind darf sich frei bewegen, die Beschäftigung und deren zeitliche Spanne darf das Kind frei wählen. Die freie Entscheidung führt zu einer Disziplin, die von innen kommt und nicht von der Erzieherin gesteuert oder geschaffen wird. Viele Besucher eines Montessori-Kinderhauses sind vor allem von dieser ruhigen und entspannten Arbeitsatmosphäre in der Freiarbeit beeindruckt.

Die Übungen des alltäglichen Lebens bilden die Grundlage für die vorbereitete Montessori-Umgebung und bieten eine vielfältige Reihe von Aktivitäten des Alltags. Sie ermöglichen dem Kind, seine Motorik zu entwickeln und zu fördern, seine Umgebung bewusst wahrzunehmen und in sich aufzunehmen. Die Tätigkeiten sieht das Kind bei den Erwachsenen, und es ahmt sie nach, z. B. Wassergießen, Blumenpflege, Kochen. Durch diese Aktivitäten kann das Kind ein Gefühl von Sicherheit und Unabhängigkeit entwickeln, da es diese Tätigkeiten alleine ausführt.

Zu den Übungen des alltäglichen Lebens gehören etwa die Pflege der Umgebung, die Pflege der eigenen Person, die Übungen zur Pflege der Gemeinschaft und des sozialen Lebens. Für alle Gebiete gibt es verschiedene Materialien, welche in Bezug auf Form, Größe und Handlichkeit den kindlichen Maßen und den körperlichen Kräften angepasst sind, damit das Kind alle Gegenstände gebrauchen kann und alle Arbeiten und Übungen des täglichen Lebens auch ausführen kann.

Beispiele

Es gibt beispielsweise Haushaltsgeräte, die auf Kindergröße abgestimmt sind, wie Besen, Schrubber, Handfeger, Schuhputzsatz.
Rahmen mit Verschlüssen ermöglichen es dem Kind, den Umgang mit Knöpfen, Schleifen, Schnüren, Haken und Ösen, Sicherheitsnadeln zu erproben.

Die Montessori-Materialien

Eine Schlüsselstellung in Montessoris pädagogischem Ansatz haben die didaktischen Materialien. Maria Montessori beschäftigte sich mit den Schriften von Itard und seines Schülers Edouard Seguin und entwickelte die dort beschriebenen Materialien zu ihren so genannten „Sinnesmaterialien" weiter. Sie machte in ihrer Arbeit mit den Kindern die Erfahrung, dass diese sich mit den Materialien konzentriert beschäftigten und diese immer neu zur Hand nahmen. Dieses ungezwungene Tätigsein führte Montessori auf die Gegenstände zurück, die dem inneren Drang der Kinder entgegenkamen, sich zu entwickeln.

Die Sinnesmaterialien von Dr. Montessori geben den Kindern Gelegenheit, ihre Sinneserfahrungen zu ordnen, zu strukturieren und zu klassifizieren. Um zu gewährleisten, dass die Kinder optimal vom Material profitieren, ist es wichtig, dass der Erwachsene sich in der Montessori-Pädagogik gut auskennt und genaue Sachkenntnis hinsichtlich der Materialien besitzt. Die Materialien zeichnen sich durch folgende Merkmale aus (vgl. Montessori, 1977, S. 115–119):

- Isolation der Schwierigkeit: Eine Eigenschaft wird besonders hervorgehoben, die Aufmerksamkeit des Kindes konzentriert sich somit auf den wesentlichen Aspekt.

- Begrenzung des Materials: Die Anzahl der Materialien ist begrenzt, einfache Strukturen bewirken, dass es für das Kind überschaubar bleibt.

- Kleine Lernschritte: Oft sind die Materialien Bestandteil von Materialreihen, bei denen die Lerninhalte schrittweise aufgebaut sind.

- Aufforderungscharakter: Das Material soll dem ästhetischen Empfinden der Kinder entsprechen (glänzend, schlichte und klare Formen, geordnet, sauber) und so Aufforderungscharakter für das Kind haben.

- Die Fehlerkontrolle liegt im Material, so kann das Kind unabhängig vom Erwachsenen feststellen, ob es die Aufgabe richtig gelöst hat.

- Wiederholung: Das Kind muss die Übung beliebig oft wiederholen können, bis es sich die im Material liegenden Lernelemente angeeignet hat.

Die Materialien erfüllen eine bestimmte Funktion und sollen nicht zweckentfremdet werden. Jedes Material soll nur einmal vorhanden sein.

Beispiele

- *Einsatzzylinder: Bei Einpassen der Zylinder wird der Dimensionsunterschied erkannt, Begriffe wie hoch – niedrig, dick – dünn, schmal – breit, flach – tief, eng – weit werden geübt und erlernt.*

- *Rosa Turm: Zehn rosa Massivholzkuben, die sich dreidimensional von 1 bis zu 1.000 Kubikzentimeter verändern, ermöglichen die Erfahrung von groß und klein. Zur Begriffsbildung werden dem Kind Wortlektionen angeboten wie: groß – klein, groß – größer – am größten, klein – kleiner – am kleinsten. Ähnliche Strukturprinzipien und Zielsetzungen haben die „Braune Treppe" und die „Roten Stangen".*

- *Weiter gibt es beispielsweise Farbtäfelchen, verschiedenartige Tastbretter und Tasttäfelchen, Gewichtstäfelchen, Geruchsdosen, Geräuschdosen, Kartensätze mit den verschiedenen geometrischen Formen.*

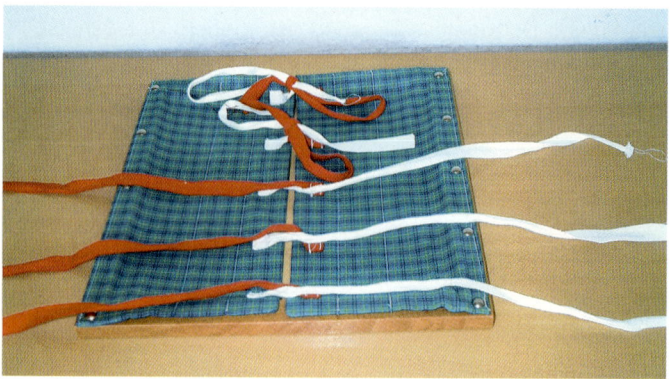

■ Zu den Sprachmaterialien gehören z. B. Sandpapierbuchstaben, das bewegliche Alphabet, Materialien zur Satzzerlegung,

■ Die Mathematik-Materialien beinhalten beispielsweise nummerische Stangen, Sandpapierziffern, goldenes Perlenmaterial, Zahlenkarten, Perlenketten, Additions- und Subtraktionstabellen, Multiplikations- und Divisionsbretter, Bruchrechenkreise.

■ Weitere Materialien werden angeboten für die Biologie (Kartensätze, Tierpuzzles), Geografie (Puzzlekarten und Kartensätze der Erde und der Erdteile).

Das klassische Material gehört zur Grundausstattung in jeder Einrichtung. Darüber hinaus stehen den Kindern in Montessori-Einrichtungen auch andere, vielfältige Spiel- und Beschäftigungsmaterialien zur Verfügung.

Aufgaben

1. Beschäftigen Sie sich mit ausgewählten Montessori-Materialien, und beurteilen Sie die darin liegenden Zielsetzungen und Merkmale. Vergleichen Sie das Sinnesmaterial mit dem „normalen" Spielzeug eines Kindergartens. Welche Vor- und Nachteile in den Anwendungsmöglichkeiten sehen Sie? Eine umfangreiche Bücherliste und ein Katalog mit den Montessori-Materialien sind erhältlich bei: Nienhuis-Montessori, Riedel GmbH, Carl-Zeiss-Str. 35, 72770 Reutlingen, Tel.: 07121-515350, Fax 07121-370143.

2. Nehmen Sie Kontakt zu einer Montessori-Einrichtung in der Nähe auf, und versuchen Sie durch eine Hospitation einen Einblick in die Arbeitsweise zu bekommen. Oder Sie schauen einmal im Internet nach (www.montessori.de). Dort wird eine Vielzahl von Kinderhäusern vorgestellt.

3. Aufgrund der Beobachtungen der Sensibilitäten des Kindes werden in den Montessori-Kinderhäusern bereits für vierjährige Kinder Materialien zum Erwerb der Kulturtechniken (Rechnen, Schreiben, Lesen) angeboten. Wie bewerten Sie diese Angebote? Halten Sie diese Maßnahmen auch in anderen Einrichtungen des Elementarbereichs für sinnvoll?

4. Wie beurteilen Sie die Anforderungen an die Erziehenden im Montessori-Kinderhaus? Welche besonderen Möglichkeiten und Schwierigkeiten sehen Sie auf der Grundlage Ihrer Praxiserfahrungen in der Umsetzung der dargestellten Prinzipien? Hinweis: Um Mitarbeiterin in einer Montessori-Einrichtung zu werden, wird die Bereitschaft zur Erlangung eines Montessori-Diploms erwartet. Diese berufsbegleitende Zusatzausbildung bieten unterschiedliche Träger an. Weitere Informationen über die Deutsche Montessori-Vereinigung e. V., Xantener Str. 99, 50733 Köln, oder auch übers Internet.

5. Die Montessori-Pädagogik gilt hauptsächlich als pädagogischer Ansatz zur Förderung von Kindern im Regelbereich. Es gibt aber auch zahlreiche Einrichtungen, die eine integrative Erziehung von behinderten und nichtbehinderten Kindern umsetzen.
   „Das muss nicht weiter verwundern, denn die Montessori-Pädagogik ist strukturell integrativ. Wer das Kind als ‚Baumeister des Menschen' sieht, geht konsequent von den jeweiligen Möglichkeiten des Kindes – ob mit oder ohne Behinderung – aus. Das entsprechende Instrumentarium bietet die vorbereitete Umgebung und mit ihr die Pädagogin" (Steenberg, 2002, S. 72).
   Wie stehen Sie auf der Grundlage Ihrer praktischen Erfahrung zu der Integration behinderter Kinder?

2.4.5 Private Kinderhorte und betriebliche Initiativen

In Deutschland, besonders im Gebiet der früheren Bundesrepublik Deutschland, fehlen nach wie vor nicht nur Plätze für Kleinkinder in Kinderkrippen. So stellte das Statistische Bundesamt 2003 noch fest, dass im Gebiet der früheren Bundesrepublik lediglich 2,7 % der Kinder unter drei Jahren Kindertagesstätten besuchen. Dabei wünschen sich 27 % der Eltern eine Betreuung für einjährige Kinder und 55 % für Zweijährige. Im Gebiet der früheren DDR finden immerhin 37 % der ganz Kleinen einen Platz. Und wo Ganztagsbetreuung im Osten Deutschlands Standard ist, hinken die alten Bundesländer weit hinterher.

Darüber hinaus werden die Unzufriedenheiten der Eltern auch wie folgt deutlich:

■ Viele Einrichtungen sind unflexibel und nicht kundenorientiert:
  – Man darf die Kinder nicht nach 9:00 Uhr bringen.
  – Mittägliches Abholen gehe nur zwischen 12:30 Uhr und 13:00 Uhr.
  – Nur jede vierte Einrichtung auf dem Gebiet der ehemaligen BRD bietet Ganztagsbetreuung.
  – Zur Weiterbildung von Mitarbeiterinnen bleiben Kindergärten manchmal ganztägig geschlossen.
  – Ein Kindergarten soll zunächst einmal Service und Entlastung für Familien sein. Pädagogische Konzepte hätten sich danach zu richten.

■ Es fehlen Horte für Schulkinder:
  – Häufig endet der Regelunterricht bereits nach der vierten oder fünften Stunde.
    Oder er beginnt erst zur dritten Stunde.
  – Nur für 2 % aller Grundschulkinder gibt es in den alten Bundesländern der BRD
    Hortplätze zur Betreuung nach dem Schulunterricht (im Osten Deutschlands:
    50 %).

Daher wundert es nicht, dass es viele Initiativen gibt, die mit eigenen Ideen diese Miss-
stände angehen wollen. Manchmal schließen sich Eltern mit gleichen Vorstellungen zu
Vereinen zusammen, um eine eigenständige Kinderbetreuung auf die Beine zu stellen.
An manchen Orten beauftragen Arbeitgeber Agenturen, um die Kinderbetreuung für
Mitarbeiter zu organisieren. In der *Frankfurter Allgemeinen Sonntagszeitung* wurden
z. B. die folgenden drei Initiativen vorgestellt (vgl. Hildebrandt 2005):

■ Lufthansa
In zehn deutschen Städten kümmern sich Erzieherinnen an sieben Tagen in der Woche (in Notfällen auch rund um die Uhr) um die Kinder der Angestellten.

■ Vaude
Das Bergsport-Unternehmen Vaude aus Trettnang am Bodensee in Baden-Würt-
temberg unterhält eine Tagesstätte für 30 Kinder zwischen einem und zehn Jahren.
An zwei Nachmittagen gibt es Spielgruppen. Fallen in der örtlichen Grundschule
Stunden aus, springt das Kinderhaus ein. Auch spontane Unterbringungen von Kindern der Mitarbeiter sind problemlos möglich. Die Elternbeiträge entsprechen denen in den kommunalen Einrichtungen.

■ Hessischer Rundfunk
Auf dem Gelände des Hessischen Rundfunks werden seit dem Jahr 2000 bis zu 40
Kinder in den Ferien ganztags von Pensionären, also ehemaligen Mitarbeitern des
Hessischen Rundfunks, betreut. Zwei Drittel davon sind Männer. Es werden the-
menspezifische Kurse als Angebote gemacht. Auch Eltern aus Firmen der Nach-
barschaft nutzen die – jedoch nicht ganz preiswerten – Angebote.

Betriebsnahe oder privat organisierte Kindertagesstätten sind hierzulande dennoch
eher selten anzutreffen. Der Dachverband für private Trägervereine nennt Ende 2002
gerade einmal 0,5 % von über 47.000 Einrichtungen in Deutschland. Das Interesse sei
zwar steigend, und der Bedarf sei auch da, aber mit einer Kindertagesstätte lasse sich
in Deutschland nicht sehr viel verdienen.

Bis zu zwei Jahren kann es dauern, um ein Projekt zur Gründung einer eigenen Kindertagesstätte umzusetzen. Daher wundert es nicht, dass viele Interessierte auf hal-
bem Wege aufgeben. Die Knackpunkte sind zumeist das Fehlen geeigneter und
schließlich auch bezahlbarer Räumlichkeiten. Denn nicht nur Anwohner und Vermieter
sind oft nicht begeistert, es gilt schließlich auch, zahlreiche bauliche Anforderungen
umzusetzen. Da die Regelung der Kinderbetreuung in der Kommune angefragt werden muss, sind die dort gestellten Anforderungen regional unterschiedlich. Wer sich
also auf den Weg macht, um eine Kindertagesstätte zu gründen, der kann in einem
Berliner Stadtbezirk ganz andere behördliche Antworten bekommen als in einer bay-
rischen Gemeinde oder in einer sächsischen Kleinstadt.

Ein Interessierter, der eine private Kindertagesstätte gründen möchte, benötigt neben pädagogischen ebenso viele betriebswirtschaftliche Kenntnisse. Der Weg zur „eigenen" Einrichtung könnte dann wie folgt beschritten werden:

- **Kinder suchen**
Um eine Einrichtung zumindest kostenneutral zu betreiben, benötigt man genügend Kinder. Mindestens 15 sollten es schon sein, besser wären natürlich 25. Erhebliche Altersunterschiede erschweren die Betreuung und erhöhen die Kosten der Ausstattung.

- **Betreuungskonzept erstellen und Organisationsform finden**
Für die Erstellung eines möglichst lückenlosen Betreuungsvertrages braucht man auch rechtlichen Rat. Was in diesem, mit den Eltern der zu betreuenden Kinder geschlossenen Vertrag nicht geregelt ist, wird später zu Streitereien führen. Aus steuerlichen Gründen und wegen möglicher Zuschüsse wird wahrscheinlich die Rechtsform des Vereins gewählt.

- **Behördliche Kontakte aufnehmen**
Wer eine Kindertagesstätte eröffnen will, der soll bereits frühzeitig Kontakte mit den zuständigen Ämtern der kommunalen Verwaltung aufnehmen. Erste Kontaktstelle ist zumeist das Jugendamt. Ziel der Kommunikation mit den zuständigen Behörden ist neben der Erlangung einer Betriebserlaubnis vor allem die Aufnahme in die so genannte örtliche Bedarfsplanung. Nur so kann man kommunale Zuschüsse bekommen.

- **Suche nach geeigneten Räumen und Investitionen prüfen**
Als Richtlinie gelten 2,5 Quadratmeter pro Kind. Daneben müssen die Auflagen der Kommune beachtet werden (Toilettenanlagen, Fensterfläche, Freifläche oder Parkplätze vorm Haus usw.). Finanzielle Aspekte müssen bedacht werden: Wie viel Geld wird benötigt, um die nötigen Umbauten vornehmen zu können? Wer finanziert? Wie können Kredite zurückgezahlt werden?

- **Personalplanung**
Es geht nicht ohne Fachkräfte und bezahlte Helferinnen. Je nach Alter der Kinder müssen bestimmte Betreuungsschlüssel beachtet werden (variiert zwischen 1:6 und 1:12).

Aufgaben

1. *Informieren Sie sich über Initiativen zur Gründung von Kindertagesstätten. Sie können bei Ihrer Recherche auch das Internet nutzen (z. B. auf den Seiten www.e-impuls.de oder www.familienservice.de oder www.kinderhut.de). Wer nutzt diese Initiativen? Wie sind diese Initiativen aufgebaut? Wer arbeitet dort?*

2. *Sammeln Sie in Kleingruppen weitere Fragen zu diesen Initiativen. Tauschen Sie diese Fragen im Klassenverband aus. Suchen Sie anschließend Antworten.*

3. *Was müsste geschehen, um in Ihrer Nachbarschaft eine eigene Kindertagesein-richtung zu eröffnen? Machen Sie ein Planspiel zum Thema. Gehen Sie die fünf oben genannten Schritte durch. Nehmen Sie Kontakt auf.*

4. *Laden Sie einen Vertreter des Jugendamtes zum Thema in die Klasse ein. Berei-ten Sie sich auf das Gespräch vor. Welche Fragen wollen Sie stellen?*

5. *Nehmen Sie Kontakt zu einer Elterninitiative bzw. zu den Gründern einer eigenen Kindertagesstätte auf. Laden Sie zum Gespräch ein. Bereiten Sie sich vor. Wel-che Fragen wollen Sie stellen?*

6. *Welche Schwierigkeiten könnten sich ergeben, wenn Eltern zu betreuender Kin-der gleichzeitig Vorgesetzte im Betrieb sind? Welche positiven Möglichkeiten se-hen sie darin?*

2.5 Heimerziehung

Wer als Erzieherin in einem Heim arbeitet, hat folgende Aufgaben gegenüber den dort lebenden Kindern und Jugendlichen zu erfüllen:

- Stabile affektive Beziehungen bieten
- Den Heranwachsenden Vorbild sein
- Ein neues, sozial tragfähiges Umfeld bieten
- Den Lebensalltag entsprechend den besonderen Bedürfnissen gestalten
- Rat geben, Hilfestellungen anbieten, Perspektiven eröffnen
- In Heimen der geschlossenen Unterbringung eine Chance bieten vor einem even-tuellen Strafvollzug

In einer Heimwohngruppe haben die Erzieherinnen umfangreiche Aufgaben zu erfüllen. Wer dort arbeitet, muss helfen, einen „Ort zum Leben" zu gestalten. Die betreuten Kin-der müssen sich dort wohl fühlen. Man sorgt dort für ihre Sicherheit und Geborgenheit. Man bietet ihnen emotionale Wärme und akzeptiert ihre Persönlichkeit. Man will den Kindern (neue) Leitbilder bieten und helfen, sich in die gewünschte Richtung zu entwi-ckeln. Es werden Möglichkeiten aufgezeigt und Grenzen erklärt. Und vor allem sollen sie Zutrauen und Vertrauen in ihre eigenen Fähigkeiten entwickeln. Die Erzieherinnen begleiten die Kinder und Jugendlichen tagtäglich und helfen ihnen, wenn es nötig er-scheint. Das Zusammengehörigkeitsgefühl des Einzelnen als Teil der Gruppe soll ge-stärkt werden. Das geschieht durch Absprachen und durch Möglichkeiten der Mitbe-stimmung. Organisatorische Dinge werden in gemeinsamer Runde besprochen und entschieden. Konflikte werden je nach erzieherischer Einschätzung im Gruppenge-spräch, in einer kleineren Runde oder im Zwiegespräch angesprochen und geklärt.

Heimerziehung ist die organisierte Antwort auf erhebliche Notsituationen für Kinder und Jugendliche. Es gibt Situationen, in denen einem Kind oder Jugendlichen außerhalb seiner eigentlichen Familie geholfen werden muss:

- Wenn Schutz vor den Eltern gegeben werden muss
- Wenn der Übergang in eine Pflegefamilie vorbereitet werden soll
- Wenn ein elternloser Jugendlicher auf ein Leben in Eigenständigkeit vorbereitet wer-den soll
- Wenn aufgrund eines tragischen Unglücks ein Kind oder Jugendlicher seine Eltern verliert

Beispiel

Steffen – eine Lebensgeschichte am Wendepunkt

Der Sozialarbeiter im Jugendamt der Stadt spricht mit dem Leiter eines städtischen Kinder- und Jugendwohnheims. Es geht um den achtjährigen Steffen. Man habe ihn am späten Vormittag in verwahrlostem Zustand in der elterlichen Wohnung aufgefunden. Er schlief ohne Kleidung auf einem Sofa vor laufendem Fernseher. Beide Elternteile waren anwesend, jedoch aufgrund starker Trunkenheit nicht ansprechbar. Die Mutter wurde mit dem Notarzt ins Krankenhaus gebracht, der Vater steht unter polizeilicher Aufsicht. Die Eltern sind dem Jugendamt bereits aufgrund ähnlicher Vorkommnisse in der jüngeren Vergangenheit bekannt. Außer etlichen großen Colaflaschen und Tüten mit Chips und Salzgebäck gab es im Haushalt keine Lebensmittel. Die Toilette und auch alle weiteren Räume in der Wohnung im vierten Stock eines großen Miethauses waren stark verschmutzt. Das Jugendamt wurde von der Lehrerin Steffens eingeschaltet. Steffen fehle bereits seit fünf Tagen, und sie habe keinerlei Kontakte zu den Eltern herstellen können. Steffen muss sofort in dem Heim als „Notaufnahme" aufgenommen werden, bevor man sich anschließend weitere Gedanken über seine Betreuung mache. Ein weiterer Verbleib im Elternhaus scheint nach diesem neuerlichen Ereignis nicht mehr verantwortbar. Weitere rechtliche Schritte werden vom Sozialarbeiter des Jugendamtes eingeleitet. Steffen kommt in eine Gruppe mit acht sechs- bis 14-jährigen Jungen und Mädchen. Da es sich um einen dringenden Fall handelt, liegen dem Heim keine sozialen, medizinischen oder psychologischen Berichte oder Gutachten vor. Man wird morgen aber ein intensives Gespräch zu Steffens Situation mit dem Sozialarbeiter führen. Zudem wird Steffen ärztlich untersucht. Wenn gesundheitlich nichts dagegen spricht, wird Steffen morgen wieder zur Schule gehen. Am Nachmittag wird die Lehrerin zu Besuch kommen und mit dem Heimleiter sprechen. Bis zur weiteren Entscheidung wird Steffen am Leben der Gruppe so normal wie möglich teilnehmen: Er soll sich an einen normalen Tages- und Nachtablauf gewöhnen. Man steht morgens gegen halb sieben auf und geht abends gegen halb neun ins Bett. Er bezieht zunächst ein kleines Zimmer in der Gruppe. Er soll zusammen mit allen anderen Kindern frühstücken, zu Mittag und zu Abend essen. Steffen wird gemeinsam mit den anderen Kindern zur Schule gehen und mittags wieder zurückkommen. Nach den Schularbeiten und eventuellen unterstützenden Arbeiten in der Gruppe wird er nach Rücksprache mit den Erzieherinnen seine Freizeit gestalten. Er wird in der Wohngruppe bei der regelmäßigen Hygiene unterstützt, und man hilft ihm auch in allen anderen lebenspraktischen Situationen.

Aufgaben

1. *Wie könnte ein Arbeitstag für eine Erzieherin in einer Wohngruppe aussehen?*

2. *Welche Fähigkeiten sollte Ihres Erachtens eine Heimerzieherin haben? Reden Sie in einer kleinen Gruppe darüber, und halten Sie Ihre Arbeitsergebnisse in Kernsätzen fest.*

3. *Aus welchen anderen Gründen könnten Kinder oder Jugendliche in einem Heim aufgenommen werden? Erfinden Sie einen „Fall", und lesen Sie ihn in der Klasse vor. Lassen Sie anschließend Fragen zu, und versuchen Sie, diese zu beantworten.*

4. Informieren Sie sich beim nächsten Jugendamt zur Frage: Warum kommen Kinder oder Jugendliche in ein Heim? Laden Sie einen Sachbearbeiter zum Thema zum Gespräch in die Schule. Bereiten Sie sich in kleinen Gruppen auf das Gespräch vor. Was wollen Sie alles wissen?

5. Laden Sie den Leiter eines Heimes in Ihrer Nähe zum Gespräch ein. Was wollen Sie ihn fragen?

6. Erzieherinnen im Heim betreuen nicht nur die Kinder und Jugendlichen in der Wohngruppe, sondern sie müssen sich regelmäßig mit Sachbearbeitern in Ämtern, mit Eltern oder sonstigen Erziehungsberechtigten, mit Gerichten, mit Lehrern, mit Ausbildungsbetrieben oder manchmal auch mit der Polizei in ihrem Arbeitsalltag in Verbindung setzen. Laden Sie zu diesem Themenkomplex einen angestellten Gruppenleiter eines Heimes zum Gespräch ein. Bereiten Sie einige Fragen vor.

Heime sind Lebensorte, in denen Tag und Nacht professionelle Helferinnen die dort lebenden Kinder und Jugendlichen betreuen. Moderne Heime sind sozialpädagogische Spezialeinrichtungen, die sicherlich nicht einzig als Verwahranstalten für aufsässige Jugendliche gedacht sind. Sie sind auch nicht mehr vergleichbar mit den früheren Waisenheimen. Heimerziehung stellt mittlerweile ein breites und differenziert aufgefächertes Unterbringungsangebot für Kinder und Jugendliche dar. Die einzelnen Formen der Unterbringung unterscheiden sich dabei je nach

- Zielgruppen (kleine Kinder, Schulkinder, Jugendliche, Kinder und Jugendliche jeden Alters),

- Betreuungsschlüssel (die Anzahl der Mitarbeiter im Vergleich zur Anzahl der Kinder und Jugendlichen),

- Lage (in der Großstadt oder am Ortsrand oder in einer ländlichen Gemeinde; im Zentralgelände oder gemeindenah außerhalb des Zentralgeländes),

- Größe (für viele Kinder und Jugendliche in einem Zentralgelände oder für wenige in einzelnen Wohnungen),

- Ausstattung (z. B. mit vorgeschriebenen Sicherheitsstandards aufgrund einer geschlossenen Unterbringung),

- Dauer des Aufenthalts (zeitlich klar umrissen oder noch nicht absehbar),

- Zielsetzung der Maßnahme.

Um die Vielfalt der Heimerziehung zu verdeutlichen, finden Sie im Folgenden eine Unterscheidung von vier verschiedenen Unterbringungsformen. Je nach regionalen Gegebenheiten kann sich die Angebotsstruktur noch mehr verzweigen.

Kinder- und Jugendwohnheim

Hier leben zumeist sechs bis zehn Kinder und Jugendliche in einer Wohnung oder in einem Haus. In der Regel bestehen in einem solchen Heim mehrere dieser Gruppen bzw. mehrere Häuser gehören organisatorisch zu einem Heimkomplex. Die Kinder und Jugendlichen werden rund um die Uhr von Fachpersonal betreut. Schichtdienst ist also die normale Arbeitsform. Das Leben in den Gruppen wird häufig „familienähnlich" gestaltet. Selten sind alle Kinder und Jugendlichen in der Gruppe gleichaltrig. Es gilt auch durchaus als normal, dass Mädchen und Jungen gemeinsam betreut werden. Wenn die Betreuerinnen in der Gruppe arbeiten und leben, spricht man von einer Familienwohngruppe. Diese Betreuungsform findet man z. B. in Kinderdörfern, in denen viele derartige Gruppen zu einem Komplex zusammengefügt sind. Manchmal konzentrieren sich Heime auf bestimmte Kinder und Jugendliche, z. B. auf solche mit Suchtproblemen oder mit starkem Aggressionspotenzial.

Verselbstständigungsgruppen

In diese Betreuungsform werden ältere Jugendliche aufgenommen, die in absehbarer Zeit den Heimbereich verlassen sollen. Ziel ist es, diese Jugendlichen auf ein Leben in eigener Verantwortung vorzubereiten. Der Weg in die Selbstständigkeit verläuft aber nicht sprunghaft, sondern über einzelne Betreuungsstufen, so z. B. vom Leben in einer kleinen Gruppe unter noch ständiger Betreuung über die Jugendwohngemeinschaft mit nur noch stundenweiser Betreuung hin zur eigenen Wohnung mit nur noch mobiler Begleitung in Form des so genannten Betreuten Wohnens. Auf diesem Weg der Autonomie liegen die pädagogischen Schwerpunkte beim Vertiefen sozialer Kompetenzen und im Erlernen von Strategien zur Lösung alltäglicher Aufgaben und Probleme (Gesundheitsfürsorge, Ämter, allgemeine finanzielle Absicherung, Arbeitsplatzsuche und Arbeitsplatzerhalt, Wohnraumsuche etc.).

Geschlossene Unterbringung

Diese Form kann nur auf eine richterliche Anordnung hin geschehen, da es sich um einen Freiheitsentzug (nach § 163 Bürgerliches Gesetzbuch) handelt. In einer solchen Gruppe bzw. in einem solchen Haus sind Türen und Fenster gegen Flucht gesichert. Die Gruppen werden aber nach wie vor als Lebensraum genutzt und sind dementsprechend freundlich einzurichten. Zwar sollen die Kinder und Jugendlichen nicht entweichen, erstrangig geht es aber um eine verantwortliche, professionelle Betreuung durch Erzieherinnen oder Pädagoginnen und nicht um Verschluss durch Wachpersonal. Hintergründe einer solchen Unterbringung können sein:

- Erhebliches selbst gefährdendes Verhalten (Suizidgefahr)
- Erhebliches fremdgefährdendes Verhalten (Gewalt gegen Menschen oder Sachen)
- Häufiges Entweichen
- Kein regelmäßiger Schulbesuch
- Keine Fortschritte im Leben in anderen Betreuungsformen

Betreuung von Mutter und Kind

Bei dieser besonderen Wohnform leben noch sehr junge Mütter mit Kind zusammen in einer Wohngruppe. Manchmal handelt es sich auch um ein betreutes Einzelwohnen, zumeist aber lebt man zusammen in kleinen Wohngemeinschaften. Die dort arbeitenden Erzieherinnen benötigen neben allgemeinen sozialpädagogischen Kenntnissen im Umgang mit Jugendlichen natürlich auch spezielle Kenntnisse in der Säuglingspflege.

Aufgaben

1. Für die Unterbringung eines Kindes in einem Heim ist ein so genanntes „Hilfeplanverfahren" nach § 36 Sozialgesetzbuch VIII nötig. Was bedeutet das? Informieren Sie sich in juristischer Fachliteratur.

2. Im Rahmen des § 1666 Bürgerliches Gesetzbuch („Kindeswohlgefährdung") kann ein Familiengericht auf Initiative des Jugendamtes die Unterbringung in einem Heim auch gegen den Willen der Eltern anordnen. Was bedeutet „Kindeswohlgefährdung"? Informieren Sie sich über die diesbezügliche Arbeit
   a. eines Jugendamtes,
   b. eines Familiengerichtes.

3. Was steht sinngemäß in den §§ 27 und 34 des Sozialgesetzbuches?

4. Früher hörte man manchmal den Spruch „Lieber in einer schlechten Familie leben als in einem guten Heim". Welche Motive könnten dieser Meinung zugrunde liegen? Wie stehen Sie zu dieser Meinung?

5. Vollstationäre Heimerziehung sei „das letzte Mittel", wenn erzieherische Probleme in der Familie auftauchen. Wie stehen Sie zu dieser Meinung?

6. In einem Heim werden die Kinder und Jugendlichen lediglich zur „Anpassung" erzogen. Dazu gibt es „nur starre Regeln, einen straffen Tagesablauf, Disziplin und Strafen bei Verstößen. Wo bleiben denn Zuneigung, Fantasie, Improvisation und einfach mal Fünfe gerade sein lassen?". Wie stehen Sie zu dieser Meinung? Reden Sie konzentriert und in aller Ruhe darüber. Begründen Sie mit „Herz" und „Kopf".

7. Welche Fähigkeiten sollte Ihrer Meinung nach eine Erzieherin in einem Heimbereich haben?
   a. In einem Kinderheim
   b. In einer Verselbstständigungsgruppe mit älteren Jugendlichen
   c. In einer Gruppe mit suchtgefährdeten Jugendlichen
   d. In einer „geschlossenen" Gruppe
   e. In einem Mutter-Kind-Heim
   Stellen Sie ein Thesenpapier zusammen. Bieten Sie zu jeder These eine beispielhafte Situation. Welche Aufgaben könnten in den geschilderten Situationen auf eine Erzieherin zukommen?

8. Könnten Sie sich vorstellen, in einem Jugenddorf ein Praktikum zu machen? Sie würden dort nicht nur arbeiten, sondern in der Praktikumszeit auch wohnen. Was könnte Sie daran reizen? Was lehnen Sie eher ab?

9. Informieren Sie sich über die Geschichte der „Jugendwerkhöfe" in der ehemaligen DDR. Warum wurden sie gebildet? Wer arbeitete dort? Wer musste dort wie lange leben? Was waren die Ziele der dortigen Arbeit? Wie stehen Sie zur Konzeption dieser Jugendwerkhöfe?

10. Der Heimerziehung stehen viele Menschen kritisch gegenüber. Wie können Sie auf die folgenden Äußerungen im Gespräch reagieren? Versuchen Sie, Ihre Meinungen mit erzieherischen Fachkenntnissen (z. B. Fachtheorie) zu kombinieren.
    a. „Heime sind doch nur Verwahranstalten für kommende Straftäter."
    b. „In Heimen geht es rüde und streng zu."
    c. „Heime sind gekennzeichnet durch starre Strukturen. Sie bieten nur eine unflexible Pädagogik."

d. „In Heimen lernen die Jugendlichen vor allem eins: Sich anzupassen und zu verstellen."

e. „Wer sich den Erzieherinnen im Heim nicht anpasst, der erlebt die Hölle."

f. „Die Erzieherinnen im Heim haben mit den dortigen Umständen schon genug zu tun. So was wie Beratung oder Einfluss auf die Eltern geht gar nicht mehr."

g. „Wenn ein Kind ins Heim kommt, dann bekommt es dadurch doch das Gefühl: Ich selber bin das Problem meiner Eltern."

h. „Heimerziehung setzt doch viel zu spät ein. Wenn das Kind ins Heim kommt, dann hat es doch schon ein Desaster nach dem anderen durchlebt. Da kann die Erzieherin im Heim auch nicht mehr viel reparieren."

Kurzzeitunterbringung: Urlaub im Wohnheim

Beispiele

Anfragen von zwei Müttern

■ „Ich habe manchmal das Gefühl, dass die Pflege meines behinderten Kindes über meine Kräfte geht, und ich würde gerne mal Atem holen. Was kann ich da machen?"

■ „Mein Sohn hat eine Behinderung und hängt sehr an seiner Familie. Mit Schrecken denke ich an die Zeit, wenn ich zu alt bin, um ihn zu pflegen. Gibt es eine Möglichkeit, ihn schon jetzt darauf vorzubereiten?"

Aufgaben

1. Wenn Sie „Urlaub in einer Wohngruppe" lesen, was stellen Sie sich dann vor?

2. Ein Leiter einer Kurzzeitwohngruppe sagte einem der Autoren einmal: „Unser Haus ist wie ein Hotel. Wir wollen unseren Gästen einen Urlaub bieten." Wie finden Sie es, wenn man ein Wohnhaus mit einem Hotelbetrieb vergleicht? Was könnte man von einem Hotel übernehmen? Was wäre Wert versucht zu werden? Was ist eher schwierig?

3. Würden Sie in einem solchen „Hotel" ein Praktikum als Erzieherin machen wollen? Was könnte interessant werden? Was fänden Sie eher hinderlich?

In etlichen komplexen Wohneinrichtungen, und auch durch die Initiativen kleiner, aber agiler Vereine und Elterngruppen, gibt es Wohnhäuser, in denen Kinder oder Jugendliche für einen vorher vereinbarten Zeitraum leben können. Die **Gründe** zur Aufnahme können recht unterschiedlich sein, z. B.:

■ Das Kind oder der Jugendliche benötigt Urlaub vom Leben in der Familie.

■ Ein allein erziehender Elternteil braucht einen Urlaub ohne das Kind.

■ Eine Krisensituation (Krankheit, Unfall o. a.) der Mutter und/oder des Vaters ist eingetreten.

■ Es muss auf einen Dauerwohnplatz noch einige Zeit gewartet werden.

■ Ein „Probewohnen" wird versucht, bevor man entscheidet, ob das Kind oder der Jugendliche zukünftig in einem Wohnheim leben soll.

Diese Form des befristeten Lebens in einer Wohngruppe hat je nach Einrichtung verschiedene Bezeichnungen. Geläufig sind z. B. *„Kurzzeitaufenthalt"*, *„Kurzzeitunterbringung"*, *„Kurzzeitpflege"*, *„Kurzzeitbetreuung"* oder auch Namen wie *„Urlaubsheim"*, *„Gästehaus"*, *„Oase"* oder *„Wohnnest"*.

Es geht jeweils darum, Kindern oder Jugendlichen für einen überschaubaren, vorher vereinbarten Zeitraum (von einem „verlängerten Wochenende" bis zu einigen Wochen) ein Lebensumfeld zu bieten. Die meisten von ihnen kommen aus einer Familie und werden hier nun für zwei oder drei Wochen „Wohnen" einmal ganz anders erleben. So unterschiedlich die Gründe zur Aufnahme für kurze Zeit sein können, so unterschiedlich werden auch die **Ziele** der Betreuung sein:

- Beseitigung einer Notsituation
- Entlastung der Erziehungsberechtigten
- Kurzzeitige Verbesserung der Wohnsituation
- Erleben neuer positiver Wohn- und Lebenserfahrungen

Daher ergeben sich für die dort arbeitenden Fachkräfte sehr vielseitige Anforderungen. Der stetige Wechsel der Betreuten (zumeist in wöchentlichen bzw. mehrwöchentlichen Rhythmen) erfordert Flexibilität und ein hohes Fachwissen. Die Mitarbeiterinnen müssen sich ständig auf neue Menschen und deren Eltern oder Betreuer einstellen. Manchmal werden sich im Laufe von Jahren „Stammgäste" einfinden, die gerne und häufiger die Aufnahme wünschen. Bedingt durch die kurze Verweildauer in der Einrichtung werden angebahnte und weitergeführte Entwicklungen, die den Erfolg der erzieherischen Arbeit bestätigen, nicht mehr sichtbar. Aufgabe der Mitarbeiterinnen ist es zunächst einmal, sicherzustellen, dass es den Aufgenommenen allgemein gut gehen wird. Sie werden für ein Wohlbefinden sorgen, damit sich die Eltern oder der gesetzliche Betreuer keine Sorgen machen müssen. Die Hauptbezugsperson(en) soll(en) eine Zeit der Entlastung bekommen, um andere wichtige Dinge erledigen zu können.

Zu den erzieherischen (und pflegerischen oder heilerziehungspflegerischen) **Aufgaben** in einer solchen Wohngruppe gehören:

- Für das leibliche Wohl sorgen durch
  - Techniken der Pflege
  - Hilfen bei Essen, Trinken und der allgemeinen und speziellen Hygiene
  - Begleitung bei Therapie- oder Arztbesuchen
  - Medikamentengabe
- Alle notwendigen pflegerischen Arbeiten erledigen
- Begleitung zur Bewältigung von Trennungssituationen
- Hilfen zur Eingewöhnung in die neue Umgebung geben
- Den Kontakt mit Eltern oder gesetzlichem Betreuer pflegen
- Entwicklung fördern; Lernsituationen schaffen
- Freizeit gestalten und Angebote machen
- In Schulzeiten oder Kindergartenzeiten: Kontakte pflegen
- Gruppensituationen gestalten
- Mit herausforderndem Verhalten umgehen
- Konflikte bewältigen
- Rat geben für zukünftige Planungen
- Abschlussberichte erstellen

1. Was macht die Arbeit in einem Kurzzeitwohnbereich reizvoll?

2. Wo gibt es in Ihrer Umgebung Kurzzeitwohnbereiche?

3. Welche Interessen und Fähigkeiten sollte eine Praktikantin für den Kurzzeitwohnbereich mitbringen?

4. Der Gesetzgeber hat verschiedene Möglichkeiten eingerichtet, Menschen mit Behinderung, die in ihren Familien leben, Kurzzeitaufenthalte in Anspruch nehmen können. Informieren Sie sich über die möglichen Kostenregelungen. Wer muss wie viel zahlen?

5. _Ein komplexer Leistungsnachweis:_ Schauen Sie sich verschiedene Verfahren zur Aufnahme in Wohnheimen an. Vergleichen Sie insbesondere die auszufüllenden Schriftstücke (allgemeine Datenerhebungen, Fähigkeitsprofile, usw.). Nun erstellen Sie einen Aufnahmebogen (als Schriftstück) für eine fiktive Kurzzeitwohngruppe. Was soll alles erfragt werden (sortieren Sie zu verschiedenen Rubriken)? Welche Personen müssen was gefragt werden? Welche Dokumente sollten eingesehen werden?

6. Wie könnte ein Abschlussbericht zum Ende einer Kurzzeitmaßnahme aussehen?

3

Projekte

- Was ist der Unterschied zwischen einem Praktikum und einem Projekt?

- Was beinhaltet die Methode des Projektmanagements?

- Welche Funktionen und Schwierigkeiten haben Lehrende und Lernende in Projekten?

- Was erwarten sozialpädagogische Einrichtungen von Projekten?

3.1 Projektbegriff und Projektverständnis – oder: Was unterscheidet Projekt- von Praxishandeln?

Der Unterschied zwischen Projekten und Praxishandeln (im Sinne eines Praktikums) lässt sich recht einfach darstellen: Praxis ist immer und alltäglich, Projekte sind etwas Besonderes. Aber ist diese Unterscheidung tatsächlich so einfach? In diesem Kapitel werden im Folgenden grundlegende Aussagen zur Projektarbeit in der Ausbildung zusammengefasst. Die nachfolgenden Punkte beschäftigen sich dann generell mit den strukturellen und inhaltlichen Gestaltungsmöglichkeiten von Projekten, so wie diese in den unterschiedlichen Handlungsfeldern realisiert werden können.

Welche Kriterien sollte ein Projekt erfüllen? Grundsätzlich zeichnen folgende Eigenschaften ein Projekt aus (vgl. Dewenter, 2001, S. 19f.; Bernath u. a., 1993, S. 7; Antes, 2004, S. 13–15):

- Ein Projekt ist neu und einmalig, es handelt sich somit nicht um Routineaufgaben oder Arbeiten, welche in regelmäßigen Abständen wiederholt werden.

- Ein Projekt kommt zusätzlich zu den Aufgaben des Alltags hinzu.

- Für ein Projekt sind zusätzliche personelle, finanzielle und strukturelle Ressourcen bereitzustellen – diese Ressourcen sind aber an den Verlauf des Projektes geknüpft und folglich begrenzt.

- Ein Projekt besitzt einen hohen Grad an Komplexität und eine intensive und enge Vernetzung mit anderen Ebenen und Strukturen einer Organisation.

- In der Bearbeitung von Projekten sollte es zu einer adäquaten Verbindung von Theorie- und Praxiselementen kommen.

- Ein Projekt wird von unterschiedlichen Gruppen und Disziplinen arbeitsteilig, aber interdisziplinär geplant und durchgeführt, hierbei ist von einer grundsätzlichen Gleichrangigkeit aller Beteiligten auszugehen; dennoch ist auf eine eindeutige Verantwortung für die Durchführung und die Ergebnisse bzw. die Ergebnissicherung zu achten.

- Ein Projekt muss im Hinblick auf seine Struktur, sein Budget und seine Ziele detailliert geplant werden.

- Ein Projekt muss sowohl während der Durchführung als auch am Schluss im Hinblick auf seinen Prozess und seine Ergebnisse reflektiert und überprüft werden.

- Dennoch kann es bei einem Projekt zu unvorhergesehenen Ergebnissen und Problemen kommen – ein Projekt geht immer mit Unsicherheiten und Risiken einher.

Zu diesen grundlegenden Merkmalen von Projekten lassen sich noch weitere Elemente ergänzen, welche für die Projektarbeit in der Ausbildung relevant sind:

- Ein Projekt ermöglicht das Kennenlernen eines exemplarischen Arbeitsfeldes bzw. des konkreten Ausschnitts dieses Feldes.

- Ein Projekt ermöglicht der Auszubildenden oder Schülerin das Erfassen struktureller Zusammenhänge der Praxis (sie gelangt hierbei zu einer individuellen Verknüpfung von theoretischen und praktischen Inhalten).

■ Die Auszubildende gelangt zudem in die Situation, Handlungsstrategien zu entwickeln, zu reflektieren und zu erproben. Diese tragen dann gegebenenfalls zur Modifikation oder aber auch zum Erhalt der konkreten Verhältnisse bei.

Diese beiden unterschiedlichen Ebenen eines Projektes (die grundsätzliche Ebene und diejenige des Ausbildungsbezuges) sind in der konkreten Planung, Durchführung und Evaluation (Überprüfung) von Projekten miteinander zu verzahnen, sodass sich diese grundlegenden Merkmale von Projekten wie folgt grafisch darstellen lassen:

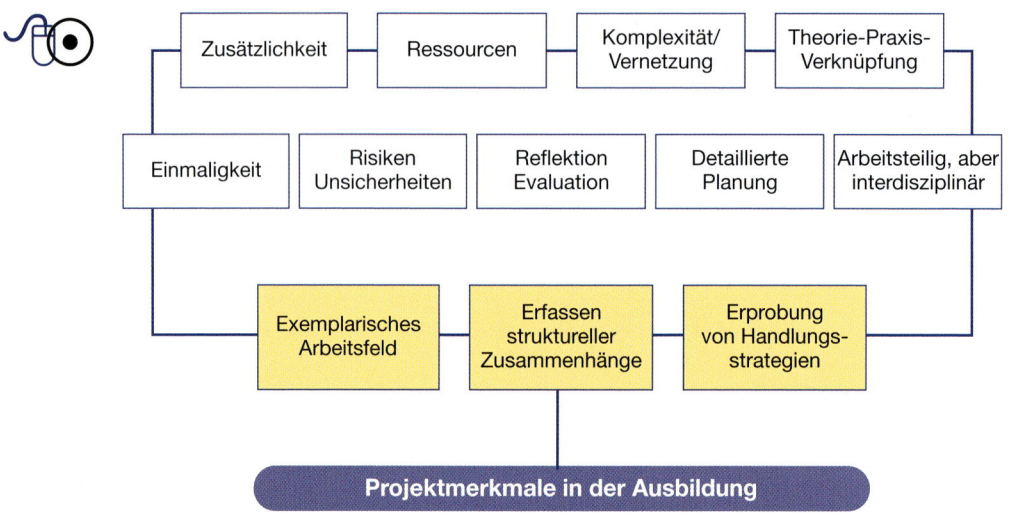

Projektmerkmale in der Ausbildung

Aufgaben

1. *Stellen Sie diese Merkmale an Beispielen dar. Greifen Sie hierbei auch auf Projekte oder Projektideen zurück, welche Ihnen in der Praxis begegnet sind.*

2. *Fassen Sie die Unterschiede zwischen einem Projekt und dem Alltagshandeln der Praxis (vgl. Kapitel 1.1. und 1.3) zusammen. Was fällt Ihnen hierbei auf?*

3. *Welche Merkmale führen gegebenenfalls in der Planung und der Durchführung von Projekten zu Problemen? Begründen Sie Ihre Meinung möglichst ausführlich.*

In der konkreten Arbeit und Ausbildung in und mit Projekten kommt es häufig zu einer Vermengung der unterschiedlichsten Begriffe: Es wird von Projektmethode gesprochen, ein Projektstudium gefordert, Projektunterricht erteilt, projektorientiertes Lernen gestaltet. Das forschungsorientierte und das erfahrungsbezogene Lernen werden hierbei häufig „nebeneinander als Kennzeichnung praxisorientierter Ausbildungskonzepte verwendet [...]. In der praktischen Ausführung spiegelt Projektarbeit verschiedene Varianten handlungsorientierten Lehrens und Lernens wider" (Dewenter, 2001, S. 20).

Die Handlungsorientierung steht somit im Mittelpunkt jeglicher Projektarbeit: gleich ob es sich hierbei um ein Projekt in der Ausbildung oder um ein Projekt einer Einrichtung handelt. Der Fokus eines Projektes richtet sich hierbei immer auf eine mögliche Lösung eines Problems oder einer Fragestellung. Eine Aufgabe, welche sich durch Veränderungen der Gesellschaft, durch Ansprüche der Mitarbeiter, durch die Vernetzung unterschiedlichster Bedingungsfaktoren stellt, soll und muss durch ein Projekt verfolgt bzw. gelöst werden. Hierauf verweist auch schon die Wortbedeutung des Projektbegriffes: Er stammt ursprünglich aus dem Lateinischen und leitet sich hier vom Verb „proicere" ab, welches so viel wie hinwerfen oder vorwärts werfen bedeutet. Im Französischen wurde dieser Begriff mit „projeter" entlehnt, welches dort entwerfen besagte. Im 17. Jahrhundert wurde das neulateinische Wort „Projektum" benutzt. Dieses deutete schon eine Nähe zum heutigen Verständnis an, bezeichnete dieser Begriff doch ein ganz bestimmtes Vorhaben (vgl. Antes, 2004, S. 13). „Demnach beschreibt ein Projekt ein Vorhaben bzw. eine Absicht, aktiv an der Lösung eines Problems zu arbeiten. Erweitert formuliert eröffnet Projektarbeit die Möglichkeit, intentional in gesellschaftliche Prozesse einzugreifen" (Dewenter, 2001, S. 20).

Ein Projekt findet somit in seiner konkreten Durchführung häufig an der Nahtstelle zwischen gesellschaftlichem Auftrag und individuellen Bezogenheiten und Kompetenzen statt. Soll es somit als methodisches orientiertes Handeln zu einer Modifikation von Organisationen und/oder gesellschaftlichen Prozessen beitragen, darf ein Projekt nicht willkürlich realisiert werden. Vielmehr muss es in einen theoretischen Kontext eingebunden sein. So verstanden handelt es sich bei Projekten um pädagogische bzw. Bildungskonzepte, welche auf philosophischen, erkenntnistheoretischen und methodologischen Grundannahmen aufbauen (vgl. Dewenter, 2001, S. 20). Eine Auseinandersetzung mit den Sinngehalten von Projekten, mit den Erkenntnisprozessen sowie mit den sich hieran anschließenden und hiermit verbundenen Methoden stellt eine unhintergehbare Grundbedingung jeglicher Projektarbeit dar. In der Planung, der Durchführung und der Evaluation von Projekten sind diese Verbindungen von gesellschaftlichen, individuellen, philosophischen und methodischen Ebenen zu bedenken:

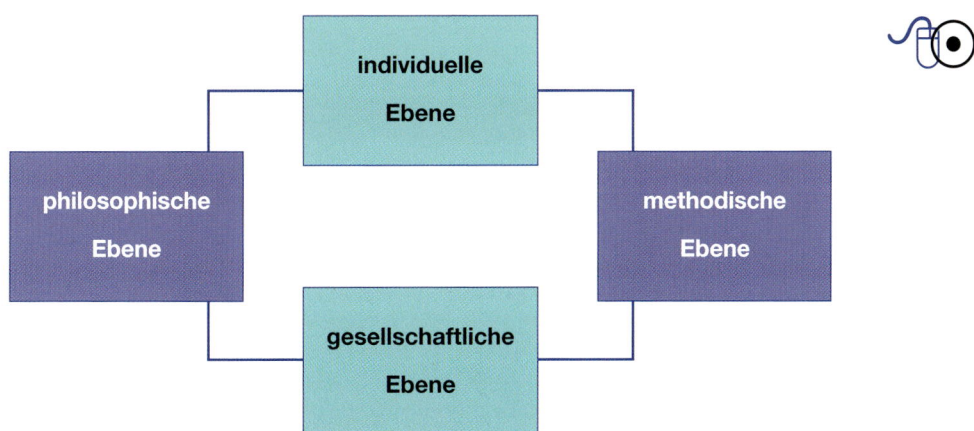

Ebenen der Projektarbeit

1. Stellen Sie diese vier Ebenen an einem konkreten sozialpädagogischem Projekt dar.

2. An welchen Schnittstellen (zwischen welchen Ebenen) ergeben sich unter Umständen Schwierigkeiten? Wodurch könnten diese im Projekt bearbeitet werden?

Was unterscheidet aber jetzt die Projektarbeit vom Handeln im Praktikum? Mit Dewenter (2001) können folgende Unterscheidungsmerkmale festgestellt werden:

■ Die Suche nach einer Praxisstelle oder einem Praktikumsplatz geschieht relativ freizügig, d.h., dass die Auszubildende sich nach eigenen Interessen (und nach den Möglichkeiten des Arbeitsmarktes) eine Praxisstelle suchen kann. Demgegenüber hat die Ausbildungsstelle im Hinblick auf die Projektarbeit dafür zu sorgen, dass ein genügend großes Kontingent an Projekten vorhanden ist. Diese sollten zudem in einen theoretischen Gesamtzusammenhang der sozialpädagogischen Ausbildung gestellt werden. Hierbei sind dann jeweils die Schwerpunkte und Kompetenzen der einzelnen Ausbildungsstätte zu berücksichtigen.

■ Die Tätigkeit in einem Praktikum wird häufig durch die konkret anfallende Arbeit in diesem Feld begründet. Ein Projekt muss demgegenüber durch eine konkrete Planung vor und während des Projektes sowie durch eine Überprüfung der Projektergebnisse beschrieben und gestaltet werden. Diese Projektskizze geht über den Arbeitsvertrag eines Praktikums hinaus, da sie die einzelnen Parameter hierzu wesentlich konkreter zu fassen versucht.

■ Ein Praktikum ermöglicht dem Lernenden, ein Arbeitsfeld im Hinblick auf die konkreten und z. T. sehr unterschiedlichen Tätigkeiten kennen zu lernen. Ein Projekt richtet sich demgegenüber auf die Strukturen einer Einrichtung sowie auf einen gezielt geplanten Verlauf einer (wenn auch häufig umfassenden) Aufgabe.

■ Gemeinsam ist beiden Handlungsmöglichkeiten eine intensive Verknüpfung von theoretischen Begründungen und praxisrelevanten konzeptionellen und methodischen Strukturmomenten.

Im Kontext eines Projektes erfahren die Lernenden somit die Grundstrukturen eines beruflichen Handlungsfeldes. Darüber hinaus erwerben sie die Fähigkeiten, praktische Erlebnisse und Notwendigkeiten mit theoretischen Grundlagen zu verknüpfen. Hierdurch erweitern sie, im besten Falle, ihr selbstständiges professionelles Handeln. Hierbei werden vier Kompetenzbereiche (vgl. Kapitel 1.4) tangiert bzw. erweitert (vgl. Dewenter, 2001, S. 30):

■ Die kommunikative Kompetenz

■ Die fachliche Kompetenz

■ Die planerische Kompetenz

■ Die organisatorische Kompetenz

„Diese Kompetenzen sollen in berufsrelevanten Umfeldern [...] mit konkreten Aufgabenstellungen vermittelt werden. Lernerfahrungen konzentrieren sich auf das Erproben adressatenbezogener Interventionen und organisationsbezogener Handlungsstrategien und Konzepte" (Dewenter, 2001, S. 30).

Diese Aussagen können folgendermaßen zusammengefasst werden:

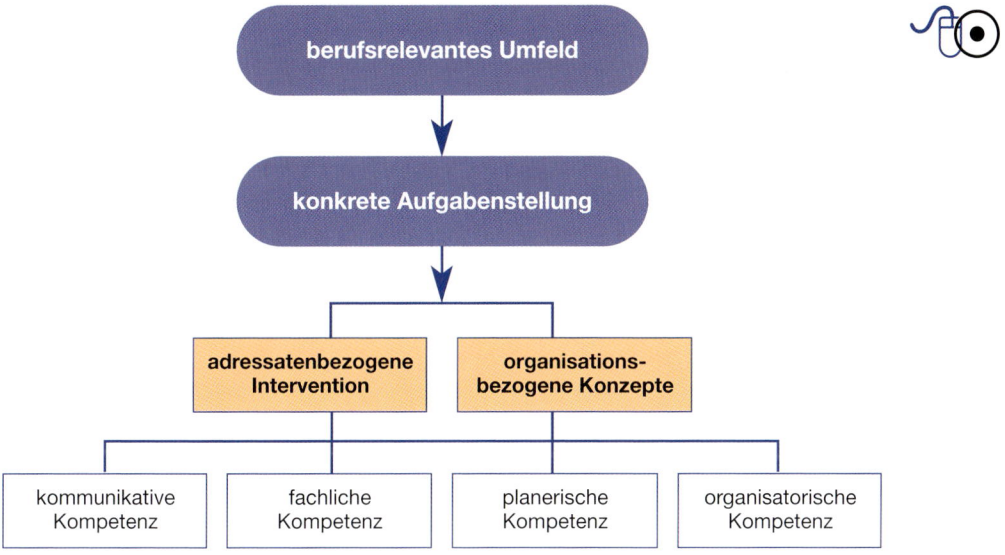

Projektarbeit in der Ausbildung: Zusammenfassung

Aufgaben

1. *Stellen Sie die einzelnen Elemente der Projektarbeit an Beispielen aus folgenden sozialpädagogischen Handlungsfeldern dar:*
   - *Kindergarten*
   - *Integrative Kindertagesstätte*
   - *Jugendheim*
   - *Offene Hilfen*

2. *Welche Unterschiede bzw. Gemeinsamkeiten fallen Ihnen bei der Betrachtung der unterschiedlichen Handlungsfelder auf?*

3. *Worin können diese begründet sein?*

4. *Welche Kompetenzen bringen Sie durch Ihre Ausbildung bislang mit? Welche möchten Sie noch erwerben?*

5. *Planen Sie auf dem Hintergrund dieser Merkmale ein mögliches Projekt.*

3.2 Projektphasen und Projektorganisation – oder: Woraus besteht ein Projekt?

Bevor die einzelnen Phasen eines Projektes vorgestellt werden, sollen im Weiteren vier grundlegende Typen bzw. Ausprägungen von Projekten skizziert werden. Diese Typologie geht davon aus, dass sich die Projekte im Hinblick auf die Ausprägung ihrer Komplexität immer zwischen den Variablen der Umwelt und denjenigen der eigentlichen Projektinhalte befinden. Sie sind somit als komplexe Systeme zu kennzeichnen, welche sich flexibel zwischen diesen unterschiedlichen Ebenen entwickeln (vgl. Gessler/Goerner, 2003, S. 16 f.). Es handelt sich hierbei um

- **Standardprojekte**, welche im Hinblick auf ihre Komplexität sowohl in Bezug auf den Projektinhalt als auch auf die Projektumwelt als eher gering betrachtet werden können;

- **Akzeptanzprojekte**, welche in Bezug auf die Unwelt als komplex, in Bezug auf den Inhalt jedoch als eher weniger komplex beschrieben werden können;

- **Potenzialprojekte**, welche im Hinblick auf ihre Inhalte als komplex, in Bezug auf ihre Relevanz zur Umwelt jedoch als eher gering komplex ausgeprägt bezeichnet werden können;

- **Pionierprojekte**, welche sowohl in Bezug auf die Umwelt als auch auf ihre Inhalte als hochkomplex beschrieben werden können.

Diese Typologie lässt sich grafisch wie folgt darstellen:

Projektumwelt
soziale Umwelt
wirtschaftliche Umwelt
etc.

	Projektinhalt KOMPLEXITÄT gering → hoch	
KOMPLEXITÄT hoch	Akzeptanz- projekte	Pionier- projekte
gering	Standard- projekte	Potenzial- projekte

Projektinhalt
abgegrenzte Aufgabe   offene Aufgabe

Typologien von Projekten (aus: Gessler/Goerner, 2003, S. 17)

Diese vier grundlegenden Projekttypen können als Situationen bezeichnet werden, welche „je nach Verlauf prinzipiell in jedem Projekttyp vorübergehend vorkommen. So können Standard-Projekte durch eine politische Veränderung schnell zu Akzeptanz-Projekten werden oder fordern in einer Krisensituation vom Leiter vorübergehend Kompetenzen für Pionierprojekte" (Gessler/Goerner, 2003, S. 17). Beispielhaft kann die Charakterisierung dieser vier unterschiedlichen Projekttypen durch die folgende Tabelle dargestellt werden.

Projekte mit unterschiedlicher Komplexität

3. Akzeptanzprojekte	4. Pionierprojekte
Projektaufgabe: relativ abgegrenzt, relativ geringe Komplexität; Projektumwelt: relativ hohe Komplexität	**Projektaufgabe:** relativ offen, relativ hohe Komplexität; Projektumwelt: relativ hohe Komplexität
Beispiel: umstrittenes Bauprojekt; Einführung einer Wissens-Datenbank in einer Firma zur Vernetzung von Abteilungen	**Beispiel:** Einführung von Projektmanagement in einem traditionellen Unternehmen, ambitioniertes Forschungs- und Entwicklungsprojekt
Charakterisierung: klare Aufgabenstellung, jedoch in schwierigem sozialen bzw. politischem Umfeld; Projekte ggf. bereits in ähnlicher Form in anderem Umfeld durchgeführt	**Charakterisierung:** inhaltlich und sozial Neuland; hohe Risiken und Betroffenheiten, sehr prozessorientierte Abwicklung
Team- und Projektorganisation: gute Verankerung in der sozialen Umwelt und gute Vertrauensbasis untereinander	**Team- und Projektorganisation:** hohe Anforderungen an Projektteam; flexible Kooperation und Improvisationsvermögen; gute Verankerung in der sozialen Umwelt und gute Vertrauensbasis untereinander
Notwendige Kompetenzen und Ressourcen: Erkennen und Gestalten von Umweltbeziehungen; wirksames Projektcontrolling	**Notwendige Kompetenzen und Ressourcen:** Gestaltung sozialer Architekturen und Prozesse, Umgang mit Risiken
1. Standardprojekte	**2. Potenzialprojekte**
Projektaufgabe: relativ abgegrenzt, relativ geringe Komplexität; Projektumwelt: relativ geringe Komplexität	**Projektaufgabe:** relativ offen, relativ hohe Komplexität; Projektumwelt: relativ geringe Komplexität
Beispiel: Konzeption und Installation einer Telefonanlage in einer größeren Firma (Kundenprojekt)	**Beispiel:** Abklärung einer möglichen neuen Markterschließung, Machbarkeitsstudien
Charakterisierung: Projekte, die bereits mehrfach ähnlich durchgeführt worden sind; stark formalisiert, hohe Anforderungen an Qualitäts- und Termintreue	**Charakterisierung:** Vorhaben, die grundsätzliche Möglichkeiten abklären, Vorprojekte als Entscheidungsgrundlage etc.
Team- und Projektorganisation: Punktuelle Teamarbeit; oft bilaterale Zusammenarbeit zwischen Projektleiter und weiteren Stellen	**Team- und Projektorganisation:** Abwicklung im geschützten Rahmen (Vorprojekt-Team); Einbezug der sozialen Umwelt eher informell
Notwendige Kompetenzen und Ressourcen: fachspezifische Kenntnisse und Methoden, EDV-Unterstützung, Erfahrung mit ähnlichen Projekten	**Notwendige Kompetenzen und Ressourcen:** Denken in Zusammenhängen und Alternativen; Methoden zur Problemstrukturierung, Analyse, Kreativität, Teamfähigkeit

(aus: Gessler/Goerner, 2003, S. 18)

Ein Projekt lässt sich in folgende grundlegende Phasen aufteilen (vgl. Bernath u.a.; 1993, S. 7):

■ Die **Projektplanung**, welche wiederum aus der Projektdefinition und der Projektierung besteht

■ Die **Projektdurchführung**

■ Die **Projektauswertung** oder **Projektevaluation**

Die einzelnen Phasen eines Projektes können wie folgt konkretisiert werden:

In der ersten Teilphase der Projektplanung, also der **Projektdefinition**, geht es darum, die eigentlichen Projektziele zu konkretisieren und eine erste Planung hierzu vorzunehmen. Mit Bernath u.a. (1993, S. 8) sind hierbei folgende Fragen zu stellen:

■ Warum soll das Projekt überhaupt durchgeführt werden? Welche grundlegenden Ziele können für das Projekt benannt werden?

■ Wie können die spezifischen Projektziele (welche über die grundlegenden Ziele hinausgehen bzw. diese präzisieren) skizziert werden?

■ Welche finanziellen, personellen, strukturellen und zeitlichen Ressourcen werden für das Projekt benötigt?

■ Welche Orte sind in das Projekt eingebunden? Wo wird es durchgeführt?

■ Welche Einrichtungen und Personen sind auf allen Ebenen (von der Finanzierung über die Durchführung bis zur Überprüfung) am Projekt beteiligt?

■ Wie ist der zeitliche Korridor des Projektes beschaffen? Wann beginnt und wann endet es? Welche Phasen sind während des Projektes zu planen?

■ Worauf belaufen sich die konkreten Kosten des Projektes?

■ Welche Qualitätsziele der Einrichtung werden durch das Projekt berührt und gegebenenfalls verändert? Wie gut muss das Projekt konkret sein?

Bevor ein Projekt durchgeführt wird, muss zudem der Ist-Zustand der gegebenen Situation, auf welche das Projekt reagiert bzw. mit welcher es tätig wird, geklärt werden. Es handelt sich hierbei vor allem um folgende Themen:

■ eine möglichst exakte Abgrenzung und Darstellung der unbefriedigenden und zu verändernden Situation;

■ eine genaue Analyse der möglichen gesellschaftlichen, organisatorischen, strukturellen und individuellen Zusammenhänge und Hintergründe;

■ eine intensive Diskussion und Beschreibung der Hindernisse und Ressourcen;

■ eine Zusammenfassung der ersten und sicherlich vorläufigen Problemdefinition.

In der hierauf folgenden **Projektierungsphase** können dann die Teilziele besprochen und festgelegt werden. In dieser Phase kommt es dann zur Bearbeitung folgender Aussagebereiche und Themenfelder (vgl. Bernath u.a., 1993, S. 9):

■ eine zusammenfassende Darstellung der Projektdefinition und der Projektziele (dieser Schritt stellt somit die Verbindung zur vorherigen Phase her);

- eine Planung von Etappenzielen oder Meilensteinen (s. u.); hierbei sollen schon möglichst deutliche Aussagen über die Ergebnisse der einzelnen Etappen erfolgen;

- eine Konkretisierung der durchzuführenden Handlungen in allen Projektphasen sowie eine Darstellung der Ablauforganisation des Projektes;

- eine Analyse und Darlegung des Projektaufwandes im Hinblick auf den personellen, den zeitlichen, den finanziellen, den strukturellen und den räumlichen Bedarf;

- eine Bestimmung der für die einzelnen Projektphasen zuständigen Personen und Gremien sowie eine Darlegung möglicher Teilprojekte;

- ein konkrete Zuordnung von Tätigkeiten und Terminen sowie eine möglichst präzise Terminierung des gesamten Projektverlaufes;

- eine Planung eines Informations- und Dokumentationssystems für das Projekt.

Diese Phasen können grafisch wie folgt dargestellt werden:

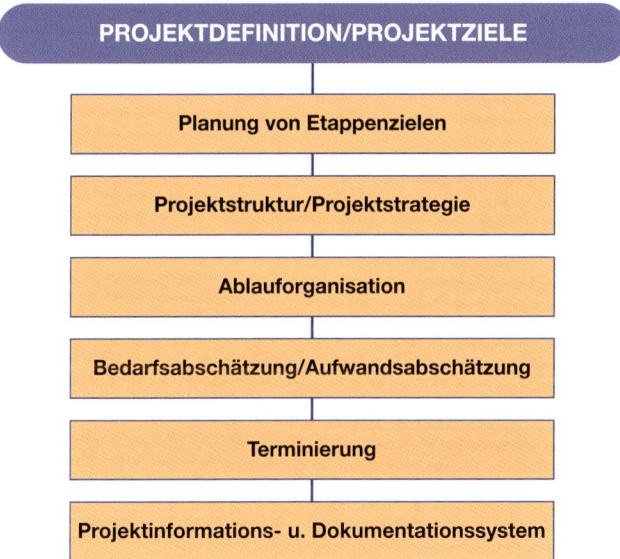

Phasen der Projektierung (modifiziert nach: Bernath u. a., 1993, S. 10)

1. *Benennen Sie für ein konkretes Projekt die unterschiedlichen Phasen, und arbeiten Sie diese möglichst differenziert aus. Vergleichen Sie Ihre Ergebnisse im Klassenverband.*

2. *Welche Phase ist am schwierigsten zu realisieren? Suchen Sie nach möglichen Gründen hierfür.*

3. *Erkundigen Sie sich bei sozialpädagogischen Einrichtungen nach konkreten Projektinformations- und -dokumentationssystemen. Stellen Sie diese im Klassenverband vor.*

Die nächste Phase stellt die **Projektdurchführung** dar. Da diese im folgenden Kapitel unter der Perspektive des Projektmanagements noch ausführlicher erörtert wird, soll sie an dieser Stelle nur knapp beschrieben werden. Grundlegend befasst sich diese Phase mit der Darlegung der sachlichen, der strukturellen und der organisatorischen Bedingungen und Voraussetzungen eines Projektes. Konkret müssen hierzu folgende Aufgaben bearbeitet werden (vgl. Bernath u. a., 1993, S. 10):

■ Die einzelnen Verantwortlichkeiten müssen geklärt und geregelt werden. Hierzu erscheint die Erstellung eines Organigramms als recht nützlich;

■ die schon definierten und relevanten Aufgaben müssen verteilt werden. Hierzu müssen gegebenenfalls noch einmal bestimmte Relevanzen und Zuständigkeiten abgeklärt werden;

■ die konkreten Abläufe innerhalb der eigentlichen Organisation des Projektes müssen präzise beschrieben werden. Hierzu ist es notwendig, Aufgaben zuzuordnen, die zeitliche und strukturelle Verortung der Projektmitglieder zu klären, Terminpläne aufzustellen und abzustimmen und vieles weitere mehr;

■ die benötigten Hilfsmittel müssen beschafft werden. Hierzu gehören vor allem auch die Mittel zur Auswertung des Projektes sowie mögliche Entwicklungs- und Diagnoseverfahren;

■ die Einsatz- und Arbeitsmöglichkeiten der eigens für dieses Projekt ausgebildeten Mitarbeiter müssen geplant und in die Zeit- und Ablaufpläne integriert werden;

■ die Aufgaben der Projektleitung müssen präzisiert werden, hierbei hat diese vor allem auf die Einhaltung der Projektziele sowie auf die Termin- und Kostenvorgaben zu achten. Des Weiteren ist sie für die Leitung des Projektes und für die Beratung und gegebenenfalls die Motivation der Projektmitarbeiter zuständig. Zudem führt sie die Analyse von Abweichungen in Bezug auf die Ziele des Projektes durch, korrigiert somit unter Umständen den Verlauf des Projektes und stellt sicher, dass alle Beteiligten in allen Phasen den Gesamtprozess des Projektes im Blick haben und konstruktiv verfolgen.

Die letzte Phase ist die **Projektauswertung**. In enger Abstimmung mit allen Beteiligten (Projektmitarbeitern, Auftraggebern etc.) nimmt die Leitung eines Projektes diese Auswertung vor. Hierbei können zwei Formen der Auswertung unterschieden werden: die Auswertung als Teil des Projektes im Verlauf der Durchführung sowie die Gesamtauswertung zum Abschluss des Projektes. Nach Bernath u. a. (vgl. 1993, S. 11) kann eine solche Auswertung in zweierlei Arten durchgeführt werden:

■ als **externe Kurzanalyse**; hierbei erfasst ein interdisziplinär zusammengesetztes Team nicht nur die tatsächlichen, sondern auch mögliche weitere Effekte des gesamten Projektes;

■ als **interne Kontrolle**; hierbei überprüfen die Mitglieder der Projektgruppe selber ihr Projekt, dieses geschieht vor allem im Hinblick auf eine mögliche Abweichung von den geplanten Projektzielen. Zudem wird der Projektverlauf in Bezug auf den Ist- und Sollablauf analysiert.

Diese drei Projektphasen lassen sich abschließend folgendermaßen darstellen:

Projektphasen (modifiziert nach: Bernath u. a., 1993, S. 7)

1. *Erarbeiten Sie ein konkretes Projekt mit einer sozialpädagogischen Einrichtung. Stellen Sie hierzu alle Phasen möglichst präzise dar.*

2. *Vergleichen Sie Ihre Projekte im Klassenverband, und bewerten Sie diese. Welche Kriterien haben Sie zu Ihrer Bewertung herangezogen und warum? Konnten Sie diese Kriterien den anderen Klassenmitgliedern transparent machen? An welchen Stellen kam es bei der Bewertung unter Umständen zu Schwierigkeiten? Erörtern Sie mögliche Gründe hierfür.*

3. *Welche der drei Phasen könnte in der praktischen Umsetzung die störanfälligste sein? Begründen Sie Ihre Meinung möglichst ausführlich.*

4. *Welche emotionalen und kreativen Fähigkeiten haben Sie in der Planung und Durchführung eines Projektes einbringen können? Welche haben Sie hierbei aber auch erst kennen gelernt?*

3.3 Projektmanagement – oder: Wie überblicke ich das Chaos?

Die Phase der Durchführung eines Projektes stellt die Bewährungsprobe einer jeden projektorientierten Vorgehensweise dar. Wie diese bewältigt werden kann bzw. welche Relevanzen sie für die Ausbildung zur Erzieherin aufweist, wird in diesem Kapitel weiter ausgeführt. Grundlegend ist hierbei festzustellen, dass ein Projekt in der Ausbildung streng genommen das Schnittfeld höchst unterschiedlicher Projekte bezeichnet:

- das Projekt, welches In der **konkreten sozialpädagogischen Praxis** von der angehenden Erzieherin durchgeführt werden soll,

- das Projekt, welches die angehende Erzieherin als ihr **Lernfeld** betrachtet,

- das Projekt, welches von **der Einrichtung** und **der Schule** mit jeweils unterschiedlichen Intentionen bewertet wird:

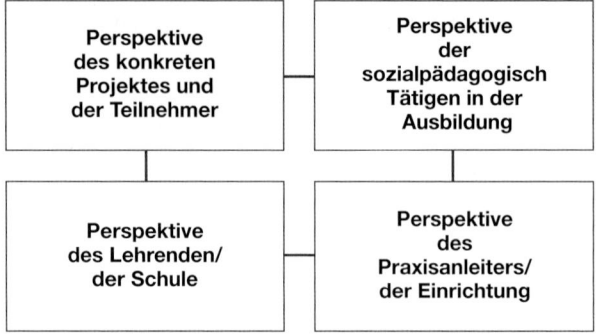

Perspektiven eines Projektes in der sozialpädagogischen Ausbildung

In diesem Punkt wird im Folgenden die Perspektive des konkreten Projektes eingenommen. Die drei anderen Themenfelder werden in den darauf folgenden Kapiteln erörtert. Wie kann somit ein Projekt gemanagt, also wörtlich übersetzt geleitet werden? Hierzu ist zuerst einmal eine grundlegende Frage zu beantworten: Warum scheitern die meisten Banküberfälle? Probst/Haunerdinger (2001, S. 9) skizzieren hierzu folgenden Fall:

> Mitte des Jahres 2000 in Düsseldorf: Ein Mann stürmt in eine Bank und bedroht Kunden und Angestellte: Er erbeutet 28.000 DM, rennt hinaus und flieht mit seinem Komplizen, der im Pkw wartet. Einige Ecken weiter verlassen sie das Auto und setzen die Flucht fort. Etwa eine Stunde später werden beide am S-Bahnhof Düsseldorf-Derendorf von der Polizei umzingelt und festgenommen. Aus der Traum. Was hat diese Geschichte mit unserem Thema zu tun? Auch ein Banküberfall ist ein Projekt! Am Anfang steht vielleicht eine Vision, nämlich reich zu werden. Dies soll nun strategisch durch einen Banküberfall erreicht werden. Es geht ins Detail (die so genannte operative Ebene). Man sucht die Bank aus, plant den Ablauf des Überfalls, macht einen Zeitplan, organisiert die Flucht. Aber warum scheitert dieses Vorhaben meistens? Die Antwort ist einfach: falsches Projektmanagement.

Aber was war an diesem Projektmanagement falsch gelaufen? Zuerst hatten die Bankräuber ein Informationsdefizit: Da die meisten Banken nur noch recht wenig Geld in ihren Barbeständen haben, konnten sie nur eine recht geringe Summe erbeuten. Des Weiteren haben sie das Risiko des Überfalls falsch eingeschätzt, da nach einem solchen alle öffentlichen Plätze und Verkehrsmittel überwacht werden. Hier hatte sich das Projektmanagement der Polizei als besser erwiesen. Es geht also bei einem Projektmanagement um die Leitung und Begleitung eines Projektes vom Beginn bis zur Umsetzung und zur Evaluation. Obwohl sich dieses recht einfach und eindeutig anhört, ist es häufig alles andere als das. Im Kapitel 3.1 wurden die grundlegenden Merkmale eines Projektes beschrieben, wie Einmaligkeit, zeitliche Befristung, eindeutige Aufgabenstellung, Verantwortung und Zielsetzung sowie der begrenzte Einsatz von Ressourcen. Leider werden diese Idealvorstellungen bei der Planung und Realisation eines Projektes recht selten berücksichtigt. Häufig geschieht allerdings etwas völlig anderes (vgl. Probst/Haunerdinger, 2001, S. 12 f.):

■ Alle Beteiligten kämpfen um die Ressourcen des Projektes (Mitarbeiter, Geld, Zeit usw.),

■ eine fehlende oder falsche Vorbereitung führt zu einer Diffusion der Projektziele, zur Beschreibung eines unklaren Projektauftrages und zu z. T. chaotischen Aufgabenstellungen,

■ unklare Kompetenzen lassen strukturierte Absprachen nicht zu (Wer sagt wem was und warum? Und: Kann und darf er das überhaupt?),

■ ein nicht vorhandener Projektplan und eine mangelhafte Koordination führen dazu, dass jeder das macht, was er kann, und nicht das, was er soll,

■ der Auftraggeber des Projektes formuliert für ein solches ungenaue Zielvorgaben,

■ alle Beteiligten sind sich nicht über die Tragweite des Projektes im Klaren, da die Planung und Durchführung eines Projektes oder eines Teilprojektes in einem Bereich einer Organisation Auswirkungen auf andere Felder dieser Einrichtung hinter sich herziehen.

Auf diesem Hintergrund potenzieller Gefahren für ein Projekt kann eine Definition zum Projektmanagement wiedergegeben werden:

> Projektmanagement heißt Planung, Steuerung und Überwachung von Projekten über die gesamte Laufzeit des Projektes. Der Zweck des Projektmanagements ist, alle Aktivitäten im Projekt so zu planen, zu organisieren und zu kontrollieren, dass das Projekt trotz aller Risiken [...] erfolgreich abgeschlossen werden kann. Projektmanagement hat damit einen wesentlichen Einfluss auf die Projektkosten.

(Probst/Haunerdinger, 2001, S. 14)

Was somit in der Planung und Strategie eines Projektes versäumt wird, muss man später auf der operativen Ebene ausbaden. Projektmanagement findet also während des gesamten Verlaufes eine Projektes statt:

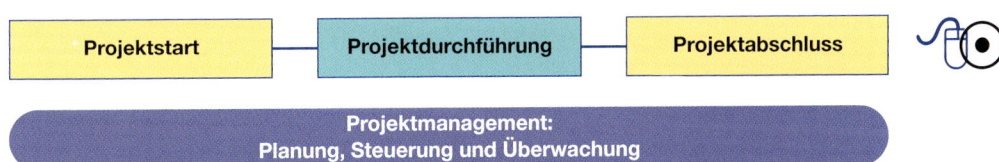

Projektmanagement als Projektbegleitung (nach: Probst/Haunderdinger, 2001, S. 14)

Wann ist aber ein Projekt sinnvoll? Wann sollte es von der Einrichtung auch für die Ausbildung der zukünftigen Erzieherinnen angeboten werden? Auf dem Hintergrund einer systemischen und konstruktivistischen Begründung (vgl. Kapitel 1.2) erscheinen die Planung und Durchführung eines Projektes dann sinnvoll zu sein, wenn die Aufgabenstellung so komplex und vielschichtig ist, dass unterschiedliches Wissen aus einer Organisation eingebunden werden muss. Diese Einbindung kann und sollte auch die verschiedenen Hierarchiestufen einer Einrichtung übergreifen, sodass in einem Projekt sowohl die Geschäftsführung als auch die Heimleitung und unterschiedliche Mitarbeiter eingebunden sein können:

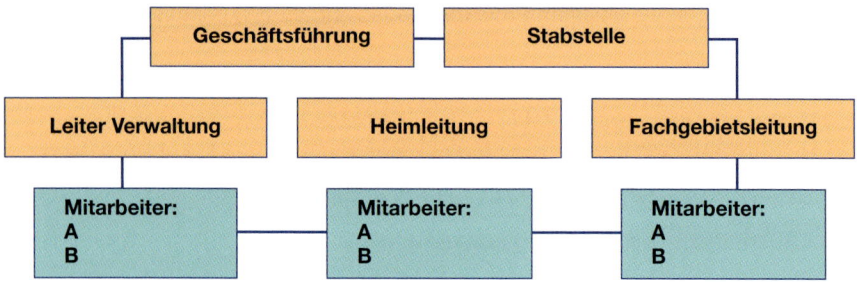

Unterschiedliche Hierarchiestufen in einem Projekt

Die Leitung eines Projektes kommt im Idealfall einer Person zu, welche von der Gesamtleitung hierzu eigens eingesetzt wird (auch wenn diese Person schon lange in anderen Feldern dieser Organisation tätig gewesen war). Die Leitung eines Projektes in der Ausbildung liegt bei der Auszubildenden. Sie nimmt diese in enger Rücksprache mit dem Praxisvertreter der Einrichtung und dem verantwortlichen Lehrer der Ausbildungsstelle wahr. Doch bevor eine Leitungsstelle für ein Projekt benannt und besetzt wird, muss mit einer Checkliste der sinnvolle Einsatz eines Projektes geklärt werden. Probst/Haunerdinger schlagen hierzu folgende Kriterien vor:

Kriterien	Empfohlene Organisationsstruktur	
	Einsatz einer Projekt-organisation	Lösung in der vorhandenen Unternehmens-struktur
Routineaufgaben		X
Notwendigkeit des abteilungsübergreifenden Einsatzes von Mitarbeitern	X	
Einbindung externer Berater ist notwendig	X	
Umfangreiche Projekte, an denen viele Mitarbeiter langfristig beschäftigt sind	X	
Mehrere Projekte, für die eine geringe Zahl von Mitarbeitern kurzfristig erforderlich ist		X
Hohe Sicherheitsanforderungen, die es erforderlich machen, dass Informationen nur den am Projekt Beteiligten zugänglich sind	X	
Freiheitsräume für die Projektdurchführung	X	
Umfang des Projektes ist unklar		X

Checkliste für den sinnvollen Einsatz von Projekten (aus: Probst/Haunerdinger, 2001, S. 18)

1. *Überprüfen Sie an Ihnen bekannten Projekten, welche Hierarchieebenen bei der Planung und Durchführung berücksichtigt worden sind. Versuchen Sie, die Gründe zu finden, wenn einige nicht vorhanden sein sollten.*

2. *Überprüfen Sie mit der Checkliste die Ihnen bekannten Projekte. Wo kam es zu Auslassungen, wo zu Überschneidungen der unterschiedlichen Kriterien?*

3. *Diskutieren Sie: Worin liegen die Gründe, dass einige Einrichtungen Projekte einrichten, obwohl sie mit der vorhandenen Organisationsstruktur das Thema genauso gut hätten bearbeiten können?*

4. *Diskutieren Sie aber auch den umgekehrten Fall: Worin liegen die Begründungen, dass Organisationen eben keine Projekte realisieren und die Aufgaben mittels der bekannten Struktur abarbeiten?*

Die schon im vorausgegangenen Kapitel vorgestellten Projektphasen können jetzt im Hinblick auf das Projektmanagement noch einmal neu gefasst und bestimmt werden. Jede Phase entwickelt hierbei eine ihr eigene Dynamik und ist auf den Ebenen der Ressourcen, welche sie benötigt, und der Zeit, in welcher sie abläuft, zu skizzieren: Nach einer recht kurzen Phase der Projektdefinition oder Projektbeschreibung kommt es zu einer schon ein wenig umfangreicheren Phase der Planung. Stellt sich hierbei heraus, dass es an irgendeiner Stelle des Projektes zu Ungenauigkeiten oder Unmöglichkeiten der Durchführung kommt (eventuell im Hinblick auf die zu knappen Ressourcen oder eine nicht exakt beschreibbare Projektaufgabe), ist das Projekt schon an dieser Stelle zu Ende. Wird es jedoch konkret weiter durchgeplant und realisiert, schließt sich an die Planungsphase eine recht lange Durchführungsphase an, in welche die Ressourcen für dieses Projekt in hohem Maße zunehmen und für längere Zeit auf einem recht hohen Niveau verweilen. Diese Ressourcen nehmen schließlich in der letzten Phase des Projektabschlusses wieder ab, da sich nun nur noch recht wenige Personen um das Projekt bemühen müssen, zudem die Ressourcen (wie Zeit, Materialien und Geld) auch weitestgehend verbraucht sind. Entscheidet man sich nach dem Projektabschluss für ein Folgeprojekt, steigen alle Beteiligten in eine weitere Planungs- und sich hieran anschließende Durchführungsphase ein. Probst/Haunerdinger stellen diesen Verlauf wie folgt dar:

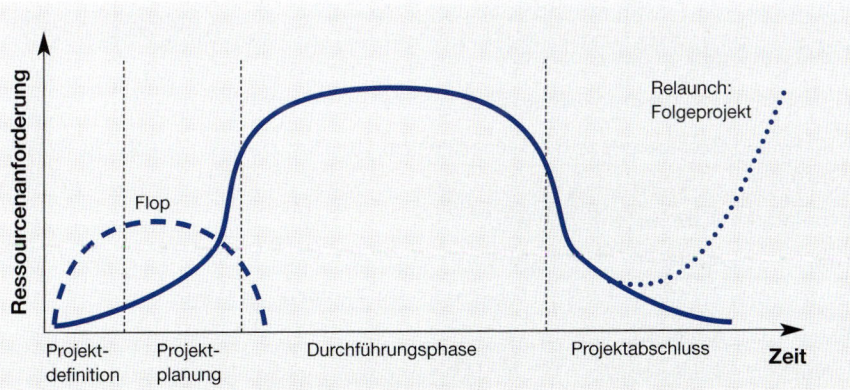

Projektlebenszyklus (in: Probst/Haunerdinger, 2001, S. 24)

Die Phasen, welche während eines Projektmanagements und durch ein solches begleitet werden sollen, stellen sich somit folgendermaßen dar:

1. Projektvorbereitung und Projektstart:

- Hierin kommt es zu einer Analyse der Ausgangssituation sowie zu
- einer Zieldefinition und einer ersten
- Projektgrobplanung.

2. Projektdurchführung:

- In dieser wird eine Projektfeinplanung vorgenommen,
- die Aufgabendurchführung wird konkretisiert und realisiert, zudem wird eine
- permanente Überwachung der Zielerreichung durchgeführt.

3. Projektabschluss:

- Hierbei wird das Projekt zu einem konkreten Abschluss gebracht und dokumentiert,
- es findet eine Übergabe an den Auftraggeber des Projektes statt,
- abschließend kommt es zu einer Nachlese und einer Reflektion.

Diese Phasen werden im Folgenden im Hinblick auf das jeweilige Management konkretisiert (vgl. Probst/Haunerdinger, 2001, S. 25–111).

1. Projektvorbereitung/Projektstart

Als Ausgangssituation lässt sich folgende Frage formulieren: Was ist das konkrete Problem (der Organisation oder Teilorganisation)? Hieraus können sich weitere Teilfragen ergeben:

- Welche Motive und Motivationen führen die Organisation oder einzelnen Mitarbeiterinnen zu diesem Projekt?
- Handelt es sich um ein aktuelles und/oder ein strategisches Problem?
- Worin besteht die inhaltliche, die strukturelle und gegebenenfalls sozialpolitische Tragweite des Problems (und damit des Projekts)?
- Seit wann gibt es das Problem?
- Existieren hierzu schon (eventuell gescheiterte) Projekte?
- Welche Auswirkungen sind zu erwarten und vorwegzunehmen, wenn das Problem gelöst
- (oder aber auch nicht gelöst) wird?
- Welche Widerstände sind unter Umständen von welchen Strukturen, Teilsystemen oder Personen während der Umsetzung des Projektes zu erwarten?
- Wer hat unter Umständen ein Interesse daran, dass das Problem erhalten bleibt (wer profitiert somit davon)?
- Welche rechtlichen Rahmenbedingungen berühren und beeinflussen das Projekt?

Schon auf dieser Ebene der Vorbereitung ereignen sich häufig intensive Fehler. Der grundlegendste besteht darin, die Ausgangssituation nicht gründlich genug analysiert zu haben:

■ Es kommt zu vorschnellen Lösungen. („Wenn man als Werkzeug nur einen Hammer zur Verfügung hat, wird man jedes Problem als Nagel betrachten!")

■ Das Problem ist schlecht oder falsch formuliert; die Beschreibung zielt am eigentlichen Problem vorbei.

■ Es findet eine einseitige Problemsicht statt. („Nur meine Abteilung ist betroffen!")

■ „Man sieht den Wald vor lauter Bäumen nicht!" – Alle Perspektiven werden in der Planung vorhergesehen und berücksichtigt, man diskutiert sich zu Tode – und merkt dabei nicht, dass man schon längst im Grab liegt.

Damit diese strukturellen und inhaltlichen Fehler vermieden werden können, ist es notwendig, eine exakte Zieldefinition des Projektes vorzunehmen: Wo will die Einrichtung mit ihrem Projekt hin? Was will sie konkret erreichen? Grundlegend lässt sich hierbei feststellen, dass der Weg über die Vision zur Strategie führt, erst danach werden die Ziele benannt und erst danach kommt es zu einer Festlegung der einzelnen Projekte (vgl. Probst/Haunerdinger, 2001, S. 38–41):

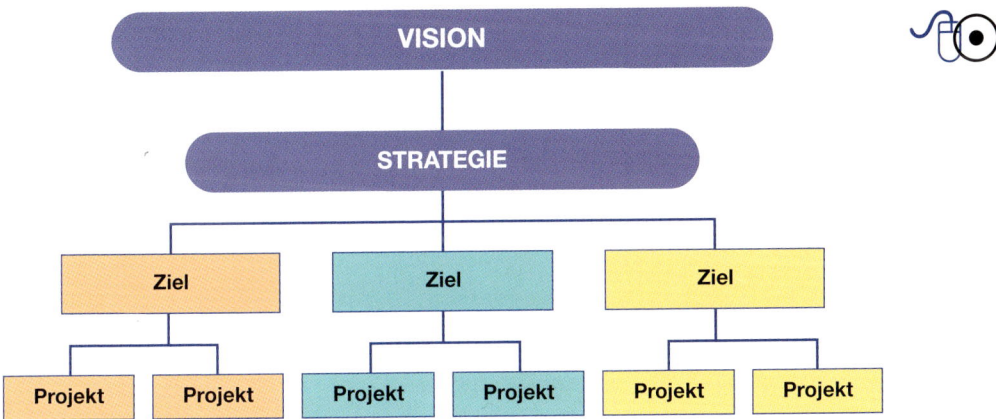

Von der Vision über die Strategie zu den Zielen und Projekten

Bei der Zielfindung sind sieben Schritte zu absolvieren. Diese können wie folgt skizziert werden:

1. Ziele sammeln
2. Ziele strukturieren
3. Ziele präzisieren
4. Zielkonflikte und Zielabhängigkeiten (von den Rahmenbedingungen, der institutionellen oder gesellschaftlichen Situation etc.) analysieren
5. Ziele nach Prioritäten bewerten und gewichten
6. Ziele abgrenzen
7. Zieldefinition abstimmen und schriftlich dokumentieren

1. *Stellen Sie den Verlauf von der Vision über die Strategie zu den Zielen und Projekten an konkreten Projekten dar. Grenzen Sie hierbei vor allem die Vision von der Strategie ab. Berücksichtigen Sie in der Umsetzung die strukturellen Gegebenheiten der sozialpädagogischen Einrichtungen.*

2. *Zu welchen Problemen kann es hierbei gegebenenfalls kommen? Wie könnten diese gelöst werden?*

3. *Erarbeiten Sie ebenfalls zu den sieben Schritten der Zielfindung ein konkretes Beispiel.*

4. *Vergleichen Sie Ihre Ergebnisse im Klassenverband. Was stellen Sie hierbei fest?*

Zwei wichtige Punkte in der Phase der Projektvorbereitung stellen die **Risikoanalyse** und die **Bestimmung der Projektbeteiligten** dar. In Bezug auf die Risikoanalyse des Projektes ist ein mögliches Risikopotenzial des Projektes zu erkennen und vorwegzunehmen. Es müssen des Weiteren mögliche Gegenmaßnahmen diskutiert und abgewogen werden. Zum Abschluss ist eine Entscheidung darüber zu treffen, ob das Risiko, welches eine weitere Planung oder Durchführung des Projektes nach sich zieht, akzeptiert werden kann oder ob das Projekt schon auf dieser Stufe als gescheitert betrachtet werden muss. Für die Schülerin in der Ausbildung zur Erzieherin erscheint es auf dieser Ebene relevant zu sein, die eigenen Kompetenzen im Hinblick auf eine Realisierung des Projektes einzuschätzen:

■ Ist sie dazu in der Lage, in der zur Verfügung stehenden Zeit mit den zur Verfügung stehenden strukturellen und finanziellen Möglichkeiten das avisierte Projekt durchzuführen?

■ Trägt dieses zu einem persönlichen Wissenszuwachs und zu einem Zuwachs der Möglichkeiten der Einrichtung bei?

■ Wie wirken sich mögliche Unschärfen und Fehleinschätzungen gegebenenfalls auf die Nutzer der Einrichtung (Kinder, Jugendliche, Bezugspersonen etc.) aus?

■ Wie relevant ist dieses Projekt für die Darstellung der Einrichtung in der Öffentlichkeit?

Auch die konkrete **Bestimmung der Projektbeteiligten** ist in dieser Phase vorzunehmen. Hierbei ist es wichtig, alle vom Projekt betroffenen Gruppen und Personen aufzulisten, diese nach der Intensität ihres jeweiligen Betroffenseins zu sortieren und sie im Hinblick auf mögliche Einwände (oder aber auch Unterstützungsbereitschaften) anzuhören. Des Weiteren können an bestimmten zeitlichen Positionierungen Experten in das Projektteam aufgenommen werden. Diese realisieren dann in einem konkret beschriebenen Zeitfenster einen ganz bestimmten Teilauftrag für dieses Projekt. Für ein Projektmanagement in der Ausbildung ist es hierbei relevant, dass die Größe des Projektteams den zeitlichen und strukturellen Rahmen der jeweiligen Praxisphase nicht überschreitet. Zudem soll die angehende Erzieherin aber auch die Möglichkeit haben, die für sie relevanten Kompetenzen in dieses Projekt hineinnehmen zu können. Hierdurch erweitert sich auch die Kommunikationskompetenz der jeweiligen Auszubildenden. Probst/Haunerdinger schlagen folgende Matrix zur Darstellung der Beteiligten vor:

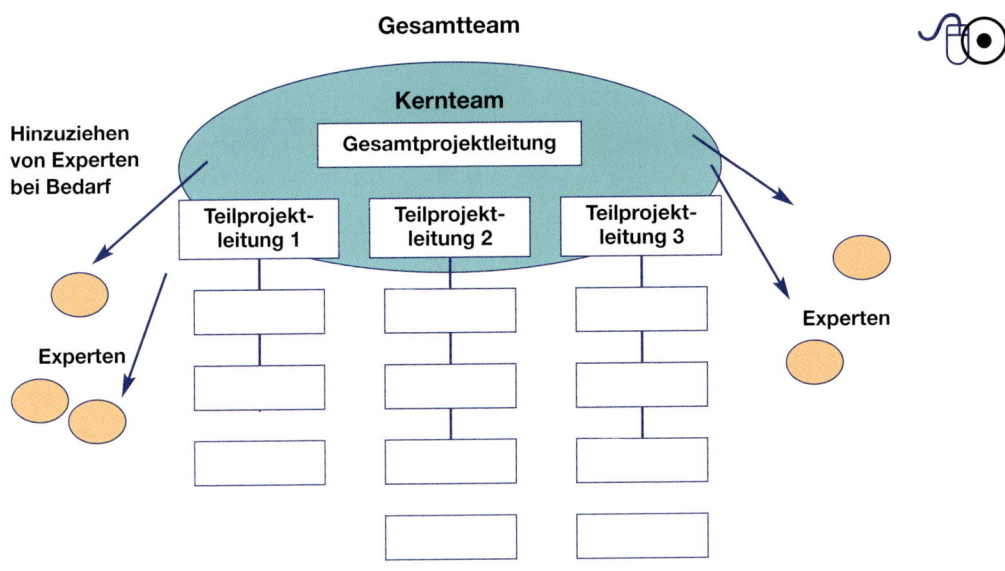

Projektorganisation: Wer, wo mit wem? (aus: Probst/Haunerdinger, 2001, S. 48)

Die **Leitung eines Projektes** hat vielfältige Aufgaben wahrzunehmen. Diese führen sie immer wieder dazu, mit den unterschiedlichsten Systemen und Personen zu tun zu haben und deren Relevanz für das Projekt zu überprüfen, sie einzubinden, zu informieren usw. Soll dieses Projekt im Rahmen einer sozialpädagogischen Ausbildung durchgeführt werden, so ist darauf zu achten, dass die Leitungsaufgaben nicht die Kompetenzen und Ressourcen der Auszubildenden übersteigen. Im Einzelfall können gegebenenfalls mehrere Projekte durchgeführt werden, in welchen dann die Verantwortlichkeiten für die einzelnen Aufgaben verteilt werden. Grundlegend kann man jedoch von folgendem Aufgabenfeld der Projektleitung ausgehen:

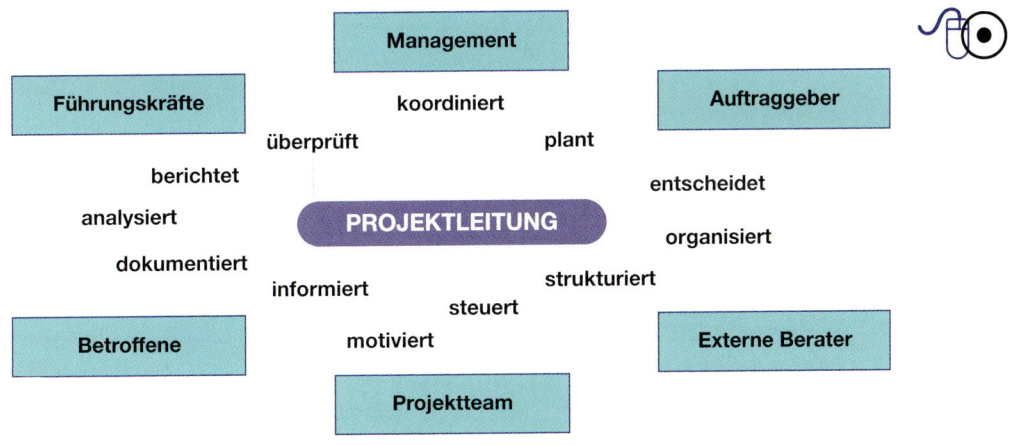

Aufgabenfeld der Projektleitung (aus: Probst/Haunerdinger, 2001, S. 51)

Aufgaben

1. *Stellen Sie an einem konkreten Projekt alle hieran beteiligten Systeme und Personen dar. Ordnen Sie diese analog der oben dargestellten Projektorganisation.*

2. *Welche Aufgaben der Projektleitung würden Sie ohne größere Schwierigkeiten übernehmen wollen? Bei welchen würden Sie eher zögern? Begründen Sie jeweils Ihre Meinung ausführlich.*

Übung

Planen Sie ein Rollenspiel und führen Sie dieses durch, in welchem Sie die Rolle der Projektleitung in Frage stellen. Folgende weitere Rollen sind hierbei mindestens zu besetzen: der Auftraggeber des Projektes, die Betroffenen und weitere Führungskräfte. Spielen Sie dieses Rollenspiel mehrmals und wechseln Sie jeweils die Rollen. Tauschen Sie sich nach jedem Durchgang über Ihre Erlebnisse aus.

Der letzte Schritt einer Projektvorbereitung stellt der Aufbau eines konkreten und präzisen **Projektplanes** dar. Dieser Plan unterteilt sich in sechs Teilpläne, welche miteinander verzahnt sind (vgl. Probst/Haunerdinger, 2001, S. 58 f.):

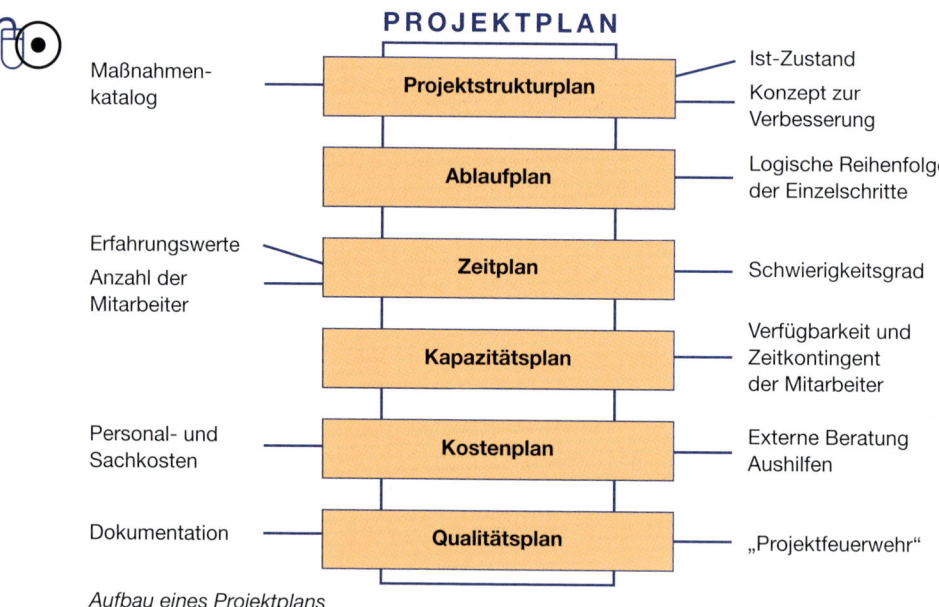

Aufbau eines Projektplans

Aufgaben

1. *Stellen Sie an einem konkreten sozialpädagogischen Projekt die sechs Teilpläne dar. Welche waren relativ leicht zu bearbeiten? Bei welchen hatten Sie größere Schwierigkeiten zu bewältigen?*

2. *Fassen Sie diese Teilpläne in einem Gesamtplan zusammen, sodass Sie diesen der Klasse vorstellen können.*

3. *Vergleichen Sie Ihre Planungen miteinander.*

2. Projektdurchführung

Die gesamte Phase der Projektdurchführung wird begleitet von der Projektfeinplanung. Die genaue Justierung des Projektes findet somit im Vollzug desselben statt. Hierbei sind vier Elemente zu konkretisieren. Diese bauen einerseits aufeinander auf. Des Weiteren verlaufen sie jedoch in der Durchführung parallel (vgl. Probst/Haunerdinger, 2001, S. 73–101):

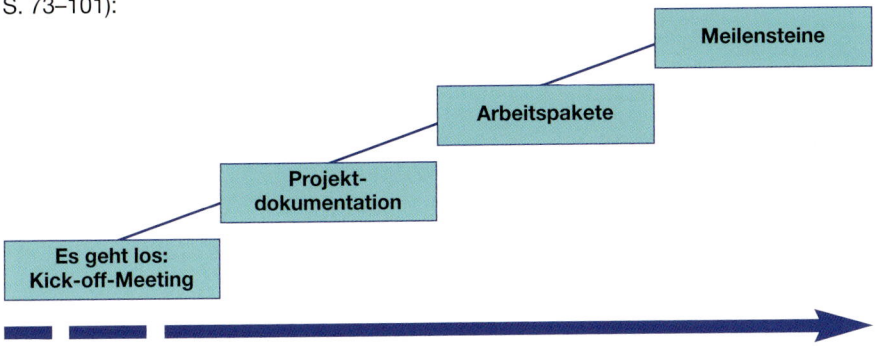

Projektfeinplanung

Das **Kick-off-Meeting** bedeutet hierbei nichts anderes als die Planung und Durchführung einer Projekteinführungsveranstaltung. In dieser werden alle Beteiligten über die Ausgangssituation des Projektes informiert. Es findet eine Einführung aller Beteiligten in die Zielsetzungen und Planungen des Projektes statt. Zudem stellt sich das Projektteam vor. Grundsätzlich versucht diese Einführungsveranstaltung, den gleichen Informationsstand bei allen Prozessbeteiligten sicherzustellen. Hierbei sind auch eine Motivation der Projektmitarbeiter sowie die Schaffung eines „Teamgeistes" in hohem Maße relevant.

Im Hinblick auf die **Projektdokumentation** sind folgende Fragen zu beantworten:

- Welche Informationen sind zu dokumentieren?
- Wie findet die Dokumentation statt: in Papierform oder über den Weg der elektronischen Datenverarbeitung?
- Wo befindet sich der Ort der Aufbewahrung?
- Welcher Mitarbeiter hat welche Zugriffsberechtigung und -möglichkeiten auf die Dokumentation?
- Wie und wodurch findet die Regelung der Systematik der Ablage der Dokumente statt?
- Soll oder muss ein Projekthandbuch erstellt werden? Und wer erstellt dieses dann?
- Welche Elemente der Dokumentation finden Eingang in die Bewertung des Projektes (durch den Lehrer und/oder den Praxisanleiter)?

Arbeitspakete sind die kleinsten Planungseinheiten eines Projektes. Ihre Länge beträgt zwischen drei Tagen und drei Wochen. Sie werden von einem Projektmitarbeiter selbstständig bearbeitet. Es gibt für jedes Paket nur einen Verantwortlichen. Ein Paket ist im Hinblick auf den zur Verfügung stehenden Zeit- und Kostenrahmen klar umrissen. Zudem ist das Ergebnis, welches das Bearbeiten dieses Paktes erzielen soll, eindeutig definiert. Alle diese Elemente werden für den jeweiligen Mitarbeiter in einem schriftlichen Auftrag zusammengefasst:

ARBEITSPAKET

Projekt:

Projektphase:

Bezeichnung/Arbeitspaket:

Bearbeiter:

Geplante Projektstunden für die Durchführung:

Anfangstermin:

Abgabetermin:

AUFGABENBESCHREIBUNG

Input: Ergebnisse, auf denen aufgebaut werden kann

Arbeitsschritte:

Schwerpunkte:

Schnittstellen zu anderen Arbeitspaketen:

Ergebnis des Arbeitspaketes:

Umfang/Form (z. B. Konzept von ca. 20 Seiten):

Bemerkungen:

Unterschrift Projektleiter   Unterschrift Bearbeiter

Formular Arbeitspaket (aus: Probst/Haunerdinger, 2001, S. 81)

Die **Meilensteine** eines Projektes bezeichnen den jeweiligen Abschluss einer Projektphase. So wie die römischen Soldaten vor 2.000 Jahren bei jedem Meilenstein, den sie sahen, genau wussten, wie viel Wegstrecke sie schon zurückgelegt bzw. vor sich hatten, ist am Bearbeiten der Meilensteine deutlich zu erkennen, in welchem Stadium sich das Projekt gerade befindet. Sie können erst überschritten werden, wenn die vorherige Phase des Projektes abgeschlossen ist. Sie markieren somit den kritischen Pfad des Projektverlaufs, da sie immer wieder darauf hinweisen, was getan wurde, was noch zu tun ist und wie lange jede Phase gedauert hat bzw. dauern durfte. Im Hinblick auf die Projektorientierung in der Ausbildung zur Erzieherin sind diese Meilensteine zwischen allen Beteiligten im Vorfeld der Projektdurchführung zu benennen. So können sich sowohl die Schülerin als auch der Praxisanleiter der Einrichtung, als auch der Vertreter der Ausbildungsstätte darauf einstellen, welche Schritte in diesem Projekt wann zu gehen sind. Diese können zudem mit einer Überprüfung und Dokumentation der Lernfortschritte der Auszubildenden verknüpft werden, sodass zu bestimmten Zeitpunkten der Ist-Stand des Projektes erfasst und bewertet wird.

Abschließend ist festzustellen, dass der gesamte Verlauf eines Projektes gesteuert werden muss und dass diese Steuerung wie ein Kreislauf zu funktionieren hat: Alle Phasen der Projektdurchführung sind im Hinblick auf die Ist-Werte zu überprüfen, hieran anschließend kommt es zu einem Vergleich zwischen diesem Ist-Stand und den Soll-Werten des Projektes. Nach einer präzisen Abweichungsanalyse werden Maßnahmen zur Veränderung ergriffen, und die nächste Phase kann beginnen. Grafisch kann dieser Verlauf folgendermaßen dargestellt werden:

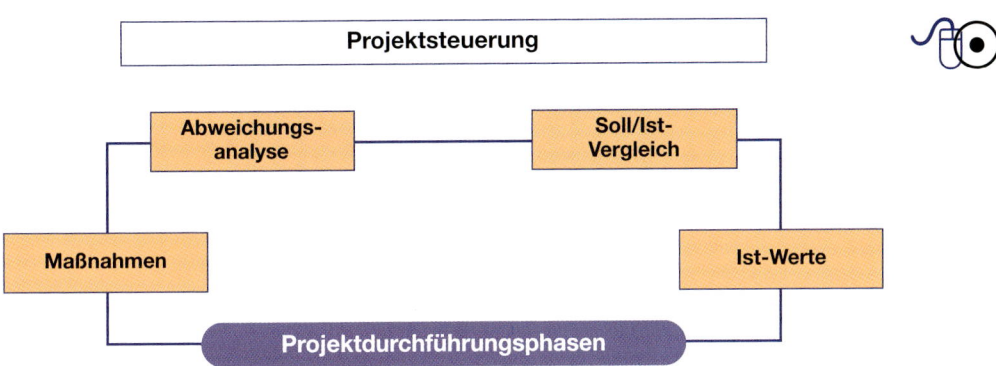

Schritte der Projektsteuerung (aus: Probst/Haunerdinger, 2001, S. 91)

Aufgaben

1. *Erarbeiten Sie für die Arbeitspakete und für die Meilensteine Beispiele. Orientieren Sie sich hierbei an den Notwendigkeiten und Strukturen sozialpädagogischer Einrichtungen.*

2. *Welche Schritte sind in der Projektsteuerung problematisch? Begründen Sie Ihre Meinung möglichst ausführlich.*

3. Projektabschluss

Wann ist ein Projekt zu Ende? Ein Projekt ist dann abgeschlossen, wenn das Projektziel erreicht ist. Damit erkannt wird, wann dieser Zeitpunkt eingetreten ist, muss dieses Ziel (bzw. müssen die Teilziele des Projektes) möglichst exakt benannt und objektivierbar, d. h. messbar, sein. Das formale Ende eines Projektes geschieht also durch die Abnahme durch den Auftraggeber. Dieses bezeichnet man manchmal auch als „Kick-out-Meeting“. Folgende Fragen im Hinblick auf die Begründung des Projektendes können handlungsleitend sein:

■ Sind die Termine der Projektphasen und des gesamten Projektes eingehalten worden?

■ Sind die Ressourcen eingehalten worden?

■ Wurde die vereinbarte Qualität erreicht?

■ Wurde somit das Projektziel erreicht?

In diesem Kontext sind folgende weiteren Themen relevant:

■ Wodurch geschieht das Projektmarketing, ist z. B. die Veröffentlichung des Projektes geplant?

■ Ist eine Projektnachlese oder Projektevaluation geplant?

■ Ist das Projekt als Basis für ein weiteres Projekt geeignet oder vorgesehen?

Diese drei Projektphasen können grafisch wie folgt zusammengefasst werden:

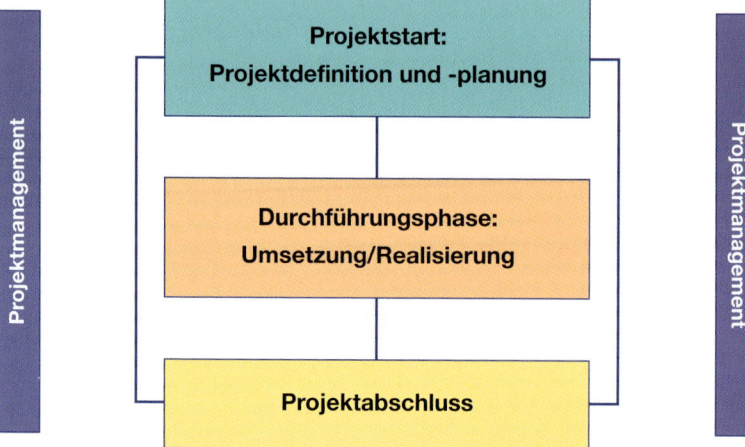

Projektphasen (aus: Probst/Haunerdinger, 2001, S. 25)

1. *Entwickeln Sie aus diesen Hinweisen einen Fragebogen, mit welchem Sie überprüfen können, ob ein Projekt beendet ist oder nicht.*

2. *Kontaktieren Sie Ihnen bekannte sozialpädagogische Einrichtungen, und versuchen Sie, anhand Ihres Fragebogens herauszufinden, wie die Projekte in den jeweiligen Einrichtungen beendet worden sind.*

3. *Vergleichen Sie im Klassenverband Ihre Ergebnisse miteinander.*

4. *Erarbeiten Sie auf dem Hintergrund der bislang dargestellten Elemente des Projektmanagements mit einer sozialpädagogischen Einrichtung ein Projekt.*

3.4 Lehrende in Projekten – oder: Was mache ich hier eigentlich?

Schon bevor das eigentliche Projekt in den sozialpädagogischen Einrichtungen beginnt, übernimmt die Lehrperson in der Ausbildungsstätte eine Rolle, welche von derjenigen im regulären Unterrichtsgeschehen abweicht: Sie präsentiert nicht nur die zu lernenden Inhalte, sondern sie ist dafür zuständig, die Lern- und Projektumgebung zu gestalten. Diese Umgebung „beeinflusst das Verhalten und somit auch das Lerngeschehen" (Frey, 1998, S. 224). So ist z. B. der Klassenraum im Hinblick auf eine erste Projektplanung einzurichten bzw. auszuräumen: Der eher klassische Unterricht an Tischen mit der – beinahe ausschließlichen – Orientierung auf den Lehrer muss im Hinblick auf ein offenes Geschehen modifiziert werden, in welchem die Schülerinnen ihren Raum gestalten. Hierdurch erhalten sie schon erste Hinweise darauf, dass mit der Modifikation der Lernform auch eine Veränderung der Raumgestaltungs- und Lernprozesse einhergeht. Diese Anordnung des Raumes kann und soll sich im weiteren Verlauf des Projektes diesem anpassen, sodass sich auch in der Schule die Phasen und Ergebnisse des Projektes wiederfinden und gestalten lassen. Hierbei kann es zur Einrichtung und Gestaltung einer Aktionsfläche kommen. Dieser freie Platz im Klassenraum oder an einer anderen hierfür zu nutzenden Fläche im Schulgebäude „macht [...] das Produktivitätsprinzip an einer Stelle praktisch. Man schafft eine Voraussetzung, um die Perspektiven wechseln und um überhaupt produktiv werden zu können" (Frey, 1998, S. 228). Genau diese Ausrichtung ist es, welche die Lehrkraft in der Vorbereitung eines Projektes im Blick haben sollte: Es geht von der Vorbereitung bis zur Präsentation immer wieder darum, dass die Schülerinnen die Perspektive auf den Gegenstand und die Prozesse des Projektes wechseln, um in diesem Kontext eine eigene, individuell-subjektive Produktivität unter den Bedingungen der (systemischen und konstruierten) Wirklichkeit entwickeln zu können.

Tritt ein Projekt dann in die Phase der Umsetzung ein, hat die Lehrerin folgende Inhalte und Aufgaben zu beachten und zu realisieren (vgl. Frey, 1998, S. 228–244):

Es muss eine **kontinuierliche Abstimmung mit externen Personen** stattfinden; dieses bedeutet, dass die Lehrkraft schon im Vorfeld eines Projektes und dann intensiver in der ersten Projektphase der Planung mit dem konkreten Feld dieses Projektes Kontakt aufnehmen muss, um abzuklären, ob dieses Projekt den Erfordernissen, Anforderungen und Bedingungen der Praxis entspricht. Hierzu gehören eine intensive Kooperationsbereitschaft und unter Umständen auch schon einmal das Eingeständnis, dass die ersten Projektideen nicht mit der Praxis im Einklang standen. Des Weiteren sollte die Lehrkraft ein offenes Verständnis für die berufliche Rolle der externen Projektpartner entwickeln. Hierzu sind folgende Fragen zu beantworten:

1. Wer hat mit dem Projekt zu tun oder erfährt von ihm aus organisatorischen, rechtlichen oder anderen Gründen?
2. Wessen Mithilfe, Erlaubnis, Duldung benötigen wir?
3. Wem sollen wir indirekt oder direkt im Projekt etwas nahe bringen?

(Frey, 1998, S. 229)

Die Abstimmungsprozesse mit diesen externen oder indirekt beteiligten Personen eines Projektes sollten sich nicht nur auf förmliche und formelle Absprachen beschränken. Vielmehr schaffen häufig informelle Gespräche neue Perspektiven und Bereicherungen zu einem Projekt. Die Aufgabenstellung eines Projektes sollte des Weiteren auch in einem wechselseitigen Verhältnis erfolgen, d. h., dass nicht nur dann ein Kontakt zu diesen Personen aufgenommen wird, wenn man etwas von ihnen möchte, vielmehr stellt die Übernahme eines Auftrages von ihnen eine bessere Ausgangsposition für ein Projekt dar. So kann die Lehrkraft z. B. in einer Konferenz der Wohneinrichtungen der Behindertenhilfe einer Stadt die Möglichkeit eines gemeinsamen projektorientierten Vorgehens darstellen und hierzu die zeitlichen und strukturellen Potenziale der Schule und der Schülerinnen benennen. Es ist dann an den Einrichtungen diesen Vorschlag aufzugreifen und mit eigenen Ideen und Fragen auszugestalten. Auf diese Art und Weise kann sich dann z. B. ein Projekt zur Entwicklung eines Konzeptes zur Unterstützung der Kommunikation oder zum barrierefreien Wohnen ergeben.

Wurden dann die ersten Kontakte geschlossen, kommt es zu einer Koordination der Projekte mit den jeweiligen sozialpädagogischen Organisationen und Einrichtungen. Hierbei ist auf folgende Punkte zu achten:

■ Anfragen sollten wenn möglich über eine Person mit dieser Einrichtung koordiniert werden. Dieses kann die Lehrkraft oder aber auch schon eine angehende Erzieherin sein, welche auch im weiteren Verlauf die Leitung dieses Projektes übernimmt.

■ Diese Anfrage sollte weit im Vorfeld des eigentlichen Projektes erfolgen und sowohl mündlich wie auch schriftlich durchgeführt werden.

■ In dieser Anfrage sind die Absichten des Projektes, soweit das auf dieser Stufe der Planung möglich ist, mitzuteilen.

■ Dieser Kontakt sollte über eine Person der Einrichtung erfolgen, welche auch ansonsten für die Außenkontakte zuständig ist. Diese kann ein Mitarbeiter sein, welcher die Öffentlichkeitsarbeit koordiniert, es kann sich aber auch um eine Person handeln, welche schon häufiger Projekte begleitet hat.

■ In dieser ersten Phase sollte der Einrichtung dann auch die Möglichkeit gegeben werden, die eigenen konkreten Interessen in Bezug auf ein gemeinsames Projekt vorzustellen.

Diese fünf Punkte sind vor allem dann präzise abzuklären, wenn Projekte mit mehreren Einrichtungen durchgeführt werden. Und genau dieses ist in der Ausbildung zur Erzieherin, häufig der Fall: Mehrere Schülerinnen oder Schülerinnengruppen führen mit unterschiedlichen Einrichtungen (Kindergärten, Jugendheimen, Wohnheimen, offenen Hilfen etc.) Projekte durch, deren Verläufe und Ergebnisse im Folgenden verglichen und auf andere Organisationen übertragen werden können. Hierbei ist von der Lehrkraft die Gefahr der Pufferzeiten zu beachten, denn wenn ein Projekt mit mehreren Einrichtungen spontan und sukzessive entwickelt wird, „entstehen viel zu lange Pufferzeiten, weil Zuständigkeiten noch nicht bekannt sind, Genehmigungen nicht vorliegen oder Programme nicht parallelisiert sind. Während dieser Pufferzeiten müssten die Aktivitäten eingestellt werden" (Frey, 1998, S. 237). Aus diesem Grund ist in jedem Projekt, welches sich über die Grenzen einer Einrichtung hinausbewegt, eine deutliche administrative Abklärung notwendig und geboten. Da die Schülerinnen diese in einem ersten

Projekt vielfach noch nicht umfassend durchführen können, gehört diese Abklärung in den Aufgabenbereich der Lehrkraft. Wenn die geplanten Projekte einen sehr umfassenden inhaltlichen und zeitlichen Raum umfassen, erscheint die Einrichtung einer Koordinationsstelle hierfür sinnvoll zu sein. Diese kann dann eingerichtet werden, wenn sehr viele Personen an einem Projekt in einer großen Einrichtung beteiligt sind, bzw. wenn sich ein Projekt in einem sehr offenen Feld mit recht wenig vorgegebenen Strukturen entwickelt. Der erste Fall kann in der sozialpädagogischen Ausbildung eintreten, wenn ein Projekt mit einer großen dezentral organisierten Einrichtung geplant wird, in welcher die einzelnen Arbeitsfelder über mehrere Gemeinden verteilt sind. Die zweite Möglichkeit realisiert sich gegebenenfalls in der Planung einer Einrichtung für offene Hilfen, an welcher die unterschiedlichsten Träger und Interessenten beteiligt sind (Gemeindevertreter, Einrichtungsleiter, Angehörige, Nutzer etc.).

Dieses Planungsfeld kann in einer Grafik folgendermaßen wiedergegeben werden:

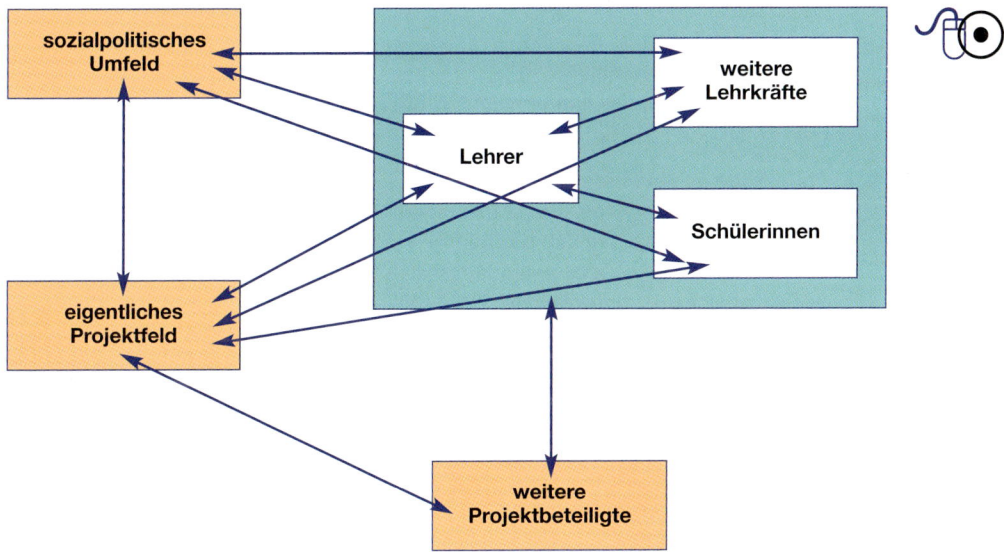

Planungsfeld der Projektbeteiligten (modifiziert nach: Frey, 1998, S. 239)

1. *Überprüfen Sie gemeinsam mit Ihren Lehrkräften, ob bei der Planung alle Projektbeteiligten berücksichtigt wurden.*

2. *Planen Sie die Abstimmung mit den externen Beteiligten eines möglichen Projektes, und arbeiten Sie hierbei Potenziale, aber auch Problemfelder heraus.*

3. *Stellen Sie Ihre Ergebnisse im Klassenverband vor, und vergleichen Sie sie miteinander.*

In der **eigentlichen Durchführung eines Projektes** übernimmt die Lehrkraft eine **Hintergrundfunktion** und eine **Bewertungsfunktion**. Diese Ambivalenz erschwert die Durchführung eines Projektes in der sozialpädagogischen Ausbildung, sie ist jedoch originärer Bestandteil einer solchen. Im Hinblick auf die Hintergrundfunktion kommen dem Lehrer folgende Aufgaben zu:

- Er zieht sich nach der Planungsphase sukzessive zurück, sodass die Schülerinnen ihre eigenen Erfahrungen machen können. Dieses allmähliche In-den-Hintergrund-Treten sollte der Lehrer (gerade bei ersten Projekten einer Klasse) schon zu Beginn ankündigen.

- Er hilft dann mit, wenn dieses – in allen Phasen des Projektes – notwendig sein sollte. Hierbei sind eine kontinuierliche Beobachtung und Begleitung des Projektes sinnvoll, sodass das Eingreifen der Lehrkraft weder von den Vertretern der Praxis, noch von den Schülerinnen als überraschend oder störend erlebt wird. Er ist somit nicht der allwissende Experte, welcher sein Wissen so lange zurückhält, bis es gebraucht wird, er ist vielmehr der permanente Begleiter aller Beteiligten.

- Es mag Projekte geben, in welchen die Lehrkraft von Anfang an als Projektmitglied involviert ist. Dieses verlangt jedoch von ihm (und von den Schülerinnen), dass er seine Rolle und seine Rollengrenzen deutlich formuliert, sodass es nicht zu einer Vermischung von Mitarbeitendem und Bewertendem kommt.

- Abschließend ist festzustellen, dass die Lehrkraft häufig in die Situation gerät, das Spannungsfeld eines Projektes auszuhalten. Sie ist dazu genötigt, sich zurückzuhalten und scheinbar „nur" zu beobachten. Sie kann und sollte erst dann eingreifen, wenn das Projekt über einen längeren Zeitraum ins Stocken gerät. So kann z. B. die Entwicklung eines Theaterprojektes mit Menschen mit Behinderungen dadurch gekennzeichnet sein, dass das Schreiben des Stückes bzw. die Veränderungen dieses Entwicklungsprozesses bis kurz vor die Generalprobe reichen.

Das Spannungsfeld der Lehrkraft entsteht in der Planung und Durchführung von Projekten somit in der Gestaltung und dem Aushalten folgender vier Elemente:

- der **Innovation**, als der Ebene, in welcher neue Projektideen skizziert und mit der Praxis realisiert werden;

- der **Koordination**, wenn dieses notwendig sein sollte und das Projekt die Fähigkeiten der beteiligten Schülerinnen übersteigt;

- der **Beratung und Beobachtung** des gesamten Projektes;

- der **Bewertung und Benotung** der Schülerinnenleistungen.

Dieses Spannungsfeld kann grafisch folgendermaßen zusammengefasst werden:

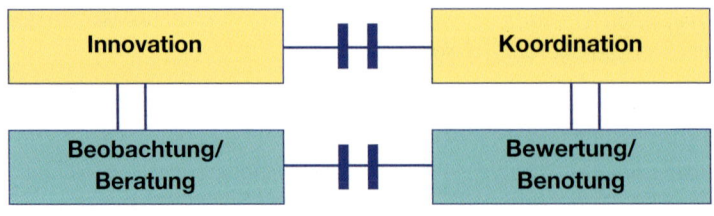

Aufgaben der Lehrkraft in Projekten (Spannungsfeld)

Aufgaben

1. Stellen Sie mit Ihrem Lehrer dieses Spannungsfeld an konkreten Beispielen der sozialpädagogischen Praxis dar.

2. Gibt es Möglichkeiten, dieses Spannungsfeld zu verringern? Diskutieren Sie Ansätze hierzu.

3. Wie hätte auf diesem Hintergrund eine Kommunikation aller Beteiligten in einem Projekt zu erfolgen?

4. An welche Grenzen stoßen Projekte in der Ausbildung zur Erzieherin?

3.5 Lernende in Projekten – oder: Was kann ich hierbei lernen?

Nach Frey (vgl. 1998, S. 27–32) erfahren die Studierenden in der Planung und Durchführung von Projekten einen Lernzuwachs in mindestens folgenden vier Bereichen:

■ Die Studierenden treten in eine **Interaktions- und Kommunikationssituation**, welche in einem vorher definierten und bestimmten Rahmen stattfindet. Diese Lernsituation ist somit nicht (wie vielfach im regulären Unterrichtsgeschehen) einseitig bestimmt und geleitet, sie ereignet sich vielmehr in einem wechselseitigen Raum, welcher durch die Interessen aller Beteiligten (im besten Falle dialogisch) bedingt wird. Dieser Interaktionsprozess zieht sich durch das gesamte Projekt. Er beginnt schon mit der Initiative für ein Projekt, findet sich in der Planung eines solchen wieder und kommt erst recht in der Durchführung und Reflexion zur Geltung.
Gerade dieser ein Projekt abschließende Reflexionsprozess trägt, im Sinne einer Interaktion über die Interaktion(en), dazu bei, „dass ein Projekt nicht nur Alltagshandeln bleibt. Erst wenn man sich von der bloßen Routine löst, entsteht Bildung. Sie braucht etwas Distanz zur gegebenen Situation. Distanz zur Situation ermöglicht Bildung. Noch mehr: Sie ist Voraussetzung von Bildung; sie macht aus Tun bildendes Tun" (Frey, 1998, S. 28).

■ Diese **situative Distanz** kann als das zweite Merkmal der Lernprozesse der Auszubildenden bezeichnet werden. Wenn die angehende Erzieherin in eine Distanz zur konkreten Situation geht, aber dennoch in und mit ihr tätig werden muss, gelangt sie in die Position, das Vorgefundene kritisch zu hinterfragen und mögliche Alternativen hierzu zu entwickeln. Auf der anderen Seite kann sie dieses Szenario jedoch auch bejahen und ihm zustimmen. Dieser Bewertungsprozess ist nicht nur auf kognitiver Ebene zu betrachten und durchzuführen. Vielmehr finden in ihm auch emotionale Kriterien eine intensive Bedeutung: Das Gefühl als Begründung und Reflektionsmoment gerät hierbei in den Mittelpunkt möglicher Lernprozesse, welche von einem Projekt angestoßen und in einem solchen realisiert werden. Das, was also in einem Projekt von einer Lernenden erfahren wird, realisiert sich auf der emotional bedingten Ebene ihres konkreten körperlichen Tuns, ist und wird von ihr subjektiv hervorgebracht und bewertet, also letztlich konstruiert.

■ Einen dritten Punkt stellen die **Zielorientierungen** eines Projektes dar. Diese entfalten sich immer auf dem kulturhistorischen und individuellen Hintergrund der einzelnen Lernenden. Dennoch treffen sie in der konkreten Ausformung immer auch auf die zumeist gesamtgesellschaftlich akzeptierten Ziele (wie Solidarität, Autonomie, Verantwortung etc.). Das konkrete Handeln in einem Projekt verbindet somit subjektive Zielfindungsprozesse mit gesellschaftlichen und institutionellen Zielvorgaben. Die Lernende gerät hierbei in ein Spannungsfeld, welches wiederum als Begründung und Ausformung ihres Lernens dienen kann.

■ Als letzten Punkt kann die **spezifische Reflexion** des Projekt- und Lernprozesses benannt werden. Diese fasst die Elemente der drei vorangegangenen Ebenen (Interaktion, situative Distanz, Zielorientierungen) zusammen und führt dazu, dass sowohl das theoretische und konzeptionelle Wissen zu einem Projekt als auch das erlebte Handeln und die hierbei gemachten Erfahrungen einem Prozess der gemeinsamen Reflexion unterzogen werden. Diese Reflektion lässt sich nicht von den drei anderen Elementen trennen, sie sollte ihnen auch nicht widersprechen, sodass ein kohärenter und (in weiten Teilen) stimmiger Lernprozess hierdurch zu einem vorläufigen Abschluss gelangen kann. Eine solche Reflektion „besagt, dass die Entwicklung von Lernsituationen aus mehr als Spontaneität und bloßem guten Willen besteht" (Frey, 1998, S. 32).

Diese vier grundlegenden Lernbereiche können grafisch wie folgt zusammengefasst werden:

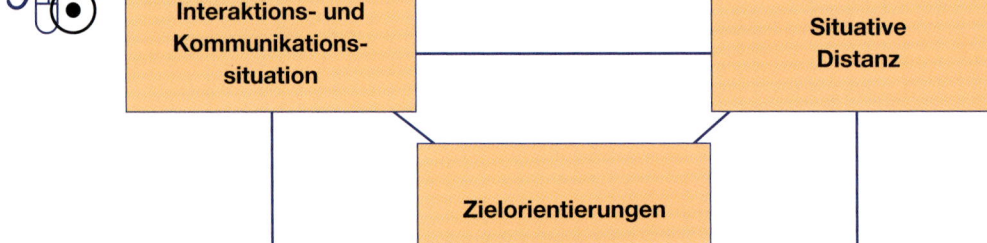

Elemente der Lernprozesse in Projekten

Wenn ein gesamtes Projekt betrachtet wird, können folgende Kompetenzzuwächse bei Schülerinnen ermöglicht werden (vgl. Probst/Haunerdinger, 2001, S. 52):

■ eine Erweiterung der **fachlichen Kompetenz** im Hinblick auf eine Zunahme des Fachwissens, des organisatorischen Wissens und der Eigenschaften, Prozesse zu leiten;

■ eine Erweiterung der **methodischen Kompetenz** im Hinblick auf die Projektmanagementmethoden, die Projektplanung und die Projektsteuerung;

■ eine Erweiterung der **sozialen Kompetenzen** im Hinblick auf die Fähigkeit, andere Menschen zu motivieren bzw. auch in Konflikt- und Krisensituationen handlungsfähig zu bleiben;

■ eine Erweiterung der **persönlichen Kompetenz** im Hinblick auf eine zu realisierende Improvisationsgabe, auf Entscheidungsfreude, Selbstorganisation und Disziplin.

Die einzelnen Ebenen dieser Kompetenzbereiche sind hierbei nicht scharf voneinander getrennt, sondern gehen vielmehr ineinander über:

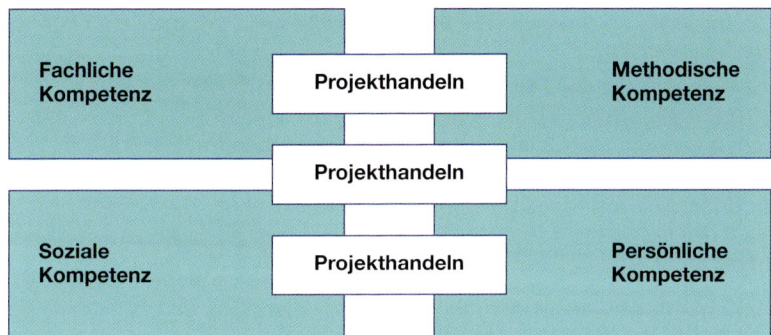

Qualifikationsprofil des Handelns in Projekten

Aufgaben

1. *Formulieren Sie zuerst für sich allein, dann im Vergleich in einer Kleingruppe die Lernprozesse, welche Sie in einem konkreten Projekt erfahren wollen.*

2. *Welche Lernfelder wirken auf Sie eher bedrohlich? Welche würden Sie am besten sofort realisieren wollen? Worauf führen Sie dieses jeweils zurück?*

3. *Welche Arbeitsformen sind für einen gelingenden Reflektionsprozess notwendig? Beschreiben Sie diese, und nehmen Sie hierbei auch die Inhalte und Themen zur Hilfe, welche Sie bislang in Ihrer Ausbildung aus den Feldern der Psychologie, der Soziologie, der Pädagogik und der Didaktik und Methodik erfahren haben.*

4. *Beschreiben Sie anhand eines konkreten Projektes die einzelnen Elemente des Qualifikationsprofils.*

Nach diesen allgemeinen Inhalten möglicher Lernprozesse in Projekten kann ein konkretes Feld skizziert werden, welches in der Realisierung von Projekten relevant ist: die Präsentation von Projekten. Hierbei erfährt die Schülerin einen Lernzuwachs im Umgang mit den Themen des Projektes sowie mit sich selbst als jemanden, welcher die Inhalte des Projektes darzustellen in der Lage ist. Die Präsentation kann hierbei sowohl in der sozialpädagogischen Einrichtung, welche als Auftraggeber des Projektes fungiert, stattfinden, als auch in der Schule bzw. im Klassenverband, in welchem dann unterschiedliche Projekte vorgestellt und miteinander verglichen werden. Damit eine Präsentation gelingt, muss sich die Präsentierende an folgenden Voraussetzungen orientieren (vgl. Antes, 2004, S. 66–68):

■ Sie sollte im Vorfeld feststellen, was **die Zuhörer** von dieser Präsentation wollen bzw. was sie mit ihr verbinden. Sind die Interessen des Publikums somit erhoben worden, lassen sich mögliche Konflikte in der Darstellung bzw. der anschließenden Diskussion vorhersehen.

■ Die Wahl der **Sprache** stellt ein wichtiges Element in der Planung und Durchführung einer Präsentation dar: „Vermitteln Fachausdrücke Kompetenz oder erzeugen sie Unverständnis? Welche Beispiele sind angebracht, welche stiften Verwirrung?" (Antes, 2001, S. 66).

■ In diesem Kontext ist auf die **Körpersprache** zu achten. Hierbei ist besonders der Blickkontakt hervorzuheben: Die Präsentierende sollte immer wieder den Kontakt zum Publikum suchen, da dieses Vertrauen schafft und allen Beteiligten Sicherheit gibt. Hierdurch überzeugt sich die Vortragende davon, ob das Gesagte beim Gegenüber ankommt oder auf Unverständnis stößt. Zudem sollte auf die Körperhaltung geachtet werden: Der Oberkörper muss zu den Zuhörern gewandt sein, die Arme sollten nicht verschränkt sein, da dieses eher verspannt und abwehrend wirkt. Gestisch sollte die Vortragende das Gesagte unterstreichen. Hierbei sollte sie darauf achten, dass die einzelnen Gesten mit ihrer Person im Einklang stehen und somit nicht eingeübt oder gekünstelt wirken.

■ Ob und wie das Präsentierte durch ein **Skript** unterstützt wird, hängt von der Vortragenden ab. Im Idealfall sollte der Vortrag frei erfolgen. Er kann hierbei durch ein Skript, durch Karteikarten oder durch eine PowerPoint-Präsentation unterstützt und begleitet werden. Wichtig ist hierbei, den Vortrag immer einmal wieder durch **Pausen** zu unterbrechen, damit ein zu intensiver Redefluss nicht das Publikum – aber auch die Redende selber – überfordert.

■ Grundsätzlich sollte eine Präsentation **vor der Durchführung** in der „Echtsituation" gegenüber einem kritischen Mitmenschen getestet werden. In seinen Reaktionen kann die Präsentierende ablesen, an welchen Stellen die Präsentation noch verbessert werden kann.

Zusammengefasst können diese Punkte wie folgt abgebildet werden:

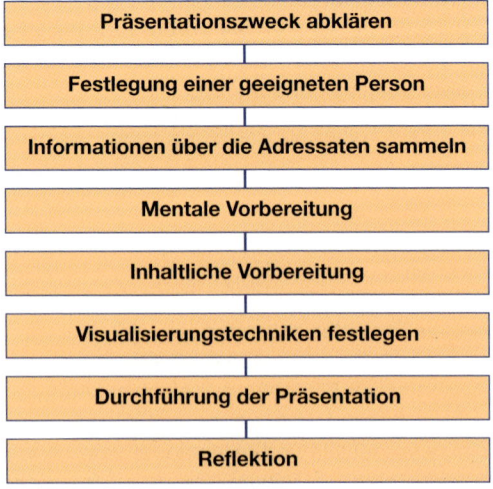

Planung einer Präsentation (aus: Antes, 2004, S. 70)

1. Planen Sie eine Präsentation, und stellen Sie diese im Klassenverband vor.

2. Vergleichen und reflektieren Sie die unterschiedlichen Präsentationen. Greifen Sie hierbei auch auf weitere Literatur zu den Präsentationstechniken zurück.

3. Was unterscheidet eine Präsentation in der Schule von einer in der sozialpädagogischen Einrichtung?

3.6 Sozialpädagogische Einrichtungen in Projekten – oder: Was können sie von den Auszubildenden lernen?

Im Regelfall haben die Einrichtungen eine konkrete Fragestellung, welche von den angehenden Erzieherinnen im Rahmen eines Projektes bearbeitet werden soll. Sie stellen hierbei nicht nur das Objekt eines Projektes dar, mit welchem gearbeitet wird, sie sind vielmehr die Handlungspartner, welche in allen Phasen des Projektes einzubeziehen sind bzw. sich selber in diese Prozesse einbringen. Wie dieses im konkreten Einzelfall geschehen kann, wurde schon im Kapitel 2.3 unter der Perspektive des Projektmanagements beschrieben. In diesem Punkt soll nun dargelegt werden, welche Veränderungsprozesse sich möglicherweise durch eine projektorientierte Vorgehensweise in sozialpädagogischen Einrichtungen ergeben. Die grundlegende These geht hierbei davon aus, dass diese Einrichtungen durch die Planung und Durchführung eines Projektes ihre Lernerfahrungen optimieren, dass sie hierdurch zu **lernenden Organisationen** werden. Die Veränderung ihrer Arbeitsweisen und Prozesse stehen somit im Mittelpunkt. Wie kann dieses konkretisiert werden?

Eine Veränderung in einer Einrichtung findet durch drei mögliche Systeme statt: durch die einzelnen Personen, durch Gruppen (Projekt- oder Arbeitsgruppen, Teams) oder aber durch abstrakte Systeme (wie Rechtskontexte, Konzeptionen etc.). Eben diese Systeme sind dann auch von diesen Modifikationen betroffen und unterliegen somit Veränderungsprozessen. Eine Einrichtung, so kann behauptet werden, welche Projekte initiiert, will Veränderung, will sich im Hinblick auf bestimmte Themen und Fragestellungen weiterentwickeln. Das Lernen einer Organisation stellt also ein Prozessmodell der Organisationsveränderung dar. Zudem können durch solche Lernprozesse die Veränderungen in Einrichtungen erklärt und gegebenenfalls gesteuert werden. Dieses Lernen führt also zu neuem oder erweitertem Organisationswissen (vgl. Geißler, 1995, S. 25–33):

■ Die Kenntnisse über die organisationsinternen Wirkungszusammenhänge nehmen zu.

■ Die möglichen Abhängigkeiten dieser Zusammenhänge von organisationsexternen Einflüssen können erkannt und präzisiert werden.

■ Die Ziele einer Organisation können differenziert und weiterentwickelt werden.

■ Das Wissen über die internen und externen Bedingungen, welche die Basis für die konkreten Maßnahmen und Techniken einer Organisation bilden, nimmt zu.

Grundlage für diese Veränderungsprozesse ist das Lernen des Einzelnen: Der Mitarbeiter stellt fest, dass sich seine Erfahrungen im Verlauf eines Projektes erweitert haben. Er erlebt eine Veränderung seines schon vorhandenen Wissens auf dem Hintergrund und als Konsequenz von Veränderungen der Wahrnehmung und der Verarbeitung der Praxis oder infolge der Modifikation der Praxis selbst. Er reflektiert des Weiteren seinen Lernprozess und stellt theoretische, konzeptionelle, methodische und persönliche Elemente in einen gemeinsamen Kontext. Zudem ist es möglich, dass er in einem Projekt sein Wissen durch die Anpassung von Inhalten, welche er von anderen erhält (durch die Präsentation oder durch Fachliteratur) erweitert.

Die Lernprozesse in Organisationen bündeln somit **zwei grundlegende Bedingungen**:

- Die einzelnen Organisationsmitglieder erweitern und verbessern ihr individuelles Wissen (auch in Projekten) durch Erfahrungen und Reflektionen.

- Sie sind bereit, dieses Wissen (auch durch Projekte) weiterzugeben, sodass sich bei den anderen Mitgliedern einer Einrichtung eine eventuell vorhandene Wissenslücke schließt.

Das eventuell neue oder veränderte Wissen über die Ziele und Zielfindungsverfahren einer Organisation führt dazu, dass diese eine veränderte Organisationsstrategie entwickelt, in welcher sie die Kontexte ihres Handelns sowie die konkreten Aufgaben adäquater zu klären in der Lage ist. Zudem führt das modifizierte Wissen über die Verfahren zur Zielerreichung zu einer anderen, im besten Falle erweiterten Organisationsstruktur. Der jeweilige Erfolg oder Misserfolg dieser Prozesse nimmt dann erneut Einfluss auf die Lernprozesse einer Organisation. Im Hinblick auf die Begleitung dieser Abläufe durch Projekte können diese Aussagen wie folgt grafisch zusammengefasst werden:

Organisationslernen und die Entwicklung von Strategien und Strukturen unter dem Einfluss von Projekten (modifiziert nach: Geißler, 1995, S. 37)

Der oben dargestellte Prozess des Organisationslernens führt, wenn er gelingt, zu einer bewussten Veränderung der Handlungen und Arbeitsweisen, mit welcher die Qualität der professionellen Tätigkeiten überprüft und gegebenenfalls verbessert werden kann. In einer Einrichtung verändern sich somit langfristig durch den Einsatz von Projekten die Lern- und Kommunikationsaktivitäten. Hierbei sind besonders vier Wissensbereiche zu benennen (vgl. Geißler, 1995, S. 191):

■ das konkrete Handlungswissen,
■ das fallbezogene Erfahrungswissen,
■ das systematisierte Konzeptwissen,
■ das verhaltensanleitende Planungswissen.

Diese Wissensfelder führen dann jeweils zu konkreten Handlungen der Mitglieder einer Organisation, sodass sich diese Aktivitäten folgendermaßen darstellen lassen:

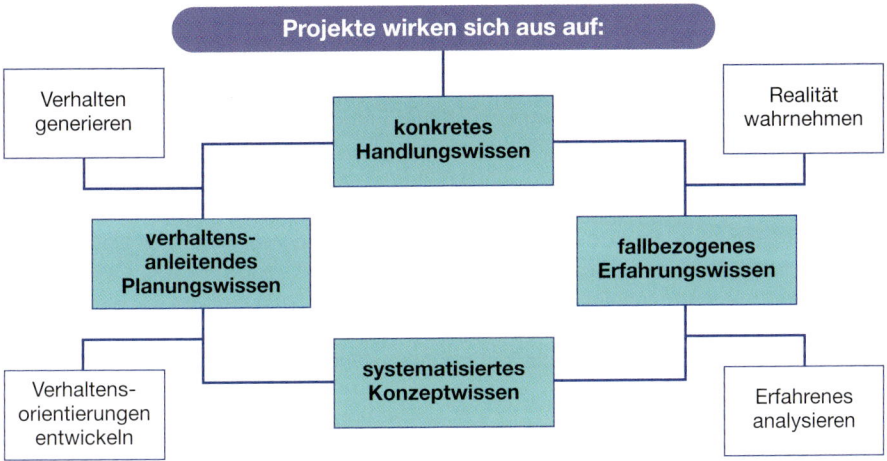

Auswirkung von Projekten auf Lern- und Kommunikationsaktivitäten (modifiziert nach: Geißler, 1995, S. 192)

Aufgaben

1. Stellen Sie das Organisationslernen und die Entwicklung von Strategien und Strukturen unter dem Einfluss von Projekten anhand eines Beispieles dar.

2. Erarbeiten Sie anhand von konkret durchgeführten Projekten die Veränderungsprozesse des Wissens in Organisationen in den vier Wissensbereichen.

3. Welche Kritik könnte an diesem Modell geübt werden? Begründen Sie Ihre Meinung möglichst ausführlich.

Zum Abschluss dieses Kapitels werden fünf Ansätze skizziert, durch welche die Prozesse des Umlernens in Organisationen realisiert werden können (vgl. Senge, 1999, S. 171–327). Es handelt sich hierbei um:

■ das Systemdenken,
■ Personal Mastery,
■ mentale Modelle,
■ eine gemeinsame Vision,
■ das Teamlernen.

Das **Systemdenken** definiert eine Denkweise und eine Sprache, mit welchen man die Kräfte und Wechselbeziehungen, die das Verhalten eines Systems steuern, begreifen und beschreiben kann. Das Systemdenken hilft zu erkennen, wie die Systeme und Organisationen effektiv verändert werden können und wie man in Organisation in größerer Übereinstimmung mit den übergreifenden Prozessen der Gesellschaft handeln kann. Ein jedes Projekt in der Sozialpädagogik hat somit die Vernetzungen zu den unterschiedlichen Systemen und Teilsystemen zu berücksichtigen, um somit vielfältige Lernmöglichkeiten bereitzustellen und anzuregen.

Personal Mastery (persönliches Können bzw. persönliche Meisterschaft) umfasst eine permanente Ausweitung des persönlichen Könnens, um die Arbeitsergebnisse zu erzielen, die einem wirklich wichtig sind. Hierdurch kommt es zu der Schaffung einer Organisationsumwelt, die alle Mitglieder ermutigt, sich selbst in die Richtung ihrer selbstbestimmten und konstruierten Ziele zu entwickeln. Dieses geschieht dann aber dennoch im Kontext der Aufgaben eben dieser Einrichtung. Hierbei ist besonders die Arbeit mit Widerständen im Verlauf dieses Prozesses wichtig. Zudem müssen alle Beteiligten die kreativen Spannungen, welche hierbei entstehen können, aushalten. Hierzu kann es sinnvoll sein, die unbewussten Anteile in den Kommunikations- und Interaktionsprozessen (wie z. B. die Intuition) zu nutzen. Die Entwicklung einer persönlichen und individuellen (sozial-)pädagogischen Professionalität im Kontext der Organisation kann somit zu einem Ziel der Projektarbeit in der Ausbildung werden.

Der Ansatz der **mentalen Modelle** kann durch einen Dreischritt beschrieben werden:

1. In einem ersten Schritt geht es um die Reflektion der inneren Bilder von der Welt und der Organisation, welche ein Organisationsmitglied mitbringt.

2. Danach bemühen sich die Beteiligten um eine kontinuierliche Klärung und evtl. Verbesserung dieser Bilder.

3. Hierdurch kommt es dann zu Erkenntnisprozessen, wie diese Bilder und dieser Prozess eigene Handlungen und Entscheidungen beeinflusst hat bzw. noch beeinflusst.

Als Fazit lässt sich hierzu formulieren: Man hat keine Organisation im Kopf, sondern Bilder bzw. Repräsentationen von dieser. In Bezug auf die Projekte in der Sozialpädagogik kann hierzu die Forderung angeschlossen werden, dass der o. g. Dreischritt in seiner Realisation in den geplanten Projekten zu berücksichtigen und wahrzunehmen ist. Dieses kann in den gemeinsamen Planungsgesprächen aller Beteiligten beginnen und bis zu den Reflektionsprozessen nach einem Projekt fortgeführt werden.

Mit einer **gemeinsamen Vision** sind die gemeinsamen Bilder von den zukünftigen Perspektiven und Zielen einer Organisation gemeint. Eine solche Vision fördert in ihrer Umsetzung das Engagement einer Gruppe oder Teilorganisation. Hierbei sind die wichtigsten Prinzipien und Methoden zu klären, mit deren Hilfe diese Perspektiven und Ziele gestaltet werden sollen (u. a. die Grundwerte der Organisation). Die unterschiedlichen Haltungen hierzu müssen im gemeinsamen Prozess von allen Mitgliedern einer Einrichtung reflektiert und erarbeitet werden.

Der letzte Punkt bezieht sich auf das **Teamlernen**. Dieses bezeichnet die bewusste Entwicklung neuer Kommunikationsformen und Denkfähigkeiten für das gesamte Team einer Einrichtung. Diese Formen sollen im gemeinsamen Lernprozess sicherstellen, dass das Wissen und Können der Gruppe größer sind als die Summe der individuellen Fähigkeiten und Fertigkeiten. Die Planung, Begleitung, Durchführung und Analyse eines Projektes in der Sozialpädagogik sollten somit immer das Geschehen in den unterschiedlichen beteiligten Teams berücksichtigen und immer wieder auf die Phasen und Prozesse in diesen Teilsystemen zurückgreifen.

Auch diese fünf Ansätze können grafisch zusammengefasst werden:

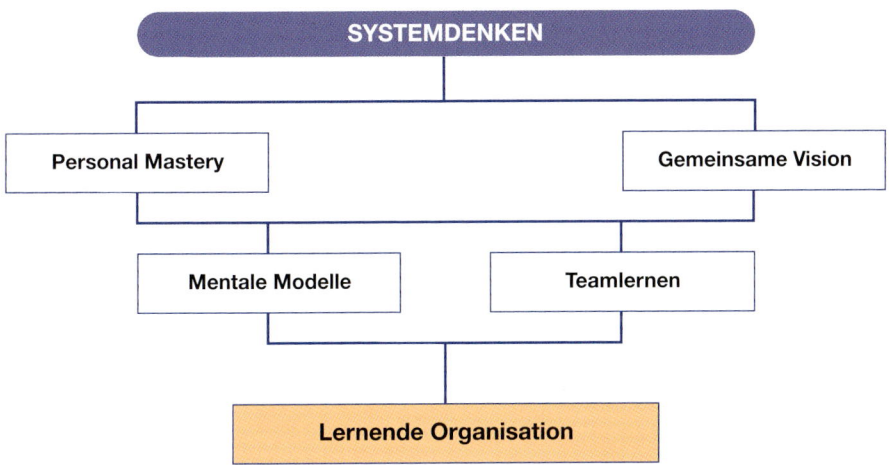

Fünf Elemente der lernenden Organisation

1. *Stellen Sie an konkreten Beispielen die Realisation dieser fünf Elemente dar.*

2. *Welche Probleme können hierbei auftreten, und wie sind diese gegebenenfalls zu lösen?*

3. *Welche Kritik kann an diesem Modell geübt werden?*

3.7 Bildungsprozesse durch Projekte – oder: Was haben Projekte mit der Praxis zu tun?

Dieses Kapitel kann jetzt die beiden Sichtweisen der Praxis und der Projekte miteinander verbinden und aufeinander beziehen. Die Elemente der Praxis, so wie diese im Kapitel 3.1 erörtert worden sind, bilden hierbei das Umfeld, das System, in welchem sich die unterschiedlichen Formen und Ausprägungen der Projekte wiederfinden lassen und realisieren. Projekthandeln ist hierbei immer Handeln in einer Praxis unter den konzeptionellen Bedingungen, mithilfe der methodischen Ausprägungen und unter Berücksichtigung bestimmter Techniken. Dieses führt in der Gesamtschau bzw. im Verlauf eines projektorientierten Vorgehens zur Entwicklung der unterschiedlichen Kompetenzen und Kompetenzbereiche. Die Praxis mit ihren differenzierten Formen und Postulaten bildet somit die Basis und das Handlungsfeld, in welchen die Projekte ihre Realisierungsmöglichkeiten finden. Hierbei ist die Praxis bzw. das Praxishandeln sehr wohl ohne Projekte denkbar, Projekte sind jedoch nie ohne eine für sie relevante Praxis durchführbar.

Dieses kann abschließend folgendermaßen grafisch zusammengefasst werden:

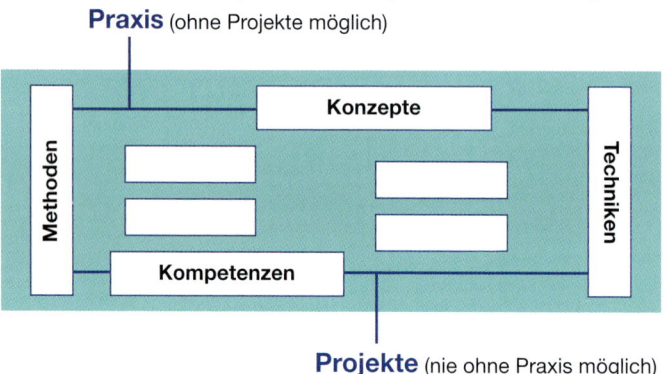

Beziehung zwischen Praxis und Projekten

Aufgaben

1. *An welchen Stellen sind Ihnen in Ihrer Tätigkeit die Vernetzungen zwischen Praxis und Projekten begegnet? Welche waren hierbei hilfreich, welche eher problematisch?*

2. *Nehmen Sie Stellung zu der These: Die Anforderungen von Projekten sind konstruiert, deshalb ist es egal, wie man sie durchführt.*

3. *Fassen Sie Ihre Erfahrungen, welche Sie in der Planung, Durchführung und Überprüfung von Projekten gemacht haben, jeweils unter der Perspektive einer systemischen und einer konstruktivistischen Begründung zusammen. Stellen Sie Ihre Ergebnisse im Klassenverband vor, und vergleichen Sie diese miteinander.*

4. *Setzen Sie sich mit der weiterführenden Literatur zu diesen Themen (welche Sie im Literaturverzeichnis finden) auseinander, und suchen Sie nach möglichen Kritikpunkten dieser theoretischen Begründungen.*

Arbeit in Projekten

- *Welche Projekte kann es geben?*

- *Was soll vor dem Beginn eines Projektes bereits berücksichtigt werden?*

- *Wie wird aus einem Projekt ein Leistungsnachweis?*

4.1   Was man am Anfang bereits berücksichtigen soll

Projekte in der Ausbildung zur Erzieherin sind so vielfältig wie die Menschen, die ausgebildet werden. Unglaublich viel kann zu Projekten werden. Ist „Ihr" Thema bei folgender Auswahl dabei?

- „Ein Baumhaus"
- „Tiere im Kindergarten"
- „Wir stöbern in der Bücherei"
- „Eine Woche bei Polizei und Feuerwehr"
- „Wir machen unseren eigenen Zirkus"
- „Die Welt im Kleinen – mit der Lupe unterwegs"
- „Gespenster"
- „Fliegen"
- „Mit den Stadtgärtnern unterwegs"
- „Da arbeiten Mama und Papa"
- „Hinter den Kulissen des Theaters"
- „Pantomime"
- „Im Hafen unterwegs"
- „Im Tierheim helfen"
- „Schach"
- „Schatten-Spiele"
- „Gemeinsam durch dick nach dünn – wir wollen abnehmen"
- „Vorbereitungen auf den Fahrrad-Führerschein"
- „Gemüsebeete und ein eigenes Gewächshaus"
- „Ein Kochbuch nur für uns"
- „Auf dem großen Trampolin"
- „Kunstwerke aus Ton, Gips und Speckstein"
- „Wir siedeln auf Catan – moderne Gesellschaftsspiele probieren"
- „Schwimmen lernen"
- „Wie die Indianer"
- „Mein Zimmer soll anders und schöner werden"
- „Spaziergänge mit der Kamera"
- „Judo – So geht das"
- „Die kleine Eisenbahn ganz groß – Eine Modelllandschaft entsteht im Keller"
- „Meditationen"
- „Hip-Hop"
- „Wie funktioniert denn das? Geräte aller Art bedienen lernen"
- „Unser Boot – selbst gemacht!"
- „Ski fahren"
- „Rund ums Geld"
- „Leinen los – Urlaub mit dem Boot"
- „Der Flughafen – Da gibt es viel zu entdecken!"
- „Trommeln und tanzen"
- „Wir bauen ein Dorf für unsere Meerschweinchen"
- „Wie eine Fliege an der Wand: Klettern lernen"
- „Große Bilder selbst gemalt"

- „Lust auf Natur"
- „Auf Rollen unterwegs: Inliner und Rollstuhlfahrer gemeinsam auf Tour"
- „Märchenhaftes"
- „Manege frei: unser Sommertheater"
- „Playstation & Co. – Spielkonsolen im Einsatz"
- „Die Geschichte unserer Einrichtung"
- „Was gibt es hier denn noch Neues? – Die eigene Stadt neu entdecken"
- „Glitzer und Fummel – Mode und Schmuck selber machen"
- „Möbel selber machen"

Aufgaben

Im Kapitel 3.1 werden grundlegende Merkmale und Elemente von Projekten aufgezählt. Wenden Sie diese auf einige der oben genannten Themen an. Treffen sie zu? Und wie könnten diese umgesetzt worden sein? Stellen Sie dazu Mutmaßungen an.

Die Arbeit in Projekten hat einen hohen Stellenwert in der erzieherischen Ausbildung. Sie kann sogar mit genauer Bezeichnung des Projektes und einer Leistungsnote auf dem Zeugnis erscheinen. Hinter der Projektarbeit verbirgt sich die Idee, sich stetig und über einen längeren Zeitraum mit Aktivitäten zu einem vorher gewählten (Projekt-)Thema zu beschäftigen. Mit einem Projekt kann man als Fachschülerin „Spuren" hinterlassen. Es handelt sich zumeist um ein komplexes Geschehen, das zahlreiche Aktivitäten von Schülerinnen, Lehrern, Vertretern von sozialpädagogischen Einrichtungen und vor allem den beteiligten Kindern und Jugendlichen mit einschließt.

Ein Projektthema kann auf unterschiedliche Art und Weise gefunden werden:

- Eine Mitarbeiterin einer sozialpädagogischen Einrichtung macht einen Projektvorschlag (z. B. „Ein Fußball-Fanclub für unsere Heimgruppe" – Hilfen bei der Realisierung einer Idee für die die Mitarbeiter nicht genügend Zeit haben).

- Aus einem vorherigen Praktikum entwickelt sich eine spätere Projektidee (z. B. „Es geht weiter mit der Umgestaltung des Spielplatzes" – eine Idee im Praktikum wird nach dem Winter umfassend weitergeführt).

- Die grundlegende Idee kommt aus den Reihen der Jugendlichen der Einrichtung (z. B. „Coole Musik – selber machen" – Gespräche über Musik, Instrumente herstellen, elektronisches Equipment beherrschen lernen, Aufnahmetechniken, Besuch eines Aufnahmestudios usw.).

- Eine öffentliche Einrichtung, z. B. die Stadtverwaltung, macht einen Vorschlag (z. B. „Ein Ratgeber für Menschen mit Behinderungen in unserer Stadt" – Untersuchungen und andere Recherchen zur späteren Herstellung einer städtischen Broschüre).

- Ein Sportverein macht einen Vorschlag (z. B. „Der Kindergarten kommt zu uns – Sport auf dem großen Rasenplatz" – Starthilfen beim Aufbau einer neuen Abteilung im Verein).

- Idee eines Lehrers, theoretisches Wissen und Können einmal praktisch zu erproben (z. B. „Kunst mit Kindern" – einmal in der Woche kommen Kinder nachmittags mit Fachschülerinnen im Werk- und Kunstraum der Schule zusammen, um gemeinsam mit Farben, Pappmachee, Gips, Holz oder Stein zu gestalten).

Aber vor allem entstehen Projektideen aufgrund des Ehrgeizes und der Neigungen, Fähigkeiten, Interessen oder Talente der Fachschülerinnen. Manchmal geht es darum, Neuland zu betreten und einmal etwas Außergewöhnliches zu wagen. Das, was zunächst als unerreichbare Utopie erscheint, wird bei näherer und ruhiger Betrachtung vielleicht realisierbar. Wo sich der Einzelne noch nicht wagt, etwas umzusetzen, da kann es einer Gruppe viel leichter fallen.

Nur Mut!
Trauen Sie sich und trauen sie anderen etwas zu!

Die Vorbereitung im Unterricht und die Umsetzung des Projektes geschehen in der Regel erst in der zweiten Hälfte der Ausbildung. Häufig wird zunächst in Unterrichtsstunden oder Unterrichtsblöcken auf die spätere Planung, Durchführung und Nachbereitung der Projekte vorbereitet. Die Projekte werden in Arbeitsgruppen, also als Teamarbeit, durchgeführt. Ob man sich als Schülerin „sein" Team „aussuchen" kann oder ob die Gruppen von Lehrern zusammengestellt werden, muss an der gewählten Fachschule erfragt werden.

Die Projektlehrer haben im Projektgeschehen die folgenden Aufgaben (siehe Kapitel 3.4):

■ Die allgemeine Theorie (vom Projektbegriff über Projektmanagement) bis zu Bildungsprozessen in Projekten) vermitteln

■ Die Fachschülerinnen bei der Wahl der Arbeitsgruppe beraten

■ Auf Schülerinnenwunsch: Kontakte zu sozialpädagogischen Einrichtungen herstellen und später eventuell weiter ausbauen

■ Für die Einrichtungen als Mittler zur Fachschule und als Kontaktperson zu den Fachschülerinnen fungieren

■ Für allgemein fördernde Rahmenbedingungen (Zeiten, Orte, Räume, Materialien o. a.) sorgen

■ In allen Phasen des Projektes (Aufbau, Ablauf, Durchführung, Nachbearbeitung) die Gruppen begleiten

■ Die Kriterien für die Leistungsbewertung anfangs erläutern

■ Die Formen der Leistungsnachweise vorstellen

■ Die Leistungen der Fachschülerinnen bewerten

„Unser Projekt" – ein komplexer Leistungsnachweis

In Form eines umfassenden Erfahrungsberichtes wird zum Ende der Projektzeit ein schriftlicher Leistungsnachweis erstellt, der unter Umständen Ergänzungen hat (Fotos, Film, Zeichnungen o. a.). Es geht dabei um die **rückschauende Bearbeitung** von vier einzelnen Aufgaben. Zu jeder Aufgabe gibt es einige Fragen, die Ihnen bei der Bearbeitung helfen können:

1. Wie wir zu dem Projektthema gekommen sind
   - Was das Projekt mit unseren eigenen Neigungen oder Erfahrungen zu tun hat
   - Was uns neugierig gemacht hat
   - Was uns herausgefordert hat
   - Welche Ähnlichkeiten uns zu bereits Erlebtem aufgefallen sind
   - Wie wir die zeitlichen, örtlichen und materiellen Gegebenheiten einbezogen haben

2. Was das Projekt für die beteiligten Kinder und Jugendlichen bedeuten mochte
   - Welche Neigungen, Fähigkeiten oder Ressourcen wir bei den beteiligten Kindern und Jugendlichen wecken oder weiterführen wollten
   - Welche neuen Erfahrungen erlebt werden konnten
   - Warum uns das Projekt für die Menschen angemessen erschien
   - Wie das Projekt in die Lebenswelt der Menschen „gepasst" hat
   - Warum das Projekt „spannend", „selbstbestimmt" oder „integrierend" für die Beteiligten war

3. Was das Projekt mit Theorien, schulischem oder sonstigem fachlichem Wissen zu tun hat
   - Wo wir die fachtheoretischen Hinweise zu Teilaspekten unseres Themas her bekamen
   - Welche Fachliteratur wir gefunden haben, und was wir davon gebrauchen konnten; wie uns das Internet geholfen hat.
   - Welche allgemeinen Erkenntnisse wir aus der Beschäftigung mit der Fachtheorie gewinnen konnten
   - Wo uns der Transfer von Fachtheorie zur Fachpraxis einfach und deutlich erschien; wozu wir nichts gesucht oder gefunden haben

4. Welche Absichten wir mit dem Projekt verfolgten
   - Was die beteiligten Kinder oder Jugendlichen erleben sollten; was uns kurzfristig und was uns eher langfristig erreichbar schien; wie wir die gesetzten Ziele im Nachhinein bewertet haben; was wir wirklich erreicht haben; was wir bislang nicht erreicht haben; was wir nicht erreichen werden; was uns wirklich gelungen erschien; wo es unerwartete Schwierigkeiten gab; welche erwarteten Probleme wirklich auftraten; wie wir trotzdem versuchten, diese zu bewältigen.
   - Was wir für uns selbst in der Zeit des Projektes erlernen wollten; welche Erfahrungen uns im Nachhinein persönlich besonders wichtig sind; was wir gelernt haben; was uns andere zum Projekt zurückgemeldet haben; wo wir unsere jeweiligen persönlichen Stärken und Schwächen im Umgang mit den Beteiligten erkennen konnten.
   - Wie wir unsere Teamarbeit rückblickend bewerten; welche Aufgaben wir anfangs an wen und warum verteilt haben; was danach folgen sollte; was im Laufe der Zeit geändert wurde; was sich bewährte; was nicht geklappt hat; wozu es sehr unterschiedliche Meinungen in unserem Team gab.
   - Was wir im Nachhinein am Projekt gerne geändert hätten; was wir nicht ausprobierten – obwohl wir es eigentlich gerne gemacht hätten; was wir eigentlich einmal hätten probieren sollen.

Nehmen Sie mit der ganzen Klasse die Schulaula für einige Tage in Beschlag! Alle Gruppen stellen zum Abschluss der Projektzeit „ihre" Projekte aus. Präsentieren Sie Fotostrecken oder aufgenommene Bildsequenzen, stellen Sie Materialien aus, oder lassen Sie auf anderen Wegen Ihrer Fantasie freien Lauf. Laden Sie Vertreter der Einrichtungen, Kinder und Jugendliche und deren Eltern ein. Feiern Sie gemeinsam Ihre Projekte. Am nächsten Tag können die Fachschülerinnen der Unterstufen mit Ihnen über die Projekte ins Gespräch kommen (und abends gibt es vielleicht noch die abschließende „Projektparty" – Ende offen).

In den nächsten Unterkapiteln werden einige Projektideen in Ansätzen vorgestellt. Vorbereitende Einsätze und Umsetzungsideen von Fachschülerinnengruppen werden indirekt deutlich. Bei den dargestellten Ideen geht es nicht um Vorbildfunktionen. Vielmehr dienen sie der Anregung. Wer Ähnliches versuchen möchte, der wird hier Anregungen für eigene Ideen finden. Eine punktgenaue Wiederholung der folgenden Vorschläge ist nicht wünschenswert. Zu unterschiedlich scheinen den Autoren lokale oder regionale Gegebenheiten. Stets geht es eher darum, die Fantasie anzuregen. Die vorgestellten Ideen sollen Mut machen, selber etwas zu wagen, von dem man anfangs vielleicht noch skeptisch gefragt hat: Kann das wirklich funktionieren? Es kann.

Auch große Projekte fingen an mit kleinen Ideen. Und manchmal finden sich dann andere, die sich von einer anfänglichen Idee eines Einzelnen anstecken lassen. Denn das Prinzip bei einem Projekt ist stets: Gemeinsam macht man sich auf den Weg. Was alleine nicht zu machen ist, ist für viele kein Problem, sondern eine Herausforderung!

Und manchmal gehen die Auswirkungen eines Projektes auch über die gewählte Zeit hinaus. Im Folgenden wird ein Projekt vorgestellt, bei dem für die schwerstbehinderten Bewohner einer Wohngruppe eine neue Form der Freizeitgestaltung möglich gemacht wird („Fest für die Sinne"). Zunächst soll mit dem Projekt „Rollstuhltauglichkeit" deutlich werden, dass aus einer kleinen Radtour mit einem Spezialfahrrad eine pfiffige und große Idee für die Tourismusbranche werden kann.

Projekt „Rollstuhltauglichkeit"

Das Münsterland in Nordrhein-Westfalen ist bekannt für seine zahllosen ausgeschilderten Radwandertouren (www.muensterland.com). Pedaltouristen können hier z. B. stundenlang auf asphaltierten Wegen fernab vom Fern- und Nahverkehr an 150 Wasserschlössern, Burgen, Herrensitzen und Gräftenhöfen vorbeifahren. Meistens bleibt die Strecke flach. Hügeliges findet man in dieser Wiesen-, Getreide- und Waldlandschaft kaum einmal. In allen Städten und Gemeinden des Münsterlandes können Radwanderer spezielle Karten für ihr Hobby erwerben. Eine ganz besondere Kartenart gibt es nun in den einzelnen Orten des Kreises Borken und über den Fremdenverkehrsverband „Münsterland Touristik", und zwar: auf Barrierefreiheit bzw. Rollstuhltauglichkeit überprüfte Radwanderwege.

In Reken im Kreis Borken befindet sich eine große Einrichtung für körperlich behinderte Menschen, in der es auch ein Unternehmen zum Verleih von Spezialrädern gibt. Es gehört unter das Dach der Werkstatt dieser Einrichtung, ist jedoch weitgehend eigenständig. Interessierte können dort z. B. die bekanten „Rollfietsen", eine Kombination von Rad (hinten) und Rollstuhl (vorne) leihen. Kunden berichteten in den Anfängen nach ihren Radwanderungen von Hindernissen und Unvorhersehbarkeiten, die in den herkömmlichen Karten nicht eingetragen waren: Polder mitten im Weg, Stufen, zu schmale Radwege, unüberwindliche Bordsteine, Schotter- und Schlammwege statt Asphalt usw. Bernhard Harborg, Wohnbereichs- und Freizeitleiter in der erwähnten Einrichtung und passionierter Radurlauber, kam daraufhin zusammen mit seinem Kollegen Christoph Hartkamp auf die bereits erwähnte Idee. Zusammen mit einigen aktiven Bewohnern der Einrichtung fuhr er erste Radwanderwege ab. Barrieren aller Art wurden ermittelt, alternative Wege bzw. ein weitläufiges Umfahren wurden probiert und festgehalten. Manche Beobachtungen wurden der Gemeindeverwaltung mitgeteilt. Abhilfen konnten geschaffen werden.

Die Wege wurden in Schweregrade für Rollstuhlfahrer und Spezialradwanderer klassifiziert. Mittlerweile gibt es Informationen über mehr als 30 verschiedene Routen von 20 bis 50 Kilometern Länge im Kreis Borken. Auch Restaurants, Hotels und sonstige Freizeitangebote rund um die Routen wurden auf Barrierefreiheit überprüft und können nur empfohlen werden. Alle Routen sind mittlerweile in speziellen Radwegführern veröffentlicht. Weitere Routen sollen zusammen mit Bewohnern und Fachschülerinnen erprobt werden und das bisherige Angebot eventuell ergänzen.

1. „Barrierefreiheit in unserer Stadt" – ein Projektthema für Sie?

2. „Barrieren für Rollstuhlfahrer in unserer Stadt" – ein Projektthema für Sie?

3. Fragen Sie in der örtlichen Gemeinde- oder Stadtverwaltung, ob eine Felduntersuchung zum Thema dort von Interesse sei – falls ja: ein Projektthema für Sie?

4. „Barrierefreiheit" oder „barrierefreier Tourismus" bietet eine Menge Ideen für Projekte. Finden Sie einige Themen.

5. Zum Thema „Reisen ohne Barrieren" kann man über die Plattform www.behinderte.de oder beim Bundesverband Selbsthilfe Körperbehinderter e.V. (www.bsk-ev.de) oder bei der Nationalen Koordinationsstelle Tourismus für alle e. V. (www.natko.de) Informationen beziehen. Stellen Sie Interessantes vor, und finden Sie weitere interessante Adressen zum Thema im Internet.

Barrierefreier Tourismus

Michael Kösters, stellvertretender Geschäftsführer im Fremdenverkehrsverband „Münsterland Touristik" dazu: „Barrierefreier Tourismus gehört zu unseren neuen Leitbildern. Unter Tourismusexperten gelten mobilitätseingeschränkte Menschen seit längerem als verstecktes Marktpotenzial und somit ein bedeutender Wirtschaftsfaktor." Reisefreudige Deutsche mit Behinderungen geben schätzungsweise jährlich mehr als 1,5 Milliarden EUR für Urlaubsreisen aller Art aus, wobei Deutschland selbst das bevorzugte Reiseziel ist. Es werden in der Regel keine besonderen Angebote verlangt, sondern die uneingeschränkte, also barrierefreie Teilnahmemöglichkeit an den bereits vorhandenen Angeboten. Wer als Anbieter diesen Tatbestand rechtzeitig erkennt und in seinen Reiseangeboten umsetzen kann, der hat auf einem wirtschaftlichen Wachstumsmarkt große Chancen.

Mit den Routenangeboten ergibt sich nicht nur ein neues Dienstleistungsangebot auf dem Reisemarkt, gleichzeitig kann festgehalten werden: Ohne die Einschätzungen und Tests der Behinderten selbst wäre die Weiterführung dieser Angebote gar nicht möglich.
Und dass die hauseigene Fahrradwerkstatt mit der Wartung und Pflege der Spezialräder ein neues Aufgabenfeld bekommen hat, das ist für die dort angestellten (körperbehinderten) Mitarbeiter sicherlich zusätzlich positiv.

(Köpke, in: Menschen – Das Magazin, 1/2003, S. 106f.)

Projekt: „Ein Fest für die Sinne – einen Snoezelen-Raum selbst gestalten"

Snoezelen ist eine Methode, die in der Arbeit mit geistig Behinderten in Holland entstanden ist. Den Begriff Snoezelen prägten zwei junge Männer, die in der Abteilung „Entspannung der Anstalt ‚Haarendael'" ihren Zivildienst ableisteten. Er ist eine Kombination der Wörter ‚snuffelen', das heißt schnüffeln, schnuppern, und ‚doezelen', das heißt dösen, schlummern und erinnert außerdem an das englische Wort ‚to snooze' für ‚dösen' (vgl. Hulsegge, Verheul, 1991, und S. 182).

Ursprünglich haben die Erfinder des Snoezelens eine Form der Freizeitgestaltung für schwerstbehinderte Menschen zusammengestellt. Innenräume wurden im wahrsten Sinne „reizvoll" gestaltet. Den schwerstbehinderten Menschen sollten in durchweg entspannter Atmosphäre gezielte Musik, Lichteffekte, Düfte und taktil interessante Gegenstände angeboten werden. Dabei sollten sich die Menschen ihren eigenen Möglichkeiten entsprechend bewegen dürfen. Anleitung soll nicht stattfinden, Neugierde soll dennoch geweckt werden. Die multisensorischen Angebote werden aufeinander abgestimmt, damit statt Überflutung sich Wohlbefinden und Entspannung einstellen können.

Das, was heute das Snoezelen ausmacht – etwa Lichtbänder, blubbernde Wassersäulen oder Tastwände – hat in den 1970erJahren bescheiden angefangen. Ad Verheul, der als Therapeut in De Hartenberg arbeitete, kam mit seinem Kollegen Jan Hülsegge ins Grübeln. Was macht die Welt der Schwerstbehinderten überhaupt aus? Die Unterbringung von diesen Menschen fand in großen Häusern statt. „Lange Flure. Sterile Zimmer. Keine Farbe. Keine Abwechslung, keine Gemütlichkeit", erinnert sich Ad Verheul an erste vage Versuche, diesen Menschen, die nach seinen Worten in anderen Welten leben, Abwechslung zu verschaffen. Zunächst über simple Mobiles über dem Bett. [...] Daraus entwickelten sich immer mehr stimulierende Angebote, bis 1983 der erste Snoeze-len-Raum eingerichtet wurde. [...] Der Adressatenkreis fürs Snoezelen hat sich im Laufe der Jahre sehr ausgeweitet. Heute verfügen viele soziale Einrichtungen über Snoezelen-Räume. Ob in der Jugendhilfe, Psychiatrie oder Altenhilfe, bei Krebs- und Rheumapatienten: Ihnen allen soll Snoezelen ein Gefühl des Wohlbefindens vermitteln. Eine Entwicklung, die Ad Verheul begrüßt. Für ihn ist Snoezelen ein wohl tuendes, entspannendes Angebot in einer stim-mungsvollen Umgebung. Ein Erlebnis. Mehr aber auch nicht. Der Niederländer scheut sich, Snoezelen als Therapieform zu bezeichnen. „Ich verstehe Therapie als Beeinflussung. Mit Snoezelen möchte ich niemanden beeinflussen", sagt der Niederländer und übt leise Kritik an denen, die sein Fest für die Sinne rein wissenschaftlich analysieren. „Wir brauchen nicht in jedem Fall die wissenschaftliche Bestätigung, dass Snoezelen gut tut. Wir sehen es"

(Rayen, in: Westfälische Nachrichten, Münster, 01.05.2004)

Mit ein wenig handwerklichem Geschick, einem ausreichenden finanziellen Etat und vor allem mit Ehrgeiz, etwas für Menschen mit schwersten und mehrfachen Behinderungen zu gestalten, kann man sich an ein Projekt der besonders „reizvollen" Art wagen: einen Snoezelen-Raum selbst gestalten. Es gibt Firmen, die Ideen zur Gestaltung von Snoezelen-Räumen entwickeln und komplett in die Tat umsetzen. Das ist sicherlich modern, professionell, allen Brand- und sonstigen Schutzbestimmungen entsprechend und damit vorbildlich – aber nur etwas für Einrichtungen, die über genügend finanzielle Mittel verfügen.

Aufgaben

1. *Was ist Snoezelen? Informieren Sie sich im Internet oder in der Fachliteratur. Stellen Sie Wichtiges und Interessantes auf einem Plakat zusammen.*

2. *Es gibt auch in vielen Kindergärten, Seniorenheimen oder (Sonder-)Schulen Snoezelenräume. Informieren Sie sich darüber, und stellen Sie Interessantes in Heftform zusammen.*

3. *Informieren Sie sich über die Kosten zur Gestaltung eines Snoezelen-Raumes als „weißen Raum". Finden Sie über das Internet verschiedene Firmen, die einen kompletten Service anbieten, und vergleichen Sie die Möglichkeiten und die Kosten dafür.*

Für die Anfänge geht es auch einfacher – und wesentlich preiswerter.

Beispiel

Eine sozialpädagogische Einrichtung in Nordrhein-Westfalen fragte bei der örtlichen Fachschule um mitgestaltende Hilfe. Ob es dort wohl einige Interessierte gäbe, die schon einmal im Praktikum mit behinderten Menschen gearbeitet haben, die wissen, was dort Snoezelen bedeutet, und die mit Holz, Farbe und elektronischen Geräten umgehen können. Es ginge darum, einen 20 Quadratmeter großen Kellerraum, in dem bislang nur alte Fahrräder stehen, in einen Snoezelen-Raum zu verwandeln. Der Kellerraum ist beheizbar, und ein kleines Fenster ist schon vorhanden. Eine Spende mache es möglich, dass insgesamt 2.000,00 EUR zur Verfügung stehen. Die

Fachschülerinnen seien frei in der Gestaltung des Raumes. Sie können eigene Ideen einbringen. Voraussetzung ist jedoch die Mitarbeit der interessierten Jugendlichen im Wohnheim und der stetige Austausch mit den hauptamtlichen Mitarbeitern. Den Mitarbeitern fehle die Zeit, dieses Projekt selbst in die Tat umzusetzen. Die interessierten Fachschülerinnen sind herzlich eingeladen, mit den Betreuern ins erste Gespräch zu kommen, um dann zu entscheiden, ob das Projekt angegangen werden soll.

Aufgaben

1. *Welche Fragen hätten Sie an die Mitarbeiter, um das Snoezelen-Projekt aus dem Beispiel zu realisieren?*

2. *Was würde Sie bei einer ersten „Ortsbesichtigung" interessieren?*

3. *Wer sollte welche Verantwortlichkeiten bei diesem Projekt haben? Wer ist hauptverantwortlich?*

4. *Wie könnten die Kinder und Jugendlichen mit in das Projekt einbezogen werden? Welche Fähigkeiten müssten einzelne Kinder und Jugendliche bei welchen Aufgaben der Mithilfe haben?*

5. *Was wären die*
   a. *handwerklichen,*
   b. *kaufmännischen,*
   c. *sozialpädagogischen*
   Anforderungen bei einem solchen Projekt. Stellen Sie einige Mutmaßungen zusammen.

6. *Wie könnte die (regelmäßige) Zusammenarbeit mit den Mitarbeitern der Einrichtung gestaltet werden? Was erscheint Ihnen dabei eher unproblematisch? Wo könnte es zu Schwierigkeiten kommen?*

4.2 Projektbeispiele

In den folgenden Kapiteln finden Sie zahlreiche Beispiele von Projekten, die zum Großteil auf Erfahrungen von Fachschülerinnen und von Erzieherinnen in Kindergärten beruhen. Damit wird eine Ideensammlung vorgelegt. Die vorgestellten Projekte können in der beschriebenen Art nicht einfach nachgeahmt werden, sie sollen Anstöße liefern für eigene Themenfindungen, Planungen und praktische Durchführungen. Für jedes Projekt müssen die Interessen, Bedürfnisse, Vorschläge aller Gruppenmitglieder berücksichtigt werden, Vorschläge und Wünsche der Kinder und der Einrichtungen müssen ebenfalls mit einfließen, und es ist erforderlich, die örtlichen Gegebenheiten zu beachten.

Projekt-Themen können entwickelt werden aus

■ der Arbeit in einem neuen beruflichen Arbeitsfeld und dessen besondere Herausforderungen, z. B. Kindergarten, Kindertagesstätten (mit besonderen Konzepten), altersgemischte Gruppen, Hort, Jugendzentren;

- der Arbeit mit einer neuen Adressatengruppe, z. B. Kleinstkinder, Vorschulkinder, Schüler, Jugendliche;

- der Konfrontation mit besonderen Verhaltensweisen, z. B. hyperaktive oder besonders ängstliche Kinder, ausländische Kinder oder Jugendliche;

- Fragen der Alltagsgestaltung in einem Arbeitsfeld, z. B. Regelungen des Zusammenlebens, Tagesstrukturen;

- Fragen der Bildungsarbeit in einem Arbeitsfeld, z. B. Hinführungen zu den Kulturtechniken wie Lesen, Schreiben, Rechnen; soziale Verhaltensweisen; Wissensvermittlungen zu bestimmten Schwerpunkten;

- Fragen der Erziehungsgestaltung in einem Arbeitsfeld wie Umgangsformen von Erzieherinnen und Kindern oder Kindern untereinander; methodische Fragestellungen.

Die einzelnen Projektbeispiele werden ausgewählten Themenbereichen zugeordnet. Dennoch lassen sich viele Aktivitäten aus den unterschiedlichen Bereichen auch miteinander verknüpfen. In den Erläuterungen der einzelnen Projektbeispiele werden mögliche Inhalte, Schritte oder Aktivitäten aufgelistet, sinnvolle Kooperationen mit anderen Vereinen oder Institutionen vorgeschlagen, Hinweise zur Organisation oder zu notwendigen Materialien gegeben und besondere Anforderungen und Schwierigkeiten dargestellt. Den jeweiligen Themenschwerpunkt runden Aufgaben ab.

Der erforderliche Zeitumfang ist nicht genau zu bestimmen und abhängig von den ausgewählten und geplanten Aktivitäten sowie deren Anzahl und Häufigkeit. Das Thema lässt sich mit Hilfe der aufgezählten Aktivitäten in „Bausteine" gliedern, die sinnvoll aufeinander aufbauen können. Damit können unterschiedliche Handlungsfelder abgedeckt werden, etwa Spielaktivitäten, Gesprächsformen, kreatives Gestalten, Bewegungsangebote, Elternarbeit.

Welche der vorgestellten Ideen aufgegriffen, in welcher Reihenfolge und in welchem Umfang realisiert und umgesetzt werden, hängt von der Zielgruppe und von vielen verschiedenen individuellen und institutionellen Bedingungen ab.

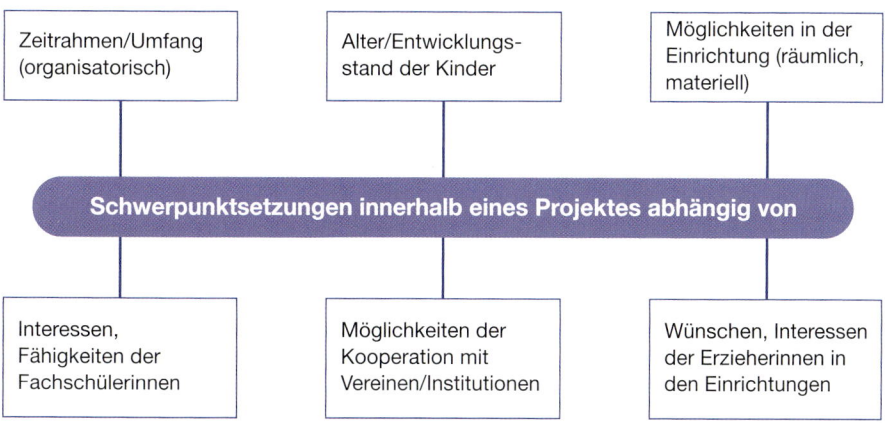

Einflussfaktoren der Projektgestaltung

Als Zielgruppe ist in erster Linie an Kinder im Kindergarten gedacht, mit denen diese Projekte durchgeführt werden können. Doch sind viele der vorgeschlagenen Aktionen auch in anderen Zusammenhängen, z. B. als Ferienspielaktionen oder in Kooperation mit anderen Einrichtungen, sinnvoll, z. B. Hort, Jugendzentrum. Alle Aktivitäten wenden sich gleichermaßen an Mädchen und Jungen. Es kann aber auch besondere Angebote nur für Mädchen oder auch nur für Jungen geben.

In die meisten Aktivitäten können auch die Eltern mit einbezogen werden. Dazu müssen die Projektgruppen dann Überlegungen anstellen, wie die Eltern angesprochen werden sollen. Die Schülerinnen können etwa Einladungen erstellen und Elternabende inhaltlich mit vorbereiten. So können Eltern erleben, dass im Kindergarten ihre Meinungen und Fähigkeiten gefragt sind und gehört werden wollen. Weitere Möglichkeiten sind z. B. Elterncafé, Elternstammtisch, Kindergartenzeitung, Flohmarkt, Unterstützung bei Ausflügen oder bei Aktionen im Garten.

Besondere Anforderungen oder Probleme können sich durch das Fehlen der nötigen Kenntnisse und Erfahrungen ergeben. Im Fach „Projekt" und in vielen weiteren Schulfächern können notwendige Kenntnisse erworben werden, Planungsgrundlagen erörtert oder auch die Durchführung begleitet und reflektiert werden. Viele Aktionen und Inhalte können mit den Fächern Methodik/Didaktik oder auch Spiel, Bewegungserziehung, Werken/Gestalten in Verbindung gebracht werden. Andere Schwerpunkte können in dem entsprechenden Fachunterricht oder im Rahmen von Arbeitsgemeinschaften erörtert werden, z. B. Biologie, Deutsch oder auch Mathematik, Informatik. Weiteres Wissen können die Schülerinnen sich über geeignete Fachbücher aneignen (vgl. Literaturverzeichnis), es kann auch Hilfe von Eltern oder Fachleuten, Mitarbeitern von Vereinen eingeholt werden. Schülerinnen können sich auch an anderen Fachschulen oder Kindergärten informieren, ob solche Projekte bereits realisiert wurden.

Zu Anfang ist es wichtig, die Neugier der beteiligten Kinder zu wecken. Kinder können beispielsweise neugierig gemacht werden durch

- die Aufführung eines themenbezogenen Sketches,
- das Erzählern einer spannenden Geschichte im Stuhlkreis,
- das Zeigen eines kurzen Films,
- die Organisation eines kurzen Ausfluges,
- das Aufhängen von Postern oder Plakaten,
- die Gestaltung von Thementischen,
- das Anregen zum Sammeln (vgl. Stamer-Brandt, 2005, S. 15).

Für die abschließende Präsentation der Projektergebnisse in der Schule können die Abläufe beispielsweise durch Fotos, Erlebnisberichte, Praxismappen dokumentiert werden. Auch können im Laufe der Projektarbeit Bastelarbeiten oder Zeichnungen der Kinder gesammelt werden. Einige Projektergebnisse könnten zudem auch öffentlich präsentiert werden: auf einem Abschlussfest im Kindergarten, in einer Ausstellung in der Sparkasse, im Rathaus oder in der Schule, während eines Tages der offenen Tür.

4.2.1 Naturerlebnisse

Kindern die Natur nahe zu bringen, ist sicherlich ein wichtiges Anliegen des Kindergartens. Viele haben aber immer weniger Berührungspunkte. Dieses eher oberflächliche Verhältnis zur Natur kann durch Projekte verbessert werden. Es können positive Naturerfahrungen vermittelt werden. Solche Erfahrungen können spannend sein, können das Interesse an der Umwelt fördern, um den Lebensraum von Pflanzen, Tieren und Insekten zu erforschen (auch Waldkindergärten, Kapitel 2.4.2).

Eine positive Einstellung zur Natur ist auf Seiten der Schülerinnen für diese Schwerpunktsetzung eine Grundvoraussetzung. Eine weitere Anforderung ist hier sicherlich das besondere Fachwissen, das für viele Aktivitäten erforderlich ist. Hier müssen Schülerinnen sich schlau machen und informieren. Dazu ist es sinnvoll, Kooperationen beispielsweise mit Naturschutzvereinen oder Naturschutzzentren zu suchen, um die Aktivitäten durch Fachleute (Naturpädagogen, Förster) begleiten zu können, die zudem notwendige fachliche Informationen geben können. Das Wetter und die Jahreszeit sind bei vielen Planungen zu berücksichtigen. Nicht alle Aktivitäten sind immer möglich. Aber Regen muss nicht abhalten. Im Winter sind andere Schwerpunkte sinnvoller als im Sommer.

Für Aktivitäten draußen muss an entsprechende Kleidung, auch an Getränke und Verpflegung gedacht werden. Plakate können im Kindergarten z. B. einen Waldtag ankündigen. Die Eltern müssen informiert und auf besondere Gefährdungen hingewiesen werden.

„Entdeckungsreise durch die Natur" oder „Der Natur auf der Spur"

Projekte in den freien Natur lassen eine Vielzahl von Aktivitäten zu, die auch sinnvoll miteinander in Verbindung gebracht werden können. Ein regelmäßig wiederkehrender Ablauf kann für Kinder eine Orientierung bieten. Es kann z. B. immer mit einem Waldbegrüßungslied begonnen werden. Ein erster Waldspaziergang kann Neugier wecken, es können erste Spuren beobachtet werden. Um welche Spuren von Tieren, Menschen oder auch Fahrzeugen kann es sich handeln? Es können Pflanzenteile, Steine, Zapfen und anderen Naturmaterialien gesammelt werden. Die jeweiligen Funde können genauer untersucht werden und mit Hilfe von Fachbüchern bestimmt werden. Mit verschiedenen Materialien kann gebastelt werden, z. B. können Blätter und Pflanzenteile getrocknet und daraus Collagen erstellt werden.

Es können vielfältige Wahrnehmungsspiele im Wald durchgeführt werden. Die Kinder können die Aufgabe erhalten, mit geschlossenen Augen Bäume zu ertasten und diese mit geöffneten Augen wiederzuerkennen. Der Schwerpunkt kann auch darauf gelegt werden, sich auf die Geräusche im Wald zu konzentrieren. Diese können erkannt, unterschieden, zugeordnet werden. Es kann die Aufgabe gestellt werden, Waldgeräusche, Glocken oder Windspiele, die aufgehängt wurden, zu hören und zu erkennen (vgl. Textor, 1995). Wir können in unserem Lieblingsbaum klettern, über den Wackelbaum balancieren, uns hinter einem großen Baum verstecken. Entspannung ist in Hängematten möglich, die zwischen Bäumen aufgehängt werden.

Es können mit Hilfe einer Schale oder eines Siebes Kleinstlebewesen gesucht werden. Sie können mit einer Lupe genauer betrachtet werden. Im Rahmen des Projekts können die Schülerinnen mit einer Kindergruppe auch ein Weidentipi, einen Weidentunnel oder Laubengänge bauen (vgl. Lange/Stadelmann, 1996 S).

„Lebenselemente Erde, Wasser, Luft"

Ein Projektthema kann auch das Kennenlernen und Erforschen der klassischen Elemente „Erde, Wasser oder Luft" zum Ziel haben. Beispielsweise kann das Projekt „Erde als Lebenselement", beinhalten: verschiedene Erden sammeln, matschen, Fußabdrücke im Sand erkunden, Tierspuren entdecken, mit Erde oder im Sand malen; Barfußgang entwickeln für das Ertasten verschiedener Untergründe mit offenen oder geschlossenen Augen; auf einer Wiese oder im Wald spielen; Reime, Geschichten, Bilderbücher, Lieder zum Thema Erde auswählen (vgl. Reidelhuber, 2005).

Mit dem Element „Wasser" können vielfältige Experimente unternommen werden. Es können Seifenblasen selbst hergestellt werden. Es können Experimente mit Eiswürfeln durchgeführt werden. Es können andere Materialien (z. B. Reis, Gummibärchen, Tintentropfen, Speiseöl) mit Wasser vermischt und die Reaktionen beobachtet werden. Und auch Farbspiele mit und im Wasser können zu spannenden und beeindruckenden Ergebnissen führen. Kinder können eine Vielzahl von Antworten erlangen: Wie verhalten sich die verschiedenen Gegenstände im Wasser? Was schwimmt, was geht unter? Wieso können Fische im Wasser leben? Dazu könnte z. B. ein Besuch in der Zoohandlung organisiert werden.

Mit häufig gestellten (Kinder-)Fragen könnten sich Projektgruppen zum Thema „Luft" beschäftigen. Durch entsprechende Versuche kann eine Antwort erarbeitet werden: Was kann fliegen? Woraus bestehen Wolken? Wie verhalten sich verschiedene Materialien, wenn ich sie hochwerfe? Wie funktioniert eine Luftpumpe? Es können Papierflieger gebastelt werden oder beispielsweise Experimente mit einer Kerze unternommen werden (weitere Ideen siehe Walter, 2004a, 2004b, 2005).

„Waldrallye oder Walddetektive"

Mehrere Aktionen können als „Waldrallye" miteinander verbunden werden. Dazu können entsprechende Stationen im Wald entwickelt werden, die in Gruppen abgelaufen werden können. Zielgruppen hierbei können vor allem ältere Kinder oder Jugendliche, beispielsweise im Rahmen von Ferienspielen, Ferienaktionen, sein.

Es kann ein Wald-Spiel-Tag geplant werden, an dem Spiele in der freien Natur stattfinden. So können vielfältige Bewegungs- und Wahrnehmungsspiele organisiert werden. Es kann eine Nachtwanderung durch die Natur oder durch den Wald vom Erlebnischarakter her ein Höhepunkt sein. Es gibt in vielen Regionen Wald-, Moor-, Naturlehrpfade oder Wild- und Vogelparks, die als Höhepunkte eines Projekts besucht werden können. Den Teilnehmern kann abschließend auch z. B. eine Urkunde als „Walddetektive" oder ein „Waldläufer-Zertifikat" ausgehändigt werden.

„Auf dem Bauernhof"

Der Besuch eines Bauernhofes kann in diesem Zusammenhang in ein Projekt mit eingebunden werden oder auch als ein eigenständiges Projektthema fungieren. Hier können die verschiedenen Tiere kennen gelernt werden. Das Füttern und die Pflege der Tiere können beobachtet werden. Die Kinder können ihre Beobachtungen und Erlebnisse in Bildern festhalten oder auch später in Rollenspielen nacherleben. Schülerinnen können mit Kindergruppen auch einen Bauerhof basteln.

Den Kindern kann eine Vorstellung davon vermittelt werden, wie Kartoffeln wachsen oder wo die Milch herkommt. Es können relevante Bilder- und Sachbücher dazu besprochen werden. Verhaltensregeln im Umgang mit Tieren können gemeinsam erarbeitet werden. Es kann dann z. B. gemeinsam erarbeitet werden, was alles mit Kartoffeln gemacht werden kann.

„Unser Biotop"

In einer Zeit rasanter Umweltzerstörung und -verschmutzung kann auch das ökologische Lernen zum Schwerpunkt gemacht werden. Ein Aktionstag kann vorbereitet werden, an dem das Säubern des Waldes im Mittelpunkt steht. Den Kindern können bei Spaziergängen Waldschäden gezeigt und erklärt werden. Es kann die Suchaufgabe gestellt werden: Was gehört nicht in den Wald? So können Betroffenheit und Interesse am Umweltschutz erreicht werden. In diesem Zusammenhang kann sogar längerfristig eine „Patenschaft" für ein kleines Waldstück oder eine Hecke übernommen werden.

Als Alternative dazu kann auch auf dem Außengelände des Kindergartens oder in der Nähe ein Biotop angelegt werden – ein Stück Wiese, eine Steinmauer. Oder es wird mit den Kindern gemeinsam ein Gartenbeet geplant und angelegt. Dabei erlernen die Kinder auch den richtigen Umgang mit den Gartengeräten.

„Sternenhimmel"

Projekte können sich auch auf weiter entfernte Systeme beziehen: auf das All oder auf den „Sternenhimmel". Auch zu dieser Thematik sind vielfältige Aktivitäten möglich: Gespräche, (Vor-)Lesen von Büchern und Zeitschriften, Malen von Sternenbildern oder auch von Astronauten, Anfertigen einer Sonne aus Gips, Fertigen eines Plakates vom Sonnensystem, Basteln von Sternen oder Satelliten aus Styropor und Holzstäben, Aufkleben von kleinen Sternen aus Goldfolie auf schwarzes Papier, Beobachtungen mit Hilfe von Teleskopen, Besuch eines Planetariums. Auch die Eltern könnten zu einer Nachtwanderung eingeladen werden. Die Gestaltung eines Raumes im Kindergarten als „Himmelszelt" oder ein „Sternenfest" können Höhepunkte des Projekts sein (vgl. Luckow, 2001).

Aufgaben

1. Erinnern Sie sich an Ihre eigenen früheren Naturerfahrungen: An welche Erlebnisse denken Sie, welche Empfindungen verbinden Sie damit?

2. Überprüfen Sie selbstkritisch Ihre Haltung zur Umwelt und zur Natur. Bietet sich ein Projekt an, um Ihre Einstellung zu verändern?

3. Stellen Sie zu Anfang der Aktivitäten die Einstellungen der Kinder zur Natur fest. Überprüfen Sie, welche Veränderungen sich bis zum Ende des Projekts ergeben.

4. Erkundigen Sie sich nach geeigneten Wald- und Wiesenflächen in der näheren Umgebung des beteiligten Kindergartens. Klären Sie ab, inwieweit die Zustimmung der Besitzer zu den geplanten Aktivitäten erforderlich ist und wie diese eingeholt werden kann.

5. Gehen Sie ins Internet: Die Hamburger Umweltstiftung z. B. hat die Webseite www.kinder-tun-was.de eingerichtet. Es werden Ergebnisse aus zahlreichen Modell- und Mitmachprojekten vorgestellt. Es wird aufgezeigt, wie Kindertageseinrichtungen vorgegangen sind und welche Erfahrungen sie gewonnen haben. Stellen Sie ein Projekt Ihrer Wahl vor.

6. Besorgen Sie sich Anleitungen zum Bauen von Weidentipis, Flechtzäunen oder Laubengängen (z. B. aus Lange/Stadelmann, 1996).

7. Es gibt auch eine berufsbegleitende Weiterbildung zum „Naturtrainer". Schauen Sie beispielsweise einmal unter: www.naturerlebnisschule.de nach, und stellen Sie die wichtigsten Weiterbildungsinhalte auf einem Plakat zusammen.

4.2.2 Erkundungen im Umfeld

Der Wohnort ist ein zentraler Lebensbereich der Kinder. Kinder finden in ihrer Stadt Gebäude, Straßen, Plätze, Geschäfte, Betriebe, Behörden, Kirchen, Denkmäler, Freizeitstätten vor. Dabei werden sie mit unterschiedlichen Menschen, Altersgruppen, Produkten, Berufsgruppen und Tätigkeiten konfrontiert. Auch hier können Projekte helfen, dass Kinder die Alltagswelt im Umfeld, die Wohnumgebung, die Stadt kennen lernen. Dabei kann es sowohl um Besichtigungen gehen als auch um Kontakt zu den Menschen (vgl. Textor, 1995).

„In unserer Stadt"

Viele Spaziergänge in der Stadt können mit einer bestimmten Fragestellung verbunden werden z. B. Was gibt es in der Kirche zu sehen? Wo gibt es einen großen Spielplatz? Welche Aufgaben haben die Mitarbeiter im Rathaus? Wo kann man einkaufen? Wo gibt es regelmäßig einen Wochenmarkt? Was können Urlauber in unserer Stadt erleben? Das Standesamt z. B. bietet die Gelegenheit, Fragen aufzugreifen, die mit Geburt oder Hochzeit, d. h. mit der Bevölkerungsstruktur, zusammenhängen. Beliebte Ziele solcher Erkundungsgänge können auch zu Polizei und Feuerwehr führen. Es kann hierbei zusätzlich um das richtige Verhalten im Brandfall gehen. Das Verlassen des Gebäudes kann geübt, über Brandverhütung gesprochen werden.

Bei den Stadtgängen geht es jedoch nicht nur um einen erlebnisreichen Ausflug, sondern die Aktion ist eingebettet in einen Themenzusammenhang. Die Besuche und Erkundungen werden auch gemeinsam mit den Kindern durch Bilder, Gespräche und Beschäftigung mit Büchern vorbereitet und können z. B. durch Aktivitäten wie Basteln, Zeichnen, Modellieren oder Drucken nachbereitet werden.

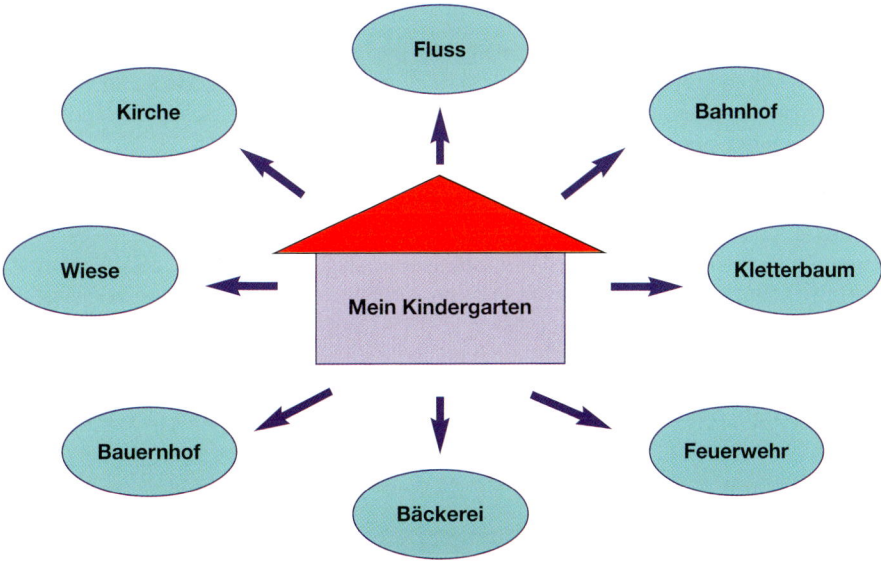

Interessantes im Umfeld des Kindergartens

Eher seltene, aber durchaus sinnvolle Ziele von Erkundungsgängen sind Kläranlagen oder Müllhalden. Daraus können andere Aktionen, wie das Sortieren von Müll in der Tageseinrichtung, das Anlegen eines Komposthaufens im Garten oder das Vermeiden von Müll und Verpackung folgen.

Die Wohnhäuser der Kinder, markante Gebäude in der Umgebung sowie Sehenswürdigkeiten können mit dem Fotoapparat oder in Zeichnungen festgehalten werden. Diese können auf einen großen Bogen Papier aufgeklebt werden. Es können der Ortsteil oder die Innenstadt auch plastisch als Modell dargestellt werden, z. B. mit Hilfe von Baukästen oder Pappschachteln.

Um das Umfeld kennen zu lernen, können die Aktivitäten bei älteren Kindern, z. B. im Rahmen von Ferienaktionen des Jugendheimes, in eine Stadtrallye eingebunden werden. Dazu müssen in Gruppen bestimmte Aufgaben gelöst werden; z. B. sollen die Jugendlichen Fotos von Gebäuden, Bäumen oder Sehenswürdigkeiten erkennen und Fragen beantworten.

„Karten und Stadtpläne – wissen, wo's langgeht"

Karten und Stadtpläne sind sinnvolle und nützliche Hilfsmittel und bieten sich auch für ein spannendes Projekt von Erzieherinnen und Kindern an (vgl. Österreicher, 2005). Kinder entwickeln häufig schon früh ein lebhaftes Interesse an Landkarten und Skizzen. Hier kann der Forschergeist aufgegriffen werden und Kindern können Entdeckungen ermöglicht werden. Es gibt vielfältige Gelegenheiten, mit Kindern den Umgang mit Karten, Stadtplänen, Skizzen zu erproben oder zu vertiefen: bei Ausflügen oder Erkundungen, auf öffentlichen Informationstafeln, beim Grundriss eines Hauses (des Kindergartens oder des Hortes) oder auch bei Brettspielen, bei denen Landkarten die Grundlage des Spielverlaufs bilden. Auch das Außengelände der Einrichtung könnte zum Ausgangspunkt der Erstellung von Skizzen und Plänen werden.

Für das Kartenlesen ist die Legende wichtig, sie umfasst die Sammlung der verwendeten Symbole und Zeichen. Dadurch wird eine Karte erst verständlich. Im Vorschulbereich geht es allerdings eher darum, eigenständige grafische Zeichen, Symbole oder Farbstrukturen zu entwickeln, um damit eigene Karten zu erstellen.

Kinder zeichnen etwa auf großen Blättern oder Plakaten die Wege ein, die sie gelaufen sind, und tragen dazu ihre Beobachtungen ein, z. B. abzweigende Wege, einen Brunnen, eine Unterführung, ein Windrad, besondere Bäume, eine Ampelkreuzung, einen Spielplatz. Oder die Kinder tragen den zurückgelegten Weg in eine vorhandene, vergrößerte Karte ein. Darauf können zusätzlich besondere Bobachtungen eingemalt oder Bilder aufgeklebt werden. So kann im Laufe der Zeit sogar eine kleine Sammlung verschiedener Karten entstehen, von der selbst gezeichneten „Schatzkarte" bis zu einer Stadtkarte des eigenen Ortes.

„Wo arbeiten denn die Eltern?"

Es ist sinnvoll, im Rahmen der Projektarbeit das Thema „Arbeitswelt" aufzugreifen. Ausgangspunkt können dabei zu Anfang die Berufe der eigenen Eltern sein. Eltern können in den Kindergarten eingeladen werden, um über ihren Beruf zu berichten und ihn vorzustellen. Interessant ist es, wenn Werkzeuge, Arbeitsmaterialien oder die Endprodukte mitgebracht und gezeigt werden könnten. Mit Resten aus der Tischlerei beispielsweise können dann später im Kindergarten bestimmte Gegenstände (z. B. Drachen) gefertigt werden.

Die Kinder können auch mit den angehenden Erzieherinnen die Eltern am Arbeitsplatz besuchen. Dort kann der Entstehungsprozess von Produkten besser verfolgt werden. Oder durch den Besuch beim Zahnarzt kann etwa die Angst genommen oder das richtige Zähneputzen erläutert werden.

In einem weiteren Projektschritt können die Kinder die Geräte und Materialien malen, mit denen ihre Eltern arbeiten. In Rollenspielen können verschiedene Berufe und Arbeitsprozesse nachgespielt werden. Hier können auch Verkleidungen mit eingeplant werden, z. B. typische Berufskleidungen.

Faszinierend für Kinder sind ebenso der Besuch auf einer Baustelle und die Beobachtung der Tätigkeiten und des Baufortschritts, vor allem dann, wenn Kinder mit dem Gebäude was verbinden können, d. h., es wäre ideal, wenn der Neubau oder Umbau etwa eines Kindergartens gerade stattfände. In diesem Zusammenhang würde sich eine Menge verschiedenartiger Aktivitäten anbieten.

„Wie war das früher überhaupt?"

Durch die Projektarbeit können die Kinder auch mit den geschichtlichen Zusammenhängen innerhalb der Gemeinde vertraut gemacht werden. Sie lernen zu verstehen, dass ihre Umwelt früher anders aussah und sich erst zu dem entwickeln musste, wie es jetzt ist. Wie bei den Erkundungsgängen bietet es sich auch hier an, ganz in der Nähe zu beginnen. Vielleicht bietet die Geschichte der Tagesstätte interessante Informationen. Gibt es Fotos mit Gegenständen, mit denen früher Kinder dort spielten?

Alte Gebrauchsgegenstände für Küche oder Haushalt, Werkzeuge, Gerätschaften vom Bauerhof können Kinder beeindrucken. Vielleicht gibt es ein Spielzeugmuseum, ein Heimatmuseum, ein Bauernhausmuseum in der Nähe. Mit diesen Einrichtungen oder den Mitarbeitern von Heimatvereinen können beispielsweise Besichtigungen oder Vorführungen gemeinsam geplant werden. Fachleute wie Heimatforscher können Erkundungsgänge begleiten oder auch in die Tageseinrichtung eingeladen werden. Bildbände über die Geschichte der Stadt, über alte Spielzeuge oder Gebrauchsgegenstände können ergänzend eingesetzt werden. Auch Straßenbezeichnungen haben ihre historischen Wurzeln, die zum Thema gemacht werden können.

„Lebenswelt von älteren Menschen"

Da in unserer Gesellschaft immer seltener Kleinkinder und ältere Menschen zusammenleben, kann durch Projekte auch die Lebenswelt der älteren Menschen zu einem sinnvollen Thema werden. Dadurch kann der Kontakt gefördert, Berührungsängste oder Vorurteile abgebaut werden. Die Kinder können viel über die Lebenssituation der älteren Menschen lernen. Den Kindern können Alterungsprozesse verdeutlicht werden, z.B. durch Fotoserien, die Personen in ihren unterschiedlichen Altersstufen zeigen.

Persönliche Kontakte können hergestellt werden, indem Großeltern in den Kindergarten eingeladen werden. Oder die Kinder besuchen Menschen im Seniorenheim. Im Rahmen der Projektarbeit können die Gruppen den Ablauf solcher Veranstaltungen planen und vorbereiten.

Eine intensivere Zusammenarbeit mit den Mitarbeitern eines Altenheimes kann im Kontext solcher Projekte recht sinnvoll sein. Auch eine längerfristige Kooperation kann sich daraus ergeben. Vorführungen der Kindergruppe während der Adventszeit können organisiert, gemeinsame Aktivitäten wie Spiele, Basteln oder Backen geplant werden. Ein Kennzeichen gelungener Kooperation kann es sein, wenn es zu Gegenbesuchen kommt. Die älteren Menschen helfen dann im Garten, kochen und backen mit den Kindern oder lesen ihnen Geschichten vor.

Aufgaben

1. Beginnen Sie mit den Erkundungen im näheren Umfeld der Projekteinrichtung. Welche besonderen Gegebenheiten, Sehenswürdigkeiten, Gebäude, Straßen, Plätze oder Bäume gibt es, die Anlässe für weitere Fragestellungen bieten? Besorgen Sie sich bei der Gemeindeverwaltung oder in der Bücherei Bildbände, Bücher und Karten.

2. Für ältere Kinder oder Jugendliche, z.B. im Hort, ist das Fahrrad ein notwendiges Verkehrsmittel. Oft sind Fahrräder kaputt. Hier kann als Idee umgesetzt werden, eine Fahrradwerkstatt einzurichten. Hierzu sind vielfältige Schritte notwendig. Auch könnte in diesem Rahmen die Möglichkeit angeboten werden, einen „Fahrrad-Führerschein" zu erwerben (vgl. Fronzek, 2002). Planen Sie ein solches Projekt.

3. Viele der genannten Aktivitäten können unter der Fragestellung „Wie kindgerecht ist unsere Stadt, unsere Gemeinde? Wie kindgerecht sind unsere Spielplätze?" durchgeführt werden. Denn vielfach wird die Situation auf dem Spielplatz beklagt. Führen Sie eine Befragung unter Eltern oder Kindern nach dem Zustand der vorhandenen Spielplätze oder nach wünschenswerten Ideen durch, und werten Sie

diese aus. Kinder können dazu angeregt werden, ihre Vorstellungen von einem Spielplatz zu malen. Mit den Ergebnissen können Politiker, das Jugendamt oder politische Gremien konfrontiert werden. Informieren Sie sich beispielsweise beim Kinderschutzbund, Internet: www.kinderschutzbund-nrw.de.
Der Arbeitskreis Neue Erziehung e.V. (ANE) aus Berlin bietet ein Internetportal für diejenigen, die sich für eine familien- und kindgerechte Zukunft engagieren. Dort sind auch viele Projektberichte zu finden: www.aktiv-fuer-kinder.de

4. *Bei den Spaziergängen und Ausflügen in der Stadt müssen die entsprechenden Verkehrsregeln beachtet werden, deshalb kann der Schwerpunkt auch auf die Thematik der Verkehrserziehung gelegt werden. Der Deutsche Verkehrssicherheitsrat (DVR) bietet kostenlose Veranstaltungen für Eltern und Bezugspersonen von Vorschulkindern an. Aus 17 Themenmodulen können Themenschwerpunkte mit den Erzieherinnen und Eltern gewählt werden. Informieren Sie sich beim Deutschen Verkehrssicherheitsrat e.V., Beueler Bahnhofplatz 16, 53222 Bonn, Tel.: 0228/400010, Fax: 0228/4000167, Internet: www.dvr.de, und erstellen Sie eine Präsentation zum Thema.*

5. *Auch die multikulturelle Erziehung ist ein Schwerpunkt der Früherziehung. Kinder verschiedenster Nationalitäten sollen sich näher kommen. Informieren Sie sich in der Einrichtung, ob Bedarf für eine solche Thematik (etwa „andere Länder – andere Sitten") gegeben ist. Es können typische Kleidungsstücke, Geldstücke, Gebrauchsgegenstände, Briefmarken, Musikinstrumente betrachtet werden. Andere Aktivitäten können zu folgenden Aspekten geplant werden: landesübliche Speisen, Getränke, Feste, Kinderspiele, Tänze, Musik, Märchen, Namen der Kinder, Grußformeln, einfache Sätze in der anderen Sprache.*

4.2.3 Leben und Lernen mit allen Sinnen

Da unsere Sinne unser alltägliches Leben fortwährend begleiten, verdienen sie es, im Mittelpunkt eines Projekts zu stehen. So kann erreicht werden, dass sich alle Beteiligte bewusster und gezielter auf die Wahrnehmung von Ereignissen, Gegenständen, Geräuschen oder Personen konzentrieren. Dabei können wir uns mit mehreren Sinnen beschäftigen oder uns im Laufe des Projekts auch nur einem Sinn widmen.

„Wahrnehmungsparcours oder Fest der Sinne"

Die Projektgruppen können sich über einen längeren Zeitraum mit dieser Thematik beschäftigen, indem sie ein regelmäßiges Angebot rund um die Wahrnehmung einrichten. Es können Übungs- und Spielangebote beispielsweise zum Ertasten, Riechen und Schmecken oder zum gezielten Hören entwickelt und organisiert werden.

Es kann auch ein besonderes „Fest der Sinne" (vgl. Zimmer, 1995, 199 ff.) geplant werden. Für ein solches Fest werden Übungs- und Spielstationen entwickelt, in denen das Erleben mit den Sinnen ermöglicht wird. Bereits das Planen und Vorbereiten der Festaktivitäten, die Zusammenstellung der Angebote und das Herrichten der Räume bieten vielfältige Gelegenheiten zum „sinn-vollen" Tun. Viele der Materialien zur Förderung der Wahrnehmung können auch selbst hergestellt werden.

Bei einem solchen Anlass können auch die Eltern dazu eingeladen werden, sich gemeinsam mit ihren Kindern auf sinnliche Erlebnisse einzulassen. Die Stationen können in der Einrichtung oder auch im Außengelände aufgebaut werden. Auch eine Kombination von Innenräumen und Außengelände ist sinnvoll. Folgende Aktivitäten können die Fachschülerinnen mit den Kindern (und Eltern) im Rahmen von regelmäßig stattfindenden Gruppentreffen und/oder für ein besonderes Fest der Sinne entwickeln:

■ **Tastwände:** Auf Brettern oder Pappkarton können verschiedene Materialien geklebt werden, z. B. verschiedene Bürsten, halbe (durchgeschnittene) Tennisbälle, Fellreste, Stoffarten und andere Materialien mit verschiedenartigen Oberflächenbeschaffenheiten. Oder aus Schmiergelpapier werden Formen, Buchstaben und Zahlen auf Pappe aufgeklebt.

■ **Tastkarton:** In Kartons (z. B. alten Schuhkartons) werden zwei Löcher hineingeschnitten, durch die die Teilnehmer mit den Händen hineingreifen können. Die Kartons werden mit verschiedenen Materialien (Naturmaterialien, Alltagsgegenständen) gefüllt, die erkannt werden sollen.

■ **Seilparcours:** Ein Gruppenraum oder die Turnhalle wird abgedunkelt. An einem Seil sollen die Teilnehmer einen Weg entlanglaufen/krabbeln. Dabei müssen sie Hindernisse überwinden, sich über Schaumstoffteile oder Teppichfliesen bewegen, unter Tische krabbeln, über kleine Kästen klettern. Wenn der Raum nicht ganz abgedunkelt werden kann, können die Teilnehmer Augenbinden aufsetzen.

■ **Klangbaum:** An den Ästen eines nicht zu hohen Baumes werden verschiedene klingende Materialien angebracht, die mit einem Holzstab angeschlagen werden können.

■ **Telefonleitung:** Lange Plastikrohre (Leerrohre aus dem Baustoffhandel) werden durch den Raum gelegt. Durch diese Rohre können sich Kinder, die Schülerinnen oder Eltern miteinander unterhalten.

■ **Hör-Memory:** Alte Filmdosen werden mit unterschiedlichen Materialien gefüllt (Sand, Reis, Erbsen, Wasser, Büroklammern, Geldstück usw.). Durch Schütteln der Dosen sollen die Materialien erkannt werden. Werden jeweils zwei Dosen mit demselben Inhalt gefüllt, müssen diese jeweils zugeordnet werden (auch mit leeren Getränkedosen möglich).

■ **Verzerrbilder:** Auf große Papptafeln wird Spiegelfolie geklebt. Wird diese nach innen oder außen gebogen, entstehen verzerrte Spiegelbilder.

Auch zum Riechen und Schmecken können Stationen und Spiele entwickelt werden. Die Tiefensensibilität und der Bewegungs- und Gleichgewichtssinn (kinästhetische und vestibuläre Wahrnehmung) können in diese Thematik auch mit einbezogen werden (Anregungen dazu im nächsten Kapitel zum Bewegungsschwerpunkt, siehe S. 184 f.).

„Spiele mit Licht und Schatten"

Schatten faszinieren die Kinder und fordern sie zu vielfältigen Spielen heraus. Daraus kann sich ein interessantes Arbeitsfeld für die Projektgruppen entwickeln (vgl. Zimmer, 1995, 199ff.). Dabei können natürliche Schatten durch das Sonnenlicht und solche, die künstlich erzeugt werden, die zauberhafte Wirkung des Lichts den Kindern nahe bringen. Die Kinder können ihren eigenen Schatten und Veränderungen, die sich durch Bewegungen ergeben, betrachten. Bäume oder Gegenstände können im Schatten beobachtet werden. Draußen können die Umrisse des Schattens mit Kreide auf den Boden gemalt werden.

Mit künstlichen Lichtquellen (Taschenlampe, Kerze, Diaprojektor, Tageslichtprojektor) werden Spiele mit dem Schatten auch im Raum und unabhängig von der Tages- und Jahreszeit möglich. Man kann ein Blatt Papier unter den Schatten einer Figur legen und versuchen, ihn abzuzeichnen. Auch den eigenen Gesichtsumriss kann man auf Pappe projizieren und ausschneiden.

Schattenspiele sind in vielfältiger Art möglich. Mit einfachen Mitteln (eine Lichtquelle und ein großes Leinentuch) kann bei Kindern die Lust am Spiel mit Schattenfiguren oder auch mit dem eigenen Körperschatten geweckt werden. Durch die Aufhebung der Raumtiefe sind auch faszinierende Tricks möglich. Kinder sehen Gestalten plötzlich anders, als sie es gewohnt sind. Größen und Relationen verändern sich.

Gegenstände oder auch Hände können auf den Tageslichtprojektor gelegt und damit groß auf die Leinwand projiziert werden. Oder im Raum zwischen Projektor und Projektionsfläche (beispielsweise ein durch den Raum gespanntes Tuch) können sich Personen bewegen und Szenen darstellen. Und unmittelbar an der Projektionsfläche können Elemente für eine Kulisse angebracht werden (Sonne, Wolken, Bäume, Tisch).

Es ist sinnvoll, wenn die Kinder zu Anfang einmal vor und hinter der Wand frei experimentieren können. Auch Rollen als Akteur und Zuschauer sollen wechseln. Eine sinnvolle Organisationsform ist beispielsweise, wenn alle im Kreis um die Leinwand herumlaufen, sodass sie mal als Schatten zu sehen sind, mal die Leinwand von vorne und damit die Schatten der anderen betrachten können.

Ein guter Einstieg sind auch Fingerspiele vor der Lampe oder Spiele, bei denen die Kinder verschiedene Fortbewegungsarten zeigen, etwa wie eine Katze zu schleichen, wie ein Roboter zu laufen oder sich wie ein Monster zu bewegen. Solche Aktionen sind auch mit Verkleidung interessant. Die Zuschauer können dann raten, wer zu dem Schatten gehört.

Auch kleinere Spielszenen können gespielt werden. Ein oft gespieltes Thema ist die Operation: Auf einem Tisch liegt der „Patient". Der Arzt tritt zu ihm und dieser hantiert mit einem langen Messer oder einer Schere (die zunächst projiziert werden) so, dass die Zuschauer annehmen, er würde den Bauch „aufschneiden". Dann holt er aus dem Bauch alle möglichen Gegenstände heraus, die in Wirklichkeit auf dem Tisch hinter dem Patienten liegen. Es kann die Erzieherin vor der Projektionsfläche eine Geschichte vorlesen (oder erzählen), während hinter der Wand einige Kinder einzelne Szenen daraus spielen. Oder eine ganze Bilderbuchgeschichte wird gespielt. Daraus kann als Höhepunkt eine kleine Aufführung für Eltern oder vor einer größeren Kindergruppe entstehen.

Snoezelen

Unter Snoezelen (vgl. S. 166 f.) wird ein Konzept zur Wahrnehmungsförderung verstanden, das durch eine entsprechend gestaltete Umgebung vorwiegend in Innenräumen umgesetzt wird. Die speziell dafür eingerichteten Räume bieten eine Vielfalt an sensorischen Anregungen, die Entspannung und Wohlbefinden auslösen sollen. Der Benutzer kann die Wirkung von Musik, Tönen und Klängen, Lichteffekten, von taktiler Stimulation und Düften erleben. Durch die entsprechende Raumgestaltung soll therapeutisch bzw. pädagogisch positiv auf die Befindlichkeit des Menschen und auf die Beziehung zwischen Anleiter und Benutzer eingewirkt werden.

Snoezelen wird in erster Linie als ein Freizeitangebot für Menschen mit schwerster Behinderung gesehen, bei dem sie ruhig werden und zu sich selbst finden können. Dazu ist eine Umgebung nötig, in der – im Gegensatz zum Alltag – die Sinne nicht komplex angesprochen werden, sondern in der man sich nur auf einzelne Sinneswahrnehmungen, z. B. auf das Tasten konzentrieren kann. Die Sinne sollen also nicht in der Breite, sondern in der Tiefe angesprochen werden. Um dies zu ermöglichen, wird versucht, Reize selektiv anzubieten und gleichzeitig unnötige Reize zu reduzieren.

Bekannt wurde das Snoezelen vor allem durch die so genannten „Snoezelen-Räume", eigens für diesen Zweck hergerichtete Räume, in denen in einer stimmungsvollen Umgebung ein ausgewähltes Angebot an sensorischer Erfahrungen zur Verfügung steht. Obwohl in der Arbeit mit behinderten

(© Wehrfritz GmbH, Bad Rodach)

Menschen entstanden, wird diese Idee zunehmend auch von Kindergärten aufgegriffen, und es werden Räumen nach diesen Vorstellungen eingerichtet. Es kann sich anbieten, die Gestaltung eines solchen Raumes als Projekt durchzuführen:

- **Ein Raum zum Fühlen:** In einem langen Flur hängen z. B. „Vorhänge" aus Wollsträngen, Plastikstreifen, Baumwolllappen von der Decke.

- **Ein weicher Boden:** Der Besucher eines Snoezelen-Raumes kann überall Platz nehmen, überall ist der Boden weich und angenehm. So kann man, egal, wo man sitzt oder liegt, seine Umgebung sinnlich wahrnehmen und erleben.

- **Tastobjekte:** An den Wänden werden verschiedene Materialien mit unterschiedlichen Oberflächenbeschaffenheiten aufgeklebt. An die Decke gehängte Tastobjekte eröffnen weitere Möglichkeiten. Die einfachste Lösung sind Beutel aus Baumwolle oder Segeltuch mit diversen Materialien gefüllt.

- **Fühlbehälter:** Eine weitere Möglichkeit ist, Tastmaterial in Kästen oder Dosen mit Öffnungen anzubieten. Dadurch sind die Materialien nicht sichtbar. Es bieten sich z. B. getrocknete Lebensmittel wie Bohnen, Erbsen, Makkaroni, aber auch diverse getrocknete Kräuter an. Auch natürliche Materialien wie Tannenzapfen, Eicheln oder Kastanien sind als Tastmaterial geeignet.

- **Spiegelglaskugeln:** Sie erzeugen Hunderte von Lichtpünktchen, die langsam über Decke, Wände und Boden gleiten und ständig die Farbe wechseln.

- **Blubbersäulen:** Im Raum stehen lange, mit Wasser gefüllte Plexiglassäulen, wobei ein Strom von Luftbläschen für eine Aneinanderreihung farbiger, glitzernder Bläschen sorgt.

Weitere Gestaltungsmöglichkeiten sind verschiedene Projektionsarten wie Dia-, Film-, Flüssigkeitsprojektoren, Punktstrahler mit einem langsam drehenden Farbrad, Leuchtfäden, Fiberglasleuchten, Duftschlauchständer.

Aufgaben

1. *Bei den einzelnen Wahrnehmungsstationen können den Kindern Sachinformationen über Plakate vermittelt werden. Darauf kann angegeben werden, z. B. welcher Sinn im Vordergrund steht oder welche Funktion und Bedeutung dieses Sinnessystem hat. Entwickeln Sie solche großflächigen Plakate.*

2. *Gehen Sie einmal bewusster das Spiel- und Übungsmaterial im Kindergarten durch. Beurteilen Sie, an welchen Stellen gezielt eine Wahrnehmungsfunktion angesprochen wird.*

3. *Entwerfen Sie eine Auflistung von Wahrnehmungsmaterialien, die Sie selbst herstellen können. Formulieren Sie kurze Anleitungen dazu, die für Kinder und/oder Eltern geeignet sind.*

4. *Zur Vorbereitung von Snoezelen-Aktivitäten blättern Sie Sportartikel-Kataloge durch, um die darin enthaltenen Snoezelen-Materialien kennen zu lernen und um besser Einsatzmöglichkeiten beurteilen zu können. Überlegen Sie, welche ausgewählten Snoezelen-Materialien Sie selbst herstellen können.*

4.2.4 Bewegung

Die Bedeutung der Bewegung für die Entwicklung des Kindes wurde bereits in Bezug auf den Bewegungskindergarten (siehe S. 98 f.) dargelegt. Aufgrund der Vielschichtigkeit, die mit Bewegungserfahrungen verbunden ist, bieten sich besonders auch Bewegungsthemen für Projektarbeiten an. Kinder in jedem Alter und Jugendliche brauchen Bewegung und sind über motorische Prozesse recht gut anzusprechen und zu motivieren. Entsprechende Aktivitäten können fast überall angeboten werden, etwa im Außengelände, im Flur oder in der Turnhalle des Kindergartens, auf einem Sportplatz oder in einer Sporthalle in der Nähe des Jugendzentrums, im Schwimmbad, im Wald oder auf einer Wiese.

Bewegungsangebote können als regelmäßig stattfindendes Angebot installiert werden. Dazu kann als besonderer Höhepunkt ein Sport- und Spielfest veranstaltet werden. Ein solches Fest kann allerdings auch als einmaliges, größeres Ereignis für sich genommen als Projekt geplant werden. Hierzu könnten dann noch andere Aufgabenstellungen berücksichtigt werden, etwa die Einbeziehung von behinderten und nichtbehinderten Kindern. Auch die Umsetzung des Bewegungsprinzips in die Alltagsgestaltung der Einrichtung wäre eine sinnvolle Aufgabenstellung, ebenso die Gestaltung eines Raumes oder des Außengeländes nach Kriterien der Bewegungsfreundlichkeit. Eine mehr theoretische Auseinandersetzung mit der Thematik könnte in viele praktische Aktivitäten eingebunden werden. Die Bedeutung der Bewegung könnte Eltern auf Elternabenden, durch Informationsschriften oder Plakattafeln verdeutlicht werden.

Besonders zu beachten bei den Bewegungsaktionen sind sicherlich die Vorschriften zur Aufsichtpflicht und zu den Sicherheits- und Hilfestellungen. Zudem sind die besonderen Bedingungen in den unterschiedlichen Umgebungen (Halle oder draußen, Waldgelände, Schwimmbad) bei der Planung und Realisierung zu berücksichtigen. Hier sind möglichst vielfältige Eigenerfahrungen sicherlich von Vorteil – vielleicht wurde sogar ein Übungsleiterschein bei den Sportorganisationen erworben.

„Bewegungsbaustelle oder Gerätelandschaften"

Die Bewegungsbaustelle können die Schülerinnen mit Kindern und Eltern entwickeln. Nach der ursprünglichen Idee (vgl. Miedzinski, 1983) werden solche Bewegungs-

landschaften mit Baumaterialien wie Brettern, Rohren, alten Autoreifen, Kisten, Leitern u. Ä. gebaut. Übertragen auf die Bedingungen in der Turnhalle können zu dieser Thematik die Großgeräte wie Kästen, Bänke, dicke Matten benutzt und Bewegungslandschaften entwickelt werden.

Viele Aktivitäten lassen sich dabei in Bewegungsgeschichten kleiden, z. B.: „Wir machen eine Reise um die Welt", „Wir bauen einen Dschungel." „Wir überqueren eine Brücke." „Wir bauen eine Höhle." Dieses Vorgehen ist besonders für jüngere Kinder motivierend. Solche Geschichten könnten gemeinsam entwickelt und gespielt werden. Die Geschichten könnten aufgeschrieben und auch gemalt werden. Ein erlebnisreiches Angebot für Kinder besteht auch darin, solche Bewegungslandschaften im Rahmen von Ferienspielaktionen des Jugendheimes in einer örtlichen Halle in Kooperation mit Übungsleitern aus Sportvereinen aufzubauen.

„Alltagsmaterialien"

Alltagsmaterialien bieten sich an, um damit vielfältige Bewegungsprozesse zu initiieren und zu unterstützen. Hier könnten Schülerinnen und Kinder sich exemplarisch mit einem Material (etwa Zeitung, Wäscheklammern, Bierdeckel, Pappteller) auseinander setzen. Oder aber die ganze Bandbreite von Alltagsmaterialien wird in den Projektgruppen ausprobiert, Einsatzmöglichkeiten werden begründet und vorgestellt. Viele Aktivitäten können in Bewegungsgeschichten eingekleidet werden, die die Gruppen selbst entwickeln können (vgl. Beudels u. a., 2002). In diesen Zusammenhängen kann auch besonders das kreative Gestalten mit den Materialien mit eingeplant werden.

„Rollbrett-Führerschein"

Besondere psychomotorische Übungsmaterialien können von den Schülerinnen den beteiligten Kindergruppen vorgestellt werden. Die Projektgruppe entwickelt Bewegungs- und Spielaktivitäten beispielsweise mit Rollbrettern, Schwungtuch, Pedalo, Sandsäckchen, Heulrohren, Schaumstoff-Bausteinen (vgl. Möllers, 2006). Es können kleine Übungsheftchen gestaltet werden. Rollbretter können mit Hilfe von fachlich versierten Jugendlichen oder Eltern auch selbst hergestellt werden. Und ein „Rollbrett-Führerschein" kann entwickelt und von den Kindern erworben werden.

Verein/Institution

ROLLBRETT-FÜHRERSCHEIN

(Name)

hat in den Übungsstunden des Vereins mit dem Rollbrett die nachfolgenden Aufgaben erfüllt und damit den Rollbrettführerschein erworben.

1. Wenden/Stoppen ○
2. Abstoßen ○
3. Zu zweit um einen Kegel fahren ○
4. Schlangenfahren ○
5. Gegenstand treiben ○
6. Zonentreffen ○

.... , den ....

„Für den Zappelphillip" und „Bewegung gegen Übergewicht"

Projekte können sich auch besonderen Zielgruppen im Kindergarten widmen. Die Themenfindung kann sich um den „Zappelphillip" drehen, denn die zunehmend beklagte Unruhe bei Kindern kann eine hohe Aktualität im Kindergarten haben. Auch hierbei können die theoretische Auseinandersetzung mit einer Thematik (z. B. mit dem ADHS-Syndrom) und eine praktische Planung und Durchführung eines Bewegungsangebots sinnvoll miteinander verknüpft werden. Die Gruppen beschäftigen sich beispielsweise mit folgenden Fragestellungen: Welche charakteristischen Verhaltensmerkmale können bei diesen Kindern festgestellt werden? Welche Angebote sind für diese Kinder besonders geeignet? Welche Prinzipien müssen dabei besonders beachtet werden? Welche Entspannungsverfahren können beispielsweise helfen und umgesetzt werden?

Im Zeitalter von Computer, Fastfood und Fernseher wird auch die zunehmende Zahl von Kindern mit Übergewicht und Fettleibigkeit beklagt. Für diese Kinder mit Adipositas kann ein Bewegungsprogramm entwickelt werden. Die Schwierigkeit wird sicherlich sein, dass gerade diese Kinder keinen Spaß an der Bewegung haben, da sie z. B. oft Hänseleien ausgesetzt sind, keine Erfolge verzeichnen können oder gar für die Niederlagen verantwortlich gemacht werden. Deshalb ist es besonders wichtig, ein passendes Bewegungsprogramm zu entwickeln, das Spaß macht und Erfolgerlebnisse ermöglicht. Auch hier können die Grundlagen der Psychomotorik eine sinnvolle Hilfe bieten (vgl. Zimmer, 1996a). Kombiniert werden kann ein solches Bewegungsangebot mit einer Ernährungsberatung, die zu veränderten Essgewohnheiten beitragen soll.

„Zirkus"

Auch das Thema „Zirkus" ermöglicht eine Vielzahl an Bewegungsgelegenheiten. Zirkusatmosphäre begeistert Kinder und Jugendliche und versetzt sie in eine andere Welt: Akrobatik, lustige Clownerien und spannende Raubtiernummern; sie erfreuen sich an Zaubereien, an Tänzen, an Jonglier- und Balancierkünsten. Mit Kindern oder Jugendlichen ein Zirkusprojekt durchzuführen bedeutet vor allem, ihnen zu ermöglichen, in andere Rollen zu schlüpfen. Sie haben die Gelegenheit, sich selbst in Grenzbereichen auszuprobieren: wie ein Löwe auf den Kasten zu springen, sich wie ein Clown tollpatschig zu bewegen, wie eine Seiltänzerin auf dem am Boden liegenden Seil zu balancieren oder mit Plastiktellern oder Bällen zu jonglieren.

Mit dem Thema „Zirkus" sind neben der Bewegung noch viele andere Tätigkeiten verbunden: schminken, sich verkleiden, anderen etwas vorführen. Die Spielideen lassen viel Raum für individuelle Ausdruckformen der Kinder durch ihren Körper, ihre Mimik und ihre Sprache.
Ein Zirkusprojekt verlangt nach einer Aufführung, obwohl diese nicht zu sehr im Vordergrund des Spielens und Übens stehen sollte. Kleine Aufführungen können von den teilnehmenden Kindern selbst organisiert werden. Jeder ist dann einmal Darsteller, einmal Zuschauer. Zu einer größeren Aufführung können andere Kinder oder die Eltern eingeladen werden. Hierfür müssen aber dann zuerst Plakate gemalt und Eintrittskarten gebastelt werden.

Schwierigkeiten und Grenzen liegen häufiger darin, dass jüngere Kinder schnell überfordert sind. Denn sie wollen das im echten Zirkus Gesehene ausprobieren, aber trotz Übens funktionieren viele Bewegungsabläufe nicht. Die Motivation kann sinken, gerade bei motorisch schwächeren Kindern. Es ist dann Aufgabe der Erziehenden, die Ansprüche der Kinder zurückzuschrauben (vgl. Zimmer, 1996b).

„Erlebnispädagogik"

Erlebnispädagogische Konzepte und Maßnahmen haben im Bereich der Jugendhilfe und der sozialen Arbeit eine hohe Attraktivität. Durch solche herausfordernden natursportlichen und sozialen Aktivitäten sollen die Teilnehmer Außergewöhnliches erleben und Persönlichkeitseigenschaften festigen oder entwickeln, die ihnen bei der Bewältigung des Lebens helfen. Als Projekte für die Erzieherin in Ausbildung können sicherlich keine spektakulären Unternehmungen (wie Hochgebirgswanderungen, Klettertouren, Floßfahrten, Fahrten mit Segelschiffen, Exkursionen mit Elementen des „Überlebenstrainings") angestrebt werden, sondern eher „sanfte" Aktivitäten wie Wanderungen, Exkursionen oder Übernachtungen im Freien mit entsprechenden Naturerfahrungen. Hier werden Aspekte wie Natur, Erlebnis, Gemeinschaft, Bewegung sowie die Beziehung zwischen Mensch und Natur harmonisch miteinander verknüpft. Auch geht es um so genannte Indoor-Aktivitäten wie Theater- oder Zirkusprojekte. Die Anwendungsmöglichkeiten sind hier natürlich insbesondere vom Alter der Kinder und Jugendlichen abhängig. Was Risikosituationen oder Grenzerfahrungen jeweils ausmacht, was Selbstüberwindung kostet, was als Abenteuer gilt, ist sehr stark vom Alter und von bisherigen Erfahrungen abhängig.

Einfache erlebnispädagogische Elemente sind in der Kindertagesstättenarbeit keine Seltenheit (vgl. Brandt, 1997, 2001). Von den Waldkindergärten (siehe S. 93f.) können vielfältige Aktivitäten in der freien Natur als Anregung dienen, die deutlichen Erlebnischarakter haben, beispielsweise Klettern in Bäumen. Bewegungsübungen im Gelän-

de, das Balancieren über Baumstämme oder auf dem Boden liegende Taue können hohe Beanspruchung bedeuten. Vielfältige abenteuerliche Bewegungsaktionen können in der Halle oder auf dem Außengelände eines Kindergartens organisiert werden. Zudem können in einer benachbarten großen Sporthalle als besondere Aktion größere, aufwändigere Geräteaufbauten zum Schwingen, Hangeln, Klettern, Balancieren, Springen, Überqueren, Kriechen errichtet werden. Auch Kletterwände sind mittlerweile in Kindergärten zu finden. Als Alternative können Kletteraktionen in einer benachbarten Kletterhalle organisiert werden.

Für ältere Kinder im Hort oder für Jugendliche als Angebot des Jugendzentrums kann es Einführungen in ungewöhnliche Sportarten geben, etwa in das

Hockey-Spiel, in das Beach-Volleyball oder Beach-Handball, in das Inline-Skating und Inline-Hockey. Ein Turnier kann als Abschluss organisiert werden. Auch durch besondere Zeiten (z. B. Nacht-Basketball im Rahmen von Ferienspielaktionen) sind Jugendliche gut ansprechbar. Hier ist sicherlich eine Zusammenarbeit mit Mitarbeitern von Sportvereinen sinnvoll. In den Ferien kann eine Gruppe „Seifenkistenbau" gegründet werden, die zum Abschluss ein Seifenkistenrennen organisiert.

Aufgaben

1. *Immer mehr Kinder gehen nach dem Unterricht nicht nach Hause, sondern in die Ganztagsbetreuung in der Schule oder in einem Hort. Hier gibt es ein geeignetes Betätigungsfeld für sozialpädagogische Fachkräfte. Entwickeln Sie mögliche Spiele und Bewegungsaktionen für die Ganztagsbetreuung von Grundschulkindern (vgl. Erkert, 2005).*

2. *Kooperationen bieten sich in vielfältiger Art mit den Sportorganisationen an. Informieren Sie sich, inwieweit räumliche und/oder materielle Ressourcen genutzt werden können oder wie ein Ideenaustausch ermöglicht werden kann.*

3. *Informieren Sie sich (bei den Sportorganisationen oder den Krankenkassen) über vorhandene Förderprogramme für hyperaktive oder für übergewichtige Kinder. Versuchen Sie zu klären, inwieweit ein zusätzliches Bewegungsangebot eine Hilfe sein kann.*

4. *Entwickeln Sie Plakattafeln über die Bewegungswelt der Kinder, die zur Information der Eltern im Kindergarten ausgestellt werden könnten (vgl. als Anregung die Ausstellung der Sportjugend NRW, Duisburg, „Kinderwelt – Bewegungswelt?!". Beschreibung unter www.wir-im-sport.de (21.04.2006).*

5. *Im Rahmen von Ferienspielen kann z. B. auch ein Hüttendorf gebaut werden, in dem nach einer Nachtwanderung auch übernachtet werden kann. Oder ein Bauspielplatz (z. B. „Krempoli") wird angeboten, in dem Fahrzeuge, Gebäude, Tische und Bänke, ein Kaninchenstall und andere Gegenstände aus Holz gefertigt werden können. Informieren Sie sich über die Ferienspielaktionen in ihrer Stadt, und besprechen Sie in der Projektgruppe, ob (zusätzlicher) Bedarf für Ferienaktionen besteht.*

6. *Denken Sie an Ihre Kindheit zurück. An welche Spiele erinnern Sie sich? Stellen Sie Kinderspiele für den Projektbereich „Bewegung" zusammen (vgl. Trautwein, 2004).*

4.2.5 Werken und Gestalten

Zu vielen der bisher genannten Projektideen haben sich immer auch einzelne Schritte ergeben, die zu dem Bereich Werken/Gestalten gerechnet werden können. Solche Tätigkeiten können aber auch eigenständig den Schwerpunkt eines Projekts ausmachen.

„Bilderbücher selbst gestalten"

Bilderbücher sind ein zentraler Bestandteil der kindlichen Lebenswelt und gehören zur Grundausstattung jeder Einrichtung. Der Spracherwerb vollzieht sich zu einem großen Teil durch die Aneignung von Begriffen beim Sprechen über die Bilder. Das (Vor-)Lesen regt die Fantasie der Kinder an. Kinder genießen es, Geschichten vorgelesen zu bekommen. Sie können Geschichten immer und immer wieder hören und die Bilder dazu betrachten. Eine geeignete Aufgabenstellung kann es deshalb für Projektgruppen sein, selbst ein Bilderbuch zu erstellen. Dabei bietet es sich an, Vorgaben bezüglich des Formats, der Seitenanzahl und der Gestaltungstechnik abzusprechen und festzulegen.

Da in der Regel dabei das Produkt, also das fertige Bilderbuch, im Vordergrund steht, können eher ältere Kinder mit diesem Angebot angesprochen werden. Im Vorfeld dazu können die Schülerinnen vorhandene Bilderbücher im Hinblick auf die verschiedenen bildnerischen Gestaltungsmöglichkeiten und den Text analysieren. Dabei können sie auch eigene persönliche Erfahrungen mit Bilderbüchern einbringen. Interessant kann es sein, eine Umfrage zu den Erfahrungen und zur Bewertung von Bilderbüchern durchzuführen und auszuwerten.

Weitere Projektschritte zur Entwicklung des Bilderbuches wären dann das Gestalten der Bilder und das Schreiben des Textes. Die Präsentation der selbst entworfenen Bilder und Geschichten könnte in einer adäquaten Buchbindearbeit ihren Abschluss finden. Die Bilderbücher könnten Kindern im Kindergarten vorgestellt und vorgelesen werden. Die Präsentation könnte auch in Kooperation mit einer Bücherei vorgenommen werden. Dort könnten die Bücher auch eine Zeit lang ausgestellt werden.

„Naturfarben selbst herstellen"

Die Projektgruppen können bei Wanderungen verschiedenfarbige Naturmaterialien sammeln, die später getrocknet, zerkleinert, gesiebt, mit Wasser aufgekocht bzw. aufgemischt und in verschiedene Gläser gefüllt werden. Auf selbst hergestellten Staffeleien können die Naturfarben zum Einsatz kommen. Dazu kann beispielsweise eine lackierte Sperrholzplatte auf einem Holzbock festgeschraubt werden. Die Platte liegt in einer Rinne (z. B. halbrunde Dachrinne mit Endstücken), sie soll herabtropfende Farbe auffangen oder kann als Halter für Stifte oder Farbbecher dienen. Das Malpapier kann mit Klebestreifen oder Reißzwecken befestigt werden.

„Gestaltung des Raumes oder Kinderräume – Kinderträume"

Auch Raumgestaltungen können unter verschiedenen Blickwinkeln zum Projektthema werden. Räume können zu bestimmten Handlungen einladen oder diese auch hemmen. Räume können Stimmungen und Gefühle vermitteln und unterstützen. Räume zeigen Wirkungen, haben Ausstrahlung und Atmosphäre, sind einladend – oder lassen uns „kalt". Bestimmte Szenarien vermitteln schnell den Eindruck von Enge, Unaufgeräumtheit, andere Raumgestaltungen vermitteln Sicherheit und Halt.

Räume können durch die Möblierung, durch die Materialauswahl und durch die Gestaltung eine bestimmte Funktion erhalten. Projektgruppen können sich schwerpunktmäßig beschäftigen mit:

■ einem Entspannungs- und Wahrnehmungsraum,

■ dem Rollenspielraum,

■ dem Bau- und Konstruktionsraum,

■ einem Atelier mit Werkstatt oder beispielsweise

■ dem Leseraum.

Die Planungen können nach einem idealen Wunschbild entwickelt werden, ohne zu berücksichtigen, ob es auch realisiert werden kann. Oder die Gruppen geben sich den Auftrag, einen ganz bestimmten Raum nach vorhandenen Gegebenheiten umzuplanen. Die Realisierung kann also von Anfang an mit bedacht werden. Der Raum soll eine Atmosphäre der Vertrautheit, Geborgenheit vermitteln. Kinder sollen sich dort wohl fühlen. Projektgruppen können Beurteilungskriterien dazu aufschreiben und am Beispiel eines vorhandenen Raumes anwenden: z. B. Übersichtlichkeit, Farben, Lichtverhältnisse, Akustik, Raumklima, Gliederung und Struktur des Raumes.

Auch der Flur und die Nebenräume dürfen nicht vergessen werden. Der Flur kann Erfahrungsgelegenheiten bereithalten und könnte etwa mit einer Tastwand, mit unterschiedlichen Bodenbeschaffenheiten als Sinnesparcours gestaltet werden. Es könnten Spiegelflächen angebracht werden oder Fotodokumentationen sowie Bilder und Zeichnungen von Kindern könnten wechselnd ausgestellt werden. Es können Formen und Figuren an den Wänden aufgemalt oder mit verschiedenen Materialien angebracht werden. Beispielsweise könnte aus längeren Teppichröhren eine Kullerbahn an der Wandfläche angebracht werden.

„Gestaltung des Gartens oder Erlebnisraum Garten"

Auch das Außengelände kann zu einer Planungsgrundlage werden. Wir können es in eine Erlebniswelt für Kinder umgestalten. Eine Schwerpunktaktivität kann das Anfertigen eines Modells aus Naturmaterialien und Modelliermasse sein. Es kann auf Elternabenden präsentiert und anderen Kindern vorgestellt werden. Einzelne Bereiche können in der Projektphase mit Hilfe der Eltern vielleicht realisiert werden, z. B.: eine Steinlandschaft oder Steinmauer, ein Erlebnispfad, ein Fußparcours, eine Natursitzbank, ein Blumenwall, ein Trockenflussbett aus Kies, eine Hügellandschaft, ein Wasserlauf, ein Kletterpfad, Möglichkeiten zum Spielen mit Sand und Wasser.

„Kinder-Mal-Zeit oder Malatelier"

Einen besonderen Akzent in der Kindertagesstätte kann auch ein Malatelier setzen (vgl. Schmidt/Weiss, 2003). Die Einrichtung eines separaten Raumes als Malatelier hat den Vorteil, dass den Kindern Gelegenheit geboten wird, ihre individuellen Eindrücke, Bedürfnisse, Gefühle, Gedanken und Fantasien zum Ausdruck zu bringen.

Die Fachschülerinnen können großformatige Papierbögen bereitstellen, auf denen die Kinder frei malen können, mit oder ohne Pinsel. Themen, Bildideen und Malimpulse können sich aus der Raumgestaltung, aus Motiven im Freien, aus (Bilder-)Geschichten und auch während der Arbeit ergeben. Beispielsweise kann an einem langen Tisch eine Vielzahl an Farbtöpfen und Gläsern mit Pinseln zur Verfügung stehen. Papier oder Plakate können an der Wand befestigt werden. Es kann bewusst angestrebt sein, dass die Kinder stehen und dadurch aus der Bewegung des ganzen Körpers heraus auf das Papier malen sollen. Es kann freies Ausdrucksmalen ermöglicht werden, es kann aber auch themenspezifische Vorgaben geben. Auch könnten hier die oben beschriebenen Naturfarben und die Staffeleien (siehe S. 189) hergestellt werden.

(siehe S. 189)

Aufgaben

1. *Auch für bestimmte auf die Einrichtung oder den Stadtteil bezogene Ereignisse oder für jahreszeitliche Gegebenheiten können Projekte mit einem gestalterischen Schwerpunkt entwickelt werden. Sinnvoll kann z. B. in der Projektphase das Thema „Ostern", „Advent" oder „Herbstzeit" sein. Es können besondere Feste stattfinden, ein Pfarrfest, ein Stadtfest oder etwa eine Jubiläumsveranstaltung des Trägers. Informieren Sie sich im Kindergarten über geplante Aktivitäten. Besteht der Bedarf oder der Wunsch, hier zusätzlich Angebote zu entwickeln oder das Thema neu zu bearbeiten?*

2. *Eine interessante Frage-stellung ergibt sich, wenn die Raumgestal-tung und Raumnutzung unter geschlechtsspezi-fischen Aspekten be-trachtet werden. Gibt es besonders bevorzugte Ecken und Räume für Jungen, welche für Mäd-chen? Sind solche Auf-teilungen sinnvoll oder notwendig? Erzieherin-nen können sich in die Rolle eines Jungen (oder eines Mädchens) hineinversetzen und einen gedanklichen Rundgang durch die Einrichtung machen. Was würden Jungen wünschen, was Mädchen?*

3. *Es können auch Museen besucht werden, in denen Bild-Ausstellungen zu sehen sind, die für Kinder interessant sein können. Oder sie erleben Künstler in ihren Ateliers, Bildhauer in ihrer Werkstatt, die Arbeiten in Kunstschulen oder Töpfe-reien. Informieren Sie sich über solche Einrichtungen in Ihrer Nähe.*

4. *Auch die Werbung könnte thematisiert werden. Kinder können verschiedene Ver-packungen mitbringen, die in den Gruppen besprochen werden können. Sie kön-nen mit den Kindern über Werbesendungen im Fernsehen oder Reklame in Zeit-schriften sprechen. Sie könnten selbst Werbezettel malen. Es können Handzettel, Werbeplakate und auffällige Verpackungen entstehen. Und vieles, was gelernt wurde, kann auf das Spiel mit dem Kaufladen übertragen werden.*

5. *Mit älteren Kindern können in einem Kunstraum (z. B. im Hort oder Jugendhaus) auch Puppenfiguren oder Marionetten gebastelt werden. Damit können später Theaterstücke gespielt werden. Eine beliebte Aktivität ist auch das Figuren-schnitzen z. B. aus Porotonsteinen (Handelsname Ytong). Wenn diese zwei Tage in Wasser gelegt werden, lassen sich diese relativ leicht mit einem stumpfen Mes-ser bearbeiten.*

4.2.6 Musik und Rhythmik

Kinder lieben Musik. Sie tut ihnen gut. Sie lernen durch Musik. Kinder brauchen Mu-sik. Rhythmik und die Verbindung von Musik und Bewegung können Kinder begeistern und fördern sensorische, emotionale und soziale Fähigkeiten. Dennoch bleibt in vie-len sozialpädagogischen Einrichtungen Musik (wie auch Sport und Bewegung) häufig Aufgabe der Spezialisten. Doch bieten sich vielfältige Gelegenheiten, Musik und Rhyth-mus vor allem über einfaches Improvisieren in das alltägliche Leben einer Kindergar-tengruppe zu integrieren. Das kann beispielsweise zu Anfang durchaus auch mit Haus-haltsgeräten wie Töpfen, Deckeln, Löffeln oder Gabeln probiert werden. Im Vordergrund entsprechender Projekte können folgende Zielsetzungen stehen:

- die Unterstützung musikalischer Spontaneität,
- die Stärkung der Freude am Entdecken von Klängen und Geräuschen,
- die Entwicklung eigenständigen Spielens mit Klängen und Geräuschen,
- die Integration musikalischer Aktivität in andere Spielsituationen.

„Selberbauen von Instrumenten"

Ein Projekt kann das Selber-
bauen von Instrumenten zum
Schwerpunkt haben, dabei
sollen hauptsächlich einfache
Materialien berücksichtigt werden. Als Klangkörper können
beispielsweise Reagenzgläser
und Kartons, Gießkannen oder
Kaffeedosen dienen. Zwei Tee-
siebe können mit Steinen oder
Glöckchen gefüllt und dann
aneinander geklebt werden.
Oder zwei Plastikbecher können mit unterschiedlichen Materialien gefüllt und aneinander

geklebt werden. Kronkorken werden auf Draht aufgezogen und mit einem Holzgriff verbunden. Ein Regenrohr kann aus einer Papprolle hergestellt werden.

Mögliche Vorschläge werden auf Bildern oder Abbildungen vorgelegt, und gemeinsam
wird eine Auswahl getroffen. Günstig wäre es, wenn fertige Exemplare als Anschau-
ungsmaterial vorhanden wären (vgl. Kreusch-Jakob, 2002). Die Instrumente können
gemeinsam von den Schülerinnen und den Kindern hergestellt werden. Anschließend
können sie spielerisch und musikalisch erlebt werden.

„Klanggestaltung"

Im Haus können durch die Projektgruppen verschiedenartige Materialien und Instrumente bereitgelegt oder gebaut werden, die zu Klangexperimenten und kleinen rhyth-
mischen Stücken einladen. Insgesamt kann damit eine musikalische Atmosphäre geschaffen werden.

Ein Klangraum im Kindergarten kann zu einem Erlebnis- und Erfahrungsfeld werden,
das den Kindern einen freien Zugang zu Instrumenten und zur Musik eröffnet. In den
Regalen können z. B. liegen: Rasseln, Schellen, Triangeln und Klangstäbe, Flöten und
Trompeten, Trommeln und Xylophone verschiedener Größe.

Kinder können im Klangraum ihren Gefühlen freien Raum lassen. Im Vordergrund stehen nicht ein fertiges musikalisches „Endprodukt" und die Vermittlung richtiger Spiel-
technik. Es kann den Kindern Raum und Zeit gegeben werden, die Instrumente zu erforschen. Bestimmte Grenzen und Regeln sollen verhindern, dass unkontrolliertes
Lärmen entsteht (vgl. Huth, 2003). Auch können die Schülerinnen mit den Kindern klei-

ne Musikstücke einüben. Alltagssituationen können mit Musik verbunden werden. Im Stuhlkreis kann es immer wieder Lieder geben. Geschichten, die vorgelesen werden, können spontan mit Rhythmus- und Musikinstrumenten untermalt werden. Die Modenschau oder der Umzug können musikalisch begleitet werden.

„Musik, Sprache und Bewegung"

Musik kann mit Sprache und Bewegung in hervorragender Weise gekoppelt werden. Die vielfältige Methodik von rhythmisch-musikalischen Spielangeboten macht deutlich, wo Schwerpunkte solcher Projekte gesetzt werden können (vgl. Hirler, 2002):

- Liedinhalte werden in grob- und feinmotorische Bewegungen umgesetzt, Lieder mit Bewegungen kombiniert;

- Verse und Reime werden in grob- und feinmotorischen Handlungen dargestellt;

- Stilleübungen werden mit Entspannungsmusik begleitet;

- durch rhythmische Bewegungsspiele, etwa mit dem Tamburin, kann das Takt- und Zeitgefühl besonders betont werden;

- Bewegungen werden mit „Körperinstrumenten" (z. B. klatschen, schnipsen, stampfen) begleitet;

- Tänze können beispielsweise das jahreszeitliche Geschehen verdeutlichen, z. B. „Schneeflockentanz" oder „Blätter im Herbst tanzen lassen".

Der methodische Einsatz von rhythmisch-musikalischen Spielangeboten könnte beispielsweise bei der Umsetzung eines Liedes folgendermaßen aussehen:

- Das Lied wird gesungen und mit Handgesten begleitet.

- Das Lied wird als darstellendes Spiel aufgeführt.

- Zu dem Lied wird getanzt.

- Das Lied wird mit einfachen Instrumenten begleitet.

- Der Refrain des Liedes wird im Bewegungsspiel zur Ergänzung eingesetzt.

Umgekehrt können sich die Projektgruppen auch der Aufgabe widmen, Geschichten oder Märchen mit den Kindern zu verklanglichen.

„Produzieren einer eigenen CD"

Zum Abschluss eines Projektes „Musik und Instrumente" können die Kinder und Schülerinnen eine eigene CD erstellen. Die Gruppe konnte dazu vorher viel über die verschiedenen Musikinstrumente lernen. Die Kinder konnten an einer Stunde in der Musikschule teilnehmen, oder Musikinstrumente konnten über Mitarbeiter der örtlichen Musikschule im Kindergarten vorgestellt werden. Alle Gruppenmitglieder haben über Wochen zudem selbst Musikinstrumente gebaut und ausprobiert, und es konnten Lieder eingeübt werden. Dann kann abschließend der Fachmann mit der dazugehörigen Technik eingeladen werden und eine CD aufnehmen.

„Klassik"

Unsere Kinder werden auf verschiedene Weise mit Musik konfrontiert: durch Radio, Fernseher,
CD-Player. Seltener spielt dabei die
klassische Musik eine Rolle. Im
Rahmen eines Projekts „Klassik im
Kindergarten" können den Kindern
entsprechende Musikinstrumente
vorgestellt werden, z. B. Gitarre,
Violine, Akkordeon, Flöte, Saxo-
phon oder Trompete.

Sie können für die Welt dieser Töne sensibilisiert werden und einen Eindruck von Kon-
zertatmosphäre vermittelt bekommen. Sie können auch Menschen kennen lernen, die
sich berufsmäßig mit Musik beschäftigen. Bei Musikern kann angefragt werden, ob sie
nicht in den Kindergarten kommen wollen. Durch Geschichten und Bilder von den Instrumenten können die Kinder vorbereitet werden. Dazu könnten dann auch Eintrittskarten gebastelt werden, und es kann eine entsprechende Raumatmosphäre („Kon-
zertsaal") geschaffen werden.

Aufgaben

1. *Beobachten Sie einmal, bei wie vielen Aktivitäten im Kindergarten gesungen wird
   oder wo Klänge die Handlungen unterstützen: Im Morgenkreis wird man singend
   begrüßt, Geburtstage werden singend gefeiert, viele Verse und Fingerspiele werden singend begleitet. Beim Spielen erfinden die Kinder spontan Lieder, spielerische Aktionen wie Autofahren werden durch Laute unterstützt. Aus welchen Aktivitäten können Sie sinnvolle Projektschritte ableiten?*

2. *Besondere Schwierigkeiten können sich dadurch ergeben, dass viele Schülerinnen ein zwiespältiges Verhältnis zur Musik haben. Viele betonen häufig ihre Un-
   fähigkeit zu singen. Dennoch erleben sie Aktivitäten, die mit Singen zu tun haben,
   wie gemeinsame Aufführungen, Gesangsstunden als intensive persönliche Erlebnisse. Besprechen Sie in der Gruppe Ihre Erfahrungen. Wie können Sie diese
   negativen Selbsteinschätzungen verbessern?*

3. *Auch auf dem gesamten Gelände eines Kindergartens können Klanggelegenheiten entwickelt und gebaut werden (z. B. ein Xylophonzaun, ein Flöten- und ein Glockenspieltor, Klangschalen, Rasseln). Materialien können in Bäume gehängt werden, die bei Wind oder bei Betätigung durch die Kinder Geräusche oder Töne erzeugen. Informieren Sie sich in der Fachliteratur oder im Kindergarten über Formen solcher Installationen.*

4.2.7 Medien

Projektarbeit kann auch dazu beitragen, Kindern und Jugendlichen die multimediale Welt zu erschließen. Sie können einen kompetenten Umgang mit den unterschiedlichen Medien erwerben, die ständig zahlreiche Eindrücke in Schrift, Bild und Ton vermitteln. Medien bestimmen in vielfältiger Form den Alltag: Bücher und Hörspielkassetten finden sich in jedem Kinderzimmer, das Radio läuft einen Großteil des Tages, Zeitschriften werden mittlerweile für jede Altersgruppe angeboten, das Fernsehgerät bestimmt so manchen Tagesabschnitt. Seit Jahren gewinnen die Möglichkeiten des Computers an Bedeutung. Die Handhabung wird einfacher und vielfältiger. Selbst jüngere Kinder können einfache Abläufe gestalten, und es gibt leicht zu bedienende Software für Kinder. Mit der Projektarbeit können wichtige Grundkenntnisse und eine sinnvolle Nutzung der Medien vermittelt werden (vgl. Böhm, 2002).

„Kinder und PC"

Der Computer hält immer weiter Einzug in die Lebenswelt des Kindergartens, und Kinder werden immer früher damit konfrontiert. Der PC kann sinnvoll und gezielt in Projektarbeit eingebunden werden und kann Kindern und Schülerinnen, beispielsweise bei der Informationsbeschaffung, bei der Gestaltung von Texten oder Einladungen helfen. So kann der Computer andere Methoden wie Rollenspiel, Singen, Gestalten oder Bewegung sinnvoll ergänzen. Er kann aber auch selbst zum Hauptthema und zum Mittelpunkt des Projektgeschehens werden.

Mit jüngeren Kindern kann damit begonnen werden, aus alten Schachteln einen Computer, einen Bildschirm oder einen Laptop zu bauen, ein Karton kann als Tastatur dienen. Kinder können Disketten basteln, eine Maus sowie das dazugehörige Mousepad. Kinder können auch das Innenleben eines (alten) Computers erforschen. Eine sachkundige Schülerin kann erklären, was im Computer welche Funktion hat.

Einen „echten" Computer findet man mittlerweile in vielen Kindertagesstätten. Kinder können einfache Bedienungsschritte und einfache Spiele über kindgerechte Software erlernen. Auch im Internet gibt es Seiten, die für Kinder geeignet sind. Eine Projektgruppe mit älteren Kindern (z. B. eine Hortgruppe) könnte eine Homepage der Tageseinrichtung entwickeln, damit diese im Internet präsentiert werden kann. Die Arbeitsgruppen müssen zahlreiche Informationen sammeln, und sie müssen lernen, wie eine Homepage erstellt und gestaltet wird.

Mit Hilfe des Computers können auch Fotos auf den Computer kopiert werden. Das können Kinderfotos, Bilder von Aktionen der Kindergartengruppe oder beispielsweise Fotos von Lieblingsspielzeugen sein. Mit einem Malprogramm lassen sich Bilder am PC erstellen und ausdrucken. Die Ergebnisse können an andere Einrichtungen verschickt werden. Sie können ausgedruckt und mit nach Hause genommen werden. Sie können aber auch an der Ausstellungswand in der Kindertagesstätte oder im Hort aufgehängt werden.

„Kindergarten- oder Schulzeitung"

Nicht zu vergessen sind Zeitungen, die unsere Medienlandschaft prägen. Auch Kinder sind beispielsweise daran interessiert, wie Zeitungen und Zeitschriften entstehen. Es kann ein Besuch in einer Druckerei oder bei einem Zeitungsverlag organisiert werden. Zu einem aktuellen Anlass können Kinder einen Leserbrief an die Zeitung schreiben, z. B. weil Zuschüsse gestrichen werden sollen oder weil ein Schwimmbad geschlossen werden soll.

Ein solches Projekt kann dazu führen, dass die Kinder auch selbst eine Kindergartenzeitung (oder beispielsweise im Rahmen der Ganztagsbetreuung in der Schule eine Schulzeitung) entwickeln und herausbringen wollen. Es kann auch mit allen Beteiligten (Kindern, Eltern) eine Broschüre „Unser Kindergarten" erstellt und präsentiert werden.

„Fotoprojekt"

Auch die Fotografie bietet interessante und spannende Ansatzpunkte für Projektarbeit. Sylvia Näger (2003) berichtet von einem solchen Medienprojekt für eine Mädchengruppe im Hort. Sie wollte den Mädchen Raum schaffen, sich ungestört und intensiv mit dem Medium Fotografie auseinander zu setzen. Dabei ging es nicht nur um Vermittlung von Technik und fotografischer Gestaltung, sondern auch um die Bearbeitung von Gefühlen und Gedanken der Mädchen.

Verschiedenartige Aktivitäten sind zu dieser Thematik sinnvoll. Zum Einstieg können Bildbände angeschaut werden. Es können verschiedene Kameras zum Einsatz kommen, herkömmliche Spiegelreflexkameras und digitale Kameras. Die Teilnehmer können sich gegenseitig porträtieren und lernen, Bilder zu gestalten. Sie können sich dazu auch verkleiden, schminken und in eine andere Rolle schlüpfen. Jeder Teilnehmer kann für sich einen eigenen Ordner gestalten. Fotos können ausgestellt werden.

Verschiedene Gestaltungsmöglichkeiten können ausprobiert werden: etwa im Spiegel fotografieren, aus der Vogel- oder Froschperspektive, fotografieren mit einem Lieblingsspielzeug, mit und ohne Hut. Es können Szenen gestaltet werden, die im Bild festgehalten werden.

Wenn die Möglichkeit besteht, können Fotos auch selbst im Fotolabor entwickelt werden. In Jugendzentren besteht häufiger (noch) diese Gelegenheit. Aus gleichen oder ähnlichen Fotos von Personen oder Dingen kann ein Memory-Spiel hergestellt werden. Die Ergebnisse der Projektarbeit können in einer Fotoausstellung oder in einer Diashow gezeigt werden, zu denen auch Eltern eingeladen werden können.

Aufgaben

1. *Projektgruppen mit Kindern aus dem Hort oder dem Jugendzentrum könnten auch ein eigenes Hörspiel oder einen Videofilm produzieren. Sie greifen dazu einen aktuellen Anlass auf oder legen eine erfundene Geschichte zugrunde. Sie schreiben das Drehbuch, übernehmen die Kameraführung und schneiden die Szenen zusammen. In manchen Gegenden kann sich eine Zusammenarbeit mit dem Lokalradio anbieten. Informieren Sie sich über die technischen Möglichkeiten in Ihrer Nähe.*

2. *Bevor Kindern ein Computer zur Verfügung gestellt wird, sollte sich die Projektgruppe einen Überblick über geeignete Spiel- und Lernsoftware und über geeignete Internetseiten verschaffen. Tipp: „Kindersache – Der Internet Guide für Kids" Deutsches Kinderhilfswerk, Referat Medien, Leipziger Str. 116–118, 10117 Berlin.*

3. *Erste Schritte im Internet können Kinder auf der Seite www.kidsville.de erproben. Weitere geeignete Adressen sind z. B.: www.kindersache.de, www.kindernet.de, www.mullematsch.de, www.lilipuz.de, oder die Suchmaschine für Kinder www.blinde-kuh.de. Schauen Sie einmal nach.*

4. *Mit Hilfe des Computers können Kinder beispielsweise etwas über die Lebensweise anderer Kinder in einem fremden Land erfahren oder über ausländische Kinder, die den Kindergarten, den Hort oder das Jugendzentrum besuchen.*

5. *Der Verein „Blickwechsel e.V.", ein Zusammenschluss von Kultur- und Medienpädagoginnen, berät bei der Organisation und Durchführung medienpädagogischer Projekte. Sie finden Anregungen und Hilfestellungen unter www.blickwechselev.de.*

4.2.8 Sprache und Zahlen

In den ersten Lebensjahren machen Kinder vielfältige Erfahrungen mit Buchstaben und Zahlen. Viele Projektaktivitäten können das Kennenlernen der Sprache und der Zahlen unterstützen. Ein aktueller Fachbegriff in der Vorschulpädagogik ist „Literacy". Wörtlich übersetzt heißt er Lese- und Schreibkompetenz, doch der Begriff bezieht sich auf weit mehr als die Grundfertigkeit des Lesens und Schreibens. Er umfasst Kompetenzen wie Text- und Sinnverständnis, sprachliche Abstraktionsfähigkeit, Lesefreude, Vertrautheit mit Büchern, die Fähigkeit, sich sprachlich auszudrücken. Die Grundlagen für diese Fähigkeiten werden in den ersten Lebensjahren gelegt. Die Kinder machen erste Erfahrungen rund um die Lese-, Erzähl- und Schriftkultur (vgl. Ulich, 2003).

„Kinder entdecken Wörter, Laute, Buchstaben"

Der Aufbau eines gesicherten Wortschatzes und der Erwerb der Schriftsprache können schon durch vielfältige Spracherfahrungen in Kindergärten gefördert werden. Hier können die Kinder schon in sinnvoller Weise erste Erfahrungen mit Lesen und Schreiben machen. Bilderbuchbetrachtungen gehören zu den wirksamsten Formen der Sprachförderung im frühen Kindesalter.

Kinder fangen auch schon früh damit an, Buchstaben nachzumalen und sind stolz, wenn sie ihren eigenen Namen schreiben können. Diese spontane Freude der Kinder am Entdecken und Nachmachen kann genutzt werden. Es soll aber nicht der Erwerb der Schreibschrift schon vor der Grundschule im Vordergrund stehen. Einzelne Schritte innerhalb eines Projekts zu dieser Thematik können etwa sein (vgl. Weinrebe, 2005):

- Laute hören, Klänge unterscheiden, Vokale erkennen, Laut- und Lautbildungsspiele, Laut-Memory;

- Buchstaben sehen, drucken, nachmalen, ertasten und fühlen, eigenen Namen schreiben; Buchstaben können aus Zeitungen oder Prospekten ausgeschnitten, auf Plakate aufgeklebt, sortiert, gesammelt werden; es kann ein eigenes Buchstaben-Memory hergestellt werden;

- Umgang mit Schreibwerkzeugen (Stifte, Kreide), Computerspiele mit Buchstaben;

- Wörter in Silben zerlegen und dazu klatschen; Fingerspiele;

- Benennen von Gegenständen, Tieren, Personen, Gefühlen, Situationen; dazu Oberbegriffe finden; Reimwörter bilden; Wortspiele;

- Sprachspiele; Zungenbrecher; Satzformen (eine Bitte, einen Wunsch, eine Frage formulieren); Zaubersprüche erfinden;

- Texte kennen lernen (Märchen, Rätsel, Gedichte, Witze, Abzählreime);

- Bilderbücher und Sachbücher anschauen; handelnde Figuren benennen; Handlungen nacherzählen.

Kinder können ein „Sprachtagebuch" führen. Sie können darin Buchstaben schreiben, Bilder oder Fotos kleben und Zeichnungen anfertigen. Es können auch Collagen aus Buchstaben, Wörtern, Sätzen entstehen. Es können Lesezeichen selbst erstellt werden. Buchstaben können auf unterschiedlichen Untergründen gemalt oder geschrieben werden, z. B. auf Papier, auf Schieferplatten oder draußen in den Sand. Es kann eine alte Schreibmaschine und auch der Computer benutzt werden. Szenisches Spiel und Theater – mit Fingerpuppen, Handpuppen oder Masken, als Schattenspiel oder mit Kindern als Schauspielern – können zur Literacy–Erziehung gezählt und in entsprechende Aktivitäten einbezogen werden.

„Einrichtung einer Leseecke"

Auch die Gestaltung des Raumes mit einer Leseecke kann die Spracherziehung fördern.

Eine solche Leseecke wird klar abgegrenzt und mit den Kindern gemeinsam attraktiv gestaltet. Die Regeln für die Leseecke werden mit den Kinder abgesprochen und können schriftlich als Plakat festgehalten werden. Die Bücher und Tonmaterialien können die Kinder für zu Hause ausleihen. Es können Bilderbuchausstellungen und regelmäßige Besuche in Büchereien stattfinden. In der Nähe der Leseecke kann eine Schreibecke mit entsprechenden Materialien eingerichtet werden.

„Im Zahlenland"

Mit der Sprache können auch die Zahlen in das Bewusstsein der Kinder gerückt werden. Es kann eine Entdeckungsreise ins Zahlenland entwickelt werden (vgl. Friedrich/Schindelhauer, 2005, S. 4). Die Kinder können mit den Schülerinnen im Zahlengarten oder im Zahlenhaus die Zahlen von eins bis zehn kennen lernen, es können dazu große Zahlenkarten gestaltet werden. Bewegungen auf einem Zahlenweg können sinnvoll sein, dazu werden Teppichfliesen hingelegt, die beim Laufen abgezählt werden sollen. Es kann mit dem Seilchen eine Zahl gelegt werden, worüber die Kinder balancieren sollen. Es können mit den Kindern Zahlenlieder gesungen, Geschichten über die Zahlenfee gelesen werden. Oder es wird eine Geschichte vom Zahlenmonster, das Zahlen vertauscht, gemeinsam mit den Kindern erfunden.

Es können spielerisch Alltagserfahrungen der Kinder aufgegriffen werden. Denn Zahlen spielen beim Kochen und Backen eine Rolle, sie kommen in Regelspielen (würfeln, abzählen), in ersten Fingerspielen, Reimen und Abzählversen vor. Auch in Märchen kommen oft Zahlen vor, die etwa zum Ausgangspunkt von Zahlenspielen werden können.

1. *Für die Arbeit mit Kinderbüchern kann folgende Auswahlhilfe sinnvoll sein: In dem Katalog „Das Kinderbuch" stellen Fachleute rund 180 empfehlenswerte Kinderbücher ausführlich vor (Bezug: Arbeitskreis für Jugendliteratur, Metzstr. 14c, 81667 München, Tel.: 089/458080-6, Fax: 089/458080-8).*

2. *Im Kindergarten kann auch schon spielerisch eine zweite Sprache kennen gelernt werden. In einem solchen Programm könnten interessierte Kinder in die englische Sprache eingeführt werden. In Kleingruppen könnten sich Schülerinnen mit Kindern beispielsweise einmal in der Woche treffen, um Bewegungsspiele, Tischspiele, Lieder, Reime in einfacher englischer Sprache durchzuführen und englische Begriffe zu lernen. Informieren Sie sich im Kindergarten, ob das Kennenlernen einer zweiten Sprache schon angedacht wurde und wie die Eltern reagiert haben.*

3. *Im grenznahen Raum kann die entsprechende Nachbarsprache spielerisch eingeführt werden. Informieren Sie sich z. B. für das Niederländische im Internet unter www.gronau.de.*

4. *Sprachlich orientierte Kurse können auch Schwerpunkt eines Angebotes zur Integration ausländischer Kinder im Kindergarten oder im Jugendzentrum werden. Klären Sie ab, ob für solche Aufgaben ein Bedarf besteht.*

5. *Beobachten Sie einmal genauer Alltags- und Spielhandlungen bei Kindern. Wann werden sie dabei mit Zahlen konfrontiert?*

Literaturverzeichnis

Antes, Wolfgang; Projektarbeit für Profis. Praxishandbuch für moderne Projektarbeit; Juventa Verlag, Weinheim/München, 2004

Berger, Klaus Rudolf/Vogelpohl, Uwe/Peeters, Wolfgang; Grundlagen der heilerziehungspflegerischen Praxis; Schriftenreihe des Berufskollegs der Stiftung Eben-Ezer, Lemgo, 1999

Bernath, Karin/Haug, Martin/Ziegler, Frank; Projektmanagement. Eine Orientierungshilfe für Projekte im sozialen Bereich; Edition SZH, Luzern, 1993, 2. Aufl.

Beudels, Wolfgang/Kleinz, Nicola/Delker, Kerstin (Hrsg.); Außer Rand und Band – WenigKostenvielSpaßGeschichten mit Alltagsmaterialien, Verlag modernes lernen, Dortmund, 2002, 4. Aufl.

Biermann, Ingrid; Fischers Fritz und Schneiders scharfe Schere. Spielideen zur Sprachförderung, Herder, Freiburg 2002

Böhm, Dietmar; Kindern multimediale Welten erschließen, in: Kindergarten heute, 2002, H. 1., S. 36–40

Brandt, Petra; Erlebnispädagogik – Abenteuer für Kinder. Theorie und Projektideen, Herder, Freiburg, 4. Aufl. 2001

Brandt, Petra; Erlebnispädagogik – nur ein Modetrend? Neue Perspektiven für die Erzieherinnenausbildung, in: Kindergarten heute, 1997, H. 4, S. 6–11

Bunk, Ulrich: Spiel – Methoden der Heilpädagogik und Heilerziehungspflege, Bildungsverlag EINS, Troisdorf, 2004, 2. Aufl.

Dewenter, Sonja; Projektarbeit im Studium – Eine Herausforderung für anwendungsorientierte Sozialarbeit; in: Hülshoff, Thomas; Sinneswelten; Lambertus-Verlag, Freiburg i.Br.; 2001, S. 19–33

Eder,Sabine/Neuß,Norbert/Zipf, Jürgen; Medienprojekte in Kindergarten und Hort, Vistas Verlag, Berlin 1999

Empfehlungen für das Unterrichtsfach „Projektarbeit" in den Fachschulen der Fachrichtung Sozialpädagogik und Heilerziehungspflege, 12/2004

Erkert, Andrea; Schule aus! Spiele und Aktionen für die Ganztagsbetreuung von Grundschulkindern, Verlag Herder, Freiburg 2005

Finkenzeller, Anita/Kuhn-Schmelz, Gabriele; Sozialpädagogische Praxis in der Ausbildung, Bildungsverlag EINS, Troisdorf 2002

Frey, Karl; Die Projektmethode; Beltz-Verlag, Weinheim/Basel, 1998, 8. überarb. Aufl.

Friedrich, Gerhard/Schindelhauer, Barbara; Komm mit ins Zahlenland, in: kinderleicht, Bergmoser + Höller Verlag, Aachen, H. 1, 2005, S. 4–8

Friedrich, Gerhard/de Galgoczy, Viola; Komm mit ins Zahlenland, Christophorus-Verlag, Freiburg 2004

Fronzek, Petra; Wo einst die Kartoffeln lagerten... Hortkinder gründen eine Fahrradwerkstatt, in: Kindergarten heute, 2002, H. 5, S. 32–34

Galuske, Michael; Methoden der Sozialen Arbeit. Eine Einführung; Juventa Verlag, Weinheim/München, 2003, 5. Aufl.

Geißler, Harald; Grundlagen des Organisationslernens; Weinheim, 1995, 2. Aufl.

Gessler, Michael/Goerner, Martin; Projektmanagement und Teamarbeit: Prozess- und Ressourcenorientierte Konzepte für Training und Praxis; Shaker-Verlag, Aachen, 2003

Greving, Heinrich; Das Selbstkonzept der Heilpädagogen; in: Fortschritte der Heilpädagogik: gestern – heute – morgen; BHP-Verlag, Kiel, 2002, S. 14–26

Greving, Heinrich; Heilerziehungspflege – ein systemökologischer Ansatz praktizierter Pädagogik; in: Greving, Heinrich/Niehoff, Dieter (Hrsg.); Heilerziehungspflege und Professionalisierung; Lambertus-Verlag, Freiburg, 1999, S. 89–93

Greving, Heinrich/Niehoff, Dieter; Praxisorientierte Heilerziehungspflege. Bausteine der Praxis- und Projektarbeit; Bildungsverlag EINS, Troisdorf, 2006

Gröschke, Dieter; Praxiskonzepte der Heilpädagogik; Ernst Reinhard Verlag, München/Basel, 1997, 2. Aufl.

Grüneisl, Gerd; Kunst und Krempel. Fantastische Ideen für kreatives Gestalten mit Kindern, Jugendlichen und Erwachsenen, Ökotopia Verlag, Münster, 2000

Hahn, Maria/Janssen, Rolf: Erziehungswissenschaft, Band 1, Köln/München, Stam, 1995

Haus Hall/Hösch, Andrea; Annäherung, Gescher, Haus Hall, o. Verlagsangabe, 1994

Hildebrandt, Sabine; Mama hat eine Kita gegründet. In Frankfurter Allgemeine Sonntagszeitung, 18.09.2005

Hirler, Sabine; Mit Rhythmik auf Piratenjagd, in: Kindergarten heute, 2002, H. 2, S. 30–34

Hulsegge, Jan/Verheul, Ad; Snoezelen – Eine andere Welt, Marburg 1991

Huth, Wolfgang; Trommelwind und Regenmacher. Ein Klangraum in der KiTa, in: Kindergarten heute, 2003, H. 3, S. 34–37

Jaffke, Freya; Spielen und arbeiten im Waldorfkindergarten, Verlag Freies Geistesleben, Stuttgart, 2004, 3. Aufl.

Jaffke, Freya; Waldorfpädagogik im Kindergarten, in: Kindergarten heute, 1996, H. 2, S. 3–9

Kienle, Wolfgang/Böhm, Sonja; Wenn Ausbildungsorte kooperieren. Angehende ErzieherInnen bereiten sich mit Kindern auf die Berufspraxis vor, in: Kindergarten heute, 2005, H. 5, S. 34–36

Klatetzki, Thomas; Wissen, was man tut. Professionalität als organisationskulturelles System; Bielefeld, 1993

Kobi, Emil, E.; Grundfragen der Heilpädagogik; BHP-Verlag, Berlin, 2004, 6. bearb. und erg. Aufl.

Köpke, Ralf, Barrierefreier Tourismus, in: Menschen – Das Magazin, 1/2003

Kreusch-Jacob, Dorothee; Klangwerkstatt für Kinder. Miteinander Instrumente bauen und Musik machen, Don Bosco Verlag, München 2002

Kühne, Norbert (Hrsg.); Pädagogische Praxis – Erziehung beschreiben und verändern. Bildungsverlag Eins, Troisdorf 2002

Lange, Udo/Stadelmann, Thomas; „Spielplatz ist überall", Herder, Freiburg 1996

Luckow, Hiltrud; Sonne, Mond und Sterne – wir reisen in die Ferne, Ein Weltallprojekt zum Nachahmen, in: Kindergarten heute, 2001, H. 11–12, S. 22–27

Miedzinski, Klaus; Die Bewegungsbaustelle. Kinder bauen ihre Bewegungsanlässe selbst, Dortmund, verlag modernes lernen, 1983

Miklitz, Ingrid; Der Waldkindergarten, Dimensionen eines pädagogischen Ansatzes, Beltz Verlag, 3. erw. Auflage, Weinheim 2004

Miller, Tilly; Systemtheorie und Soziale Arbeit. Entwurf einer Handlungstheorie; Lucius und Lucius Verlag, Stuttgart, 2001, 2. überarb. und erweiterte Auflage

Möllers, Josef; Psychomotorik – Methoden in Heilpädagogik und Heilerziehungspflege, Bildungsverlag EINS, Trois-dorf, 2006, 2. Aufl.

Montessori, Maria; Die Entdeckung des Kindes (hrg. und eingeleitet von Oswald, Paul/ Schulz-Benesch, Günter, Verlag Herder Freiburg i. Br., 1977

Näger, Sylvia; „Klick, ich hab dich!" Ein Fotoprojekt, in: Kindergarten heute, 2003, H. 6–7, S. 32–37

Österreicher, Herbert; Wissen, wo's langgeht! Mit Kindern Karten und Stadtpläne erkunden, in: Kindergarten heute, 35. Jhrg., H. 8, 2005, S. 26–31

Probst, Hans-Jürgen/Haunerdinger, Monika; Projektmanagement leicht gemacht; Wirtschaftsverlag Carl Ueberreuter, Frankfurt a.M./Wien, 2001

Quaas, Beate; Mut zum eigenen Sound. Ein Modell für musikalische Arbeit im Kindergarten, in: Kindergarten heute, 2002, H. 1, S. 25–30

Rayen, Doerthe; Fest für die Sinne, in: Westfälische Nachrichten, Münster, 01. 05. 2004

Reich, Kersten; Systemisch-konstruktivistische Pädagogik; Hermann Luchterhand Verlag, Neuwied/Kriftel, 2002, 4. durchgesehene Aufl.

Reidelhuber, Almut; Mit Erde lernen, in: Welt des Kindes, Kösel-Verlag, 83. Jhrg. 2005, H. 4, S. 19–21

Saßmannshausen, Wolfgang; Grundlagen und Grundanliegen des Waldorfkindergartens, in: Internationale Vereinigung der Waldorfkindergärten (Hrsg.): Vom Waldorfkindergarten, Stuttgart 2004, S. 4–20

Schaarschmidt, Monika; Hokus, Pokus, Fidibus – Zaubereien mit Sprache und Schrift. Ein Projekt zur Literacy-Erziehung, in: Kindergarten heute, 2004, H. 9., S. 32–35

Schäfer, Claudia; Spaß am Lernen mit Maria Montessori – Eine lernanregende Umgebung in der KiTa gestalten, in: Kindergarten heute, 2004, H. 11–12, S. 6–13

Schaffner, Karin; Der Bewegungskindergarten, Verlag Hofmann, Schorndorf, 2004

Schede, Hans-Georg; Der Waldkindergarten auf einen Blick, Verlag Herder, Freiburg i. Br., 2000

Schmidt, Hartmut W./Weiss, Susanne; Auseinandersetzung mit sich und der Welt. Ein Malatelier in der Kita, in: Kindergarten heute, 2003, H. 1, S. 22–25

Senge, Peter M.; Die fünfte Disziplin. Kunst und Praxis der lernenden Organisation; Stuttgart, 1999, 7. Aufl.

Siebert, Horst; Pädagogischer Konstruktivismus; Hermann Luchterhand Verlag, Neuwied/Kriftel, 1999

Speck, Otto; System Heilpädagogik. Eine ökologisch reflexive Grundlegung; Ernst Reinhardt Verlag, München, 2003, 5. neubearb. Aufl.

Stamer-Brandt, Petra; Mit Kindern in Projekten arbeiten – Planung, Durchführung, Nachbereitung, Herder-Verlag, Freiburg i. Br., 3. Aufl., 2005

Steenberg, Ulrich; Montessori-Pädagogik im Kindergarten, Herder Verlag, Freiburg i. Br., 2. Aufl. 2002

Textor, Martin R.; Projektarbeit im Kindergarten – Planung, Durchführung, Nachbereitung, Verlag Herder, Freiburg i. Br. 1995

Thesing, Theodor; Leitideen und Konzepte bedeutender Pädagogen – Ein Arbeitsbuch für den Pädagogikunterricht, Lambertus-Verlag, Freiburg i. Br. 2. verb. Aufl. 2001

Trautwein, Gisela; Die schönsten alten Kreisspiele, Herder, Freiburg 2004

Ulich, Michaela; Literacy – sprachliche Bildung im Elementarbereich, in: Kindergarten heute, 2003, H. 3, S. 6–18

van Dieken, Christel/Rohrmann, Tim; Raum und Räume für Mädchen und Jungen. Angebote und Raumnutzung unter geschlechtsspezifischen Aspekten, in: Kindergarten heute, 2003, H. 1, S. 26–33

Walter, Gisela; Erde. Die Elemente im Kindergartenalltag, Herder, Freiburg 2004a

Walter, Gisela; Luft. Die Elemente im Kindergartenalltag, Herder, Freiburg 2004b

Walter, Gisela; Wasser. Die Elemente im Kindergartenalltag, Herder, Freiburg 2005

Weinrebe, Helge; Kinder entdecken Wörter, Laute und Buchstaben. Spielerischer Umgang mit Schriftsprache, in: Kindergarten heute, 2005, H. 5, S. 28–33

Wellhöfer, Peter R.; Schlüsselqualifikation Sozialkompetenz; Lucius & Lucius Verlag, Stuttgart, 2004

Zimmer, Renate; Alles über den Bewegungskindergarten, Freiburg, Herder, 2001

Zimmer, Renate; Es kommt das ganze Kind – nicht nur der Kopf. Bewegung ist Bildung, in: Kindergarten heute, 2003, H. 3, S. 26–33

Zimmer, Renate; Handbuch der Sinneswahrnehmung, Herder, Freiburg 1995

Zimmer, Renate; Kreative Bewegungsspiele. Psychomotorische Förderung im Kindergarten, 8. Aufl., Freiburg, Herder 1996a

Zimmer, Renate; Projekte. Lebensnahes Lernen in ganzheitlichen Zusammenhängen, in: Kindergarten heute, 1996b, H. 3, S. 18–23

Bildquellenverzeichnis

Ley/mauritius images: Umschlagfoto
Bildungsverlag EINS GmbH, Troisdorf/Birgitt Biermann-Schickling, Hannover: S. 7, 73
Freya Jaffke, Spielen und arbeiten im Waldorfkindergarten, Neuausgabe (3. Aufl.), S. 51, 52; © Verlag Freies Geis-tesleben &
      Urachhaus GmbH, Stuttgart: S. 92
© Foto Rietmann, Verlag am Goetheanum, Dornach/Schweiz: S. 89
© Wehrfritz GmbH, Bad Rodach: S. 100 (unten), 182
LandesSportBund Nordrhein-Westfalen e.V., Duisburg: S. 102
ullstein bild, Berlin: S. 103
MEV Verlag GmbH, Augsburg: S. 120 (Bildbearbeitung: Birgitt Biermann-Schickling, Hannover), 159, 195
Süddeutscher Verlag Bilderdienst, München/Scherl: S. 177
© Heinz Knieriemen/AT Verlag, Baden/München: S. 189
Beatrix Müller-Laackman, Münster: S. 190
Bildungsverlag EINS GmbH, Troisdorf/Evelyn Neuss, Hannover: S. 192, 193, 200
Bildungsverlag EINS GmbH, Troisdorf/Elisabeth Galas, Köln: CD (Skizze des Gruppenraumes)
Alle anderen Fotos stammen von unserem Autor Josef Möllers.

Leider konnten nicht bei allen Abbildungen die Inhaber der Rechte ermittelt werden. Sollte jemand davon betroffen sein, bitten wir ihn, sich beim Verlag zu melden.

Verzeichnis der Leistungsnachweise

Stichwortverzeichnis

Inhalte der CD-ROM

Vorbereitungen auf ein Praktikum

Im Praktikum:
- – Einschätzbogen
- – Ein typischer Tag
- – Schwierige Situationen im Kindergarten

Arbeitsblätter Praxisarbeit

Ausführliche Dokumentation eines Projektes:
„Kindliche Sexualität"

Arbeitsblätter Projektarbeit

Wie startet die CD?

Die CD ist mit einer Autorun-Funktion versehen, die nach Einlegen der CD automatisch die CD startet. Wenn an Ihrem PC die Autorun-Funktion deaktiviert ist, können Sie im „Arbeitsplatz" auf das CD/DVD-Laufwerksymbol doppelklicken und dann die Datei „index.html" doppelklicken.
Nach dem Start der CD gelangen Sie zum Hauptmenü der CD. Über das Inhaltsverzeichnis können Sie die einzelnen Seiten ansteuern.

Zum Betrachten der Arbeitsmaterialien wird der Acrobat® Reader benötigt. Sollte der Acrobat® Reader auf Ihrem PC noch nicht installiert sein, finden Sie diesen im Order „Acrobat" auf der CD.
Wechseln Sie in den Windows-Explorer und führen Sie dort die Datei „AcroReader51_DEU_full_exe" aus. Bitte folgen Sie den Anweisungen auf dem Bildschirm.

Alle Informationen und Materialien öffnen sich in einem neuen Fenster, das anschließend geschlossen werden kann, ohne die Benutzeroberfläche verlassen zu müssen.